Hans Baldung Grien, *Trinité de sainte Anne*. Xylographie, 1511.

JEAN WIRTH

SAINTE ANNE EST UNE SORCIÈRE

et autres essais

LIBRAIRIE DROZ S.A.
11, rue Massot
GENÈVE
2003

www.droz.org

ISBN: 2-600-00526-9
ISSN: 1420-5254

© 2003 by Librairie Droz S.A., 11, Massot, 1211 Geneva 12 (Switzerland)

All rights reserved. No part of this book may be reproduced, translated, stored or transmitted in any form or by any means, electronic, mechanical, photocopying, recording or otherwise without written permission from the publisher.

INTRODUCTION

Les essais réunis dans ce livre sont principalement consacrés à l'histoire religieuse de la fin du Moyen Age et du début de l'époque moderne. Comme les plus anciens ont été écrits il y a un quart de siècle par un historien encore débutant, quelques explications ne seront pas inutiles au lecteur.

Ma thèse de doctorat, soutenue en 1976 sous la direction d'André Chastel, portait sur les thèmes macabres dans l'art germanique de la Renaissance[1]. Il s'agissait essentiellement d'iconographie profane, mais les peintres étudiés avaient été directement confrontés à la Réforme, qu'il s'agisse de Dürer, de Cranach, de Baldung Grien ou de Holbein pour ne citer que les plus connus. Les frères Beham et Georg Pencz, disciples remuants de Dürer, avaient été accusés d'athéisme en 1525 et la lecture des textes du procès montrait que le mot « athéisme » avait alors son sens actuel. Ayant pratiqué le célèbre ouvrage de Lucien Febvre sur Rabelais et le problème de l'incroyance[2], je m'étais laissé persuader que l'athéisme était impossible à la Renaissance. Plus fondamentalement, j'avais une vision déterministe de l'histoire qui assignait aux hommes d'une époque un profil intellectuel aisément objectivable et je n'avais aucune raison de mettre en doute une généralisation bien informée sur une phase historique du développement des connaissances. Un ouvrage comme *Les mots et les choses* de Michel Foucault[3], lequel s'appuyait justement sur des historiens comme Lucien Febvre, contenait bien des erreurs, mais je pensais qu'en les

---

[1] *La jeune fille et la mort. Recherches sur les thèmes macabres dans l'art germanique de la Renaissance*, Genève, 1979.

[2] L. Febvre, *Le problème de l'incroyance au XVIe siècle. La religion de Rabelais*, Paris, 1968 (1ère éd. 1942).

[3] M. Foucault, *Les mots et les choses*, Paris, 1966.

corrigeant, on parviendrait assez facilement à un tableau convaincant des progrès de l'esprit humain. Pour retrouver une image cohérente de la religion du XVIe siècle, il me fallait donc intégrer la possibilité de l'athéisme dans une vision d'ensemble de la Renaissance et de la Réforme. Je me mis d'autant plus volontiers à la tâche que j'avais une contradiction à résoudre : le darwinisme épistémologique que j'avais hérité de mes lectures entrait en conflit avec l'admiration que j'éprouvais pour les auteurs anciens. Ils ne me semblaient pas appartenir à un stade primitif de l'évolution de l'esprit et j'avais de la peine à imaginer que des penseurs dignes de ce nom se soumettaient aussi facilement à des conditionnements sociaux.

I

L'histoire religieuse est généralement faite par les représentants des mouvements qu'ils étudient : celle des dominicains par les dominicains, celle des calvinistes par les calvinistes, et ainsi de suite. Une certaine répugnance face aux religions m'avait conduit à étudier un art profane émancipé de la religiosité que j'imputais au Moyen Age. De la même manière, j'abordais l'histoire religieuse par son envers, par les libertins du XVIe siècle, auxquels est consacré le premier des essais qui suivent. Il s'agit d'un problème difficile, car, en dehors de documents exceptionnels comme le procès des peintres athées de Nuremberg qui avait attiré mon attention, personne ne se proclamait incroyant. L'incroyance est un soupçon ou une accusation qui porte systématiquement sur les ennemis de celui qui en parle et se dit bon chrétien. Les risques encourus par un éventuel athée étaient tels qu'il se serait tu ou aurait exprimé ses convictions de la manière la plus sibylline. Bon chrétien ou non, l'historien risque constamment de se conduire en inquisiteur et de torturer les textes, à défaut des personnes, après les avoir repérés grâce aux dénonciations de contemporains, tels que Calvin, dont ni la bonne foi, ni le discernement ne sont garantis. L'attitude contraire ne pose pas moins de problèmes. Je l'ai rencontrée un peu plus tard chez des auteurs comme Popkin

INTRODUCTION 9

et Brush qui avaient travaillé sur l'histoire du scepticisme[4] et qui rejoignaient finalement l'opinion de Febvre par d'autres moyens: ils concluaient en quelque sorte le procès pour athéisme par un non-lieu.

En 1983, une discussion amicale et fructueuse avec Michael Screech, assez proche de leur opinion, me fit mieux comprendre l'impasse. Je lui expliquais mon étonnement devant l'acharnement des historiens anglo-saxons à défendre l'orthodoxie des auteurs suspects du XVIe siècle, comme Bonaventure des Périers ou Montaigne. Lui-même venait d'interpréter le *Cymbalum mundi* comme l'œuvre, non pas de Bonaventure, mais d'un catholique: ce petit livre lui paraissait parfaitement orthodoxe[5]. Au cours de la conversation, il me fit remarquer que, dans l'armée anglaise, lorsqu'une recrue ne confesse aucune religion, on l'enregistre comme anglican par défaut. Je compris d'un seul coup que mon point de vue était dû à une éducation française, qu'il supposait une institution distincte et jusqu'à un certain point exclusive des appartenances religieuses: la laïcité. Là où l'histoire n'avait pas produit cette institution, l'agnosticisme était, par la force des choses, compatible avec une telle appartenance. La réponse à la question posée dépendait donc du point de vue de l'observateur. Il fallait supposer que le couple d'opposition croyance / incroyance n'avait pas la solidité conceptuelle que je lui attribuais. Mais je n'en était pas encore là en 1977, car je n'avais pas encore exploré l'univers religieux.

II

Une première occasion d'y pénétrer me fut fournie par une observation déconcertante. Dans une *Trinité de sainte*

---

[4] R. H. Popkin, *The History of Scepticism from Erasmus to Descartes*, Assen, 1964; C. B. Brush, *Montaigne and Bayle. Variations on the Theme of Skepticism*, La Haye, 1966.

[5] Bonaventure des Périers?, *Cymbalum mundi*, éd. P. H. Nurse, préf. M. Screech, Genève, 1983. Cf. mon compte rendu dans: *Bibliothèque d'Humanisme et Renaissance*, t. 48 (1986), p. 268-270.

Anne gravée par Hans Baldung Grien en 1511 (frontispice), la sainte conjure de la main gauche les parties génitales de l'Enfant Jésus. Par ailleurs, la gravure ne se distingue en rien des autres images pieuses qui alimentaient la dévotion des fidèles. En lisant la littérature contemporaine relative à la sainte, je trouvais des histoires qui témoignaient d'un faible respect pour elle, alors que son culte connaissait un essor sans précédent. Des auteurs ecclésiastiques respectables, bien placés dans la hiérarchie, voués à la défense et à l'illustration de la foi chrétienne, maniaient la dérision sur un ton que j'aurais cru réservé à des contestataires. Comme l'avait déjà montré Huizinga, le christianisme de la fin du Moyen Age était habité par des formes d'irrespect, voire de blasphème, qui surprennent le lecteur moderne. Le savant hollandais voyait dans le blasphème une contrepartie de la foi qui témoignait en fin de compte de la force du sentiment religieux[6], mais l'explication était simpliste et contraire au bon sens : qui oserait attribuer à la force du sentiment religieux les blasphèmes du chevalier de La Barre ou du marquis de Sade ? S'il est exact que le blasphème exige un contexte religieux, il s'agit évidemment d'un défi envers les fidèles de la religion insultée et son auteur se met à l'écart de ceux qu'il agresse ainsi, au péril de sa vie ou de sa liberté. L'idée que le blasphémateur confesse à sa manière la religion qu'il provoque est moderne : elle répond au contexte d'une paix religieuse fondée sur le chacun pour soi et le refus de mettre son nez dans les affaires des autres.

Mais alors, pourquoi des provocations religieuses chez des auteurs ecclésiastiques ? Pour entrevoir des solutions, il fallait se défaire d'un autre anachronisme, l'idée que le christianisme médiéval était une foi unanime, consensuelle, monolithique. De fait, les disputes étaient incessantes entre clergés rivaux qui n'hésitaient pas, le cas échéant, à s'accuser d'hérésie. Le dénigrement de sainte Anne s'expliquait mieux, une fois compris que son culte était lucratif pour ses promoteurs monastiques et se développait aux dépens des

---

[6] J. Huizinga, *Le déclin du Moyen Age,* trad. fr., rééd. Paris, 1967, p. 168.

ressources du clergé paroissial. Mais il y avait encore autre chose : les légendes pieuses légitiment ou dévalorisent des statuts et des comportements sociaux, elles parlent métaphoriquement des problèmes de la société. Vers 1500, la propagation du culte de sainte Anne répondait aux débuts de la chasse aux sorcières en présentant favorablement une vieille femme inquiétante. La question de la sorcellerie était conflictuelle et le culte de sainte Anne le devint également. Il était compréhensible *a contrario* qu'en Alsace, où la menace de la chasse aux sorcières était inexistante, ce culte ait pu passer pour ridicule.

C'est en recherchant ainsi l'articulation entre les représentations religieuses et les autres faits sociaux que je commençais à trouver le christianisme passionnant. Parmi les témoins les plus remarquables des querelles sur sainte Anne, il y avait Luther que je connaissais uniquement par la littérature secondaire. Son comportement démentait à peu près tout ce que je croyais savoir de lui : la spontanéité impulsive et la naïveté sincère qui étaient censées le caractériser, mais aussi les motivations de son entrée en scène en novembre 1517. En même temps, l'abondance de ses témoignages personnels, comme la correspondance et les *Propos de table*, permettaient d'approcher de manière inespérée l'inventeur d'un système religieux. Le petit livre que je lui consacrai dénonce l'une des aberrations les plus constantes de l'histoire religieuse : l'interprétation de la créativité religieuse, sinon comme un miracle de la foi, du moins comme un effet de la croyance[7].

Ceux qui pensent que les religions tombent du ciel devraient le dire clairement et admettre qu'il n'y a pas de dialogue possible avec les historiens qui les pensent comme des œuvres humaines. En fait, la grande majorité des historiens ménagent la chèvre et le chou pour ne froisser personne, en construisant un scénario qui ne nécessite pas l'intervention surnaturelle, mais ne l'exclut pas. Chaque acte du chef reli-

---

[7] *Luther. Etude d'histoire religieuse*, Genève, 1981.

gieux se déduit d'une croyance inspirée, sinon par le ciel, du moins par la Bible, et prétendre le contraire serait en faire un imposteur. Et pourtant, à moins qu'un recueil hétéroclite de vieux textes hébraïques et grecs en traduction latine n'offre un nouveau système religieux clé en main, on peut supposer qu'un réformateur fait consciemment des choix sur ce qu'il faut croire. Et faire de tels choix, n'est-ce pas le contraire de la passivité et de l'obéissance qu'implique la notion de croyance ? Le vieux Luther le savait mieux que personne et ne manquait pas d'en faire état, ainsi lorsqu'il menaçait de ramener Wittenberg au catholicisme en deux ou trois semaines et lorsqu'il présentait le changement religieux dont il était responsable comme une erreur fatale[8]. Le pamphlet sur la messe basse, *Von der Winkelmesse* (1533), est l'exemple le plus extrême de cette attitude. Luther y raconte comment le diable vint lui rendre visite dans son poêle pour disputer avec lui et parvint à lui prouver qu'il était nécessairement damné. Si la théorie luthérienne de l'eucharistie était correcte, il avait idolâtré les espèces quotidiennement pendant une quinzaine d'années, en exerçant ses fonctions sacerdotales dans l'ancienne Eglise. Et, si cette théorie était fausse, il était devenu hérétique.

III

Plaisanter ainsi sur la religion, sur le diable et sur sa propre damnation, ne serait-ce pas un aveu d'incroyance ? Mais, si Luther était incroyant, où trouver trace d'une foi chrétienne ? Certainement pas chez ces paysans saxons qu'il accuse d'incrédulité. L'un d'eux, à l'article de la mort, aurait rassuré un proche que rien ne survit et qu'il valait mieux ça que de se casser une jambe[9]. Je commençais aussi à me demander si je n'avais pas fait fausse route en attribuant à des savants comme Otton Brunfels ou Henri Cornelius Agrippa une incrédulité exceptionnelle. Luther, était-il vraiment moins déniaisé qu'eux ? Il ne me restait plus, pour surmonter

---

[8] *Id.*, p. 127 et ss.
[9] *Id.* p. 69.

les paradoxes, qu'à me demander si la notion de croyance que j'utilisais n'était pas anachronique et, pour cela, je me mis à en interroger l'histoire. La chance me fit alors rencontrer l'anthropologue R. T. Zuidema qui m'apprit que la notion de croyance était sérieusement contestée dans sa discipline. On avait même montré, en s'inspirant de Wittgenstein, qu'elle était contradictoire.

Faire l'histoire d'une notion était une tâche pour laquelle je ne disposais guère de modèles convaincants. Il fallait d'abord éviter un piège dans lequel était tombé entre autres Lucien Febvre : confondre l'histoire de la notion avec l'histoire du mot. En fait, les mots forment un réseau qui découpe la réalité d'une manière différente d'une langue à l'autre et les notions forment un second réseau, largement indépendant des langues. Dans le cas du vocabulaire de la croyance, il apparaît par exemple que l'allemand n'utilise que *Glaube* là où le français donne le choix entre « foi » et « croyance », mais cela n'a aucune implication théologique ou philosophique. Si l'on distingue à bon droit une conception catholique et luthérienne de la foi, on chercherait en vain à opposer une conception française et allemande. L'intolérance religieuse qui consiste à opposer la foi aux croyances – en fait sa foi aux croyances des autres – s'exprime tout aussi bien avec un couple de mots comme *Glaube* et *Aberglaube*.

La polysémie et le caractère contradictoire d'une notion ne sauraient être imputés à un déterminisme linguistique que les locuteurs subiraient passivement. La langue elle-même évolue sous l'effet de décisions humaines, parfois individuelles, malgré notre habitude de considérer la linguistique comme une sorte de science naturelle. Dans le cas de *Glaube*, l'absence en allemand d'un couple de mots correspondant à « foi » et « croyance » repose sur une décision de Luther qui est passée dans l'usage grâce à sa traduction de la Bible. Comme je m'en suis rendu compte par la suite, c'est encore à sa traduction qu'on doit l'utilisation du mot *Götze*, désignant l'image religieuse chrétienne, pour parler des idoles païennes. Ce qui est vrai des mots l'est à bien plus forte raison des notions. Même si la chose serait difficile à démontrer, les notions qui ont une importance idéologique sont généralement contradictoires et une notion qui ne l'est pas peut difficilement assumer une fonction idéologique.

Partons de ce dernier point avec un exemple contemporain tiré d'un domaine qui recouvre aujourd'hui une bonne partie du champ religieux, celui du sport. Le mot « gagner » réunit entre autres deux notions non seulement distinctes, mais contraires :

1. être vainqueur dans un jeu ou une compétition où l'on participe pour l'honneur, de manière désintéressée ;
2. obtenir un gain.

La langue n'encourage pas spécialement la confusion, car le verbe est normalement transitif dans le second sens, avec un complément d'objet qui en explicite la signification (par exemple : « gagner des millions »), et intransitif dans le premier sens. La réalité sociale du sport, en revanche, mêle étroitement les deux choses. Il faut pour « gagner » des qualités telles que la force physique, l'adresse, l'endurance, l'esprit d'équipe et même parfois l'intelligence, qui excitent à bon droit l'admiration. En même temps, cette activité présentée comme noble et désintéressée engendre des profits trop considérables pour qu'on lésine sur les moyens : dopage, achat des sportifs, corruption de l'adversaire ou de l'arbitre, etc. La force idéologique du verbe « gagner », sous-tendue par un rapport complexe entre le mérite personnel et le profit, est celle d'une alchimie qui rend honorable la quête du profit. Le langage du sport offre ainsi une métaphore valorisante au monde de l'entreprise – un secteur où la réussite n'est pas forcément liée à des qualités physiques et morales susceptibles d'admiration – et à celui de la politique – dont le gain n'est pas la finalité avouée.

Vus sous cet angle, des mots incompréhensibles comme le latin *fides* ou le français « croyance » s'éclairaient. Ils étaient les réservoirs accueillants et polyvalents de notions successives, également riches en présupposés implicites étroitement liés à l'organisation sociale. De la naissance du système féodal jusqu'au XIIe siècle, *fides* associait la croyance religieuse à la fidélité vassalique, tout en présupposant l'existence de son objet divin, car il s'agissait par définition d'une relation entre personnes. Le mot se disant de sa propre foi et continuant à en présupposer la véracité, il fallut utiliser le champ lexical de *credulitas* pour désigner et pour objectiver les opinions religieuses qu'on ne partageait pas. Dans un contexte où il s'agissait de débarrasser les hérétiques ou le peuple de leurs opinions inintelligentes et fausses, *credulitas* prit le sens de «crédulité», celui d'un comportement intellectuel passif, d'un héritage accepté sans esprit critique, de superstition. La crédulité a fini par tenir lieu de pensée aux autres et c'est toujours ce qu'elle fait dans l'histoire des mentalités, car les mentalités, c'est les autres.

IV

Des historiens comme Chaunu, Delumeau ou Muchembled avaient emprunté à une anthropologie déjà désuète le terme «acculturation» pour expliquer les changements de mentalités dans cet esprit. Je décidai de disséquer leur raisonnement pour montrer ce que donnait une histoire fondée sur la dichotomie entre nous et les autres. Ces auteurs répartissaient implicitement la société en deux camps, les élites et les masses, ce qui empêchait d'emblée toute analyse plus fine des rapports sociaux. L'interaction entre les deux camps se décrivait assez simplement: avec plus ou moins d'énergie, par la persuasion et surtout par la répression, les élites s'appliquaient à éduquer les masses, à les débarrasser de leur culture populaire, et celles-ci résistaient comme elles le pouvaient. En partant de deux exemples concrets, celui de la prédication puritaine contre le luxe et celui de l'iconoclasme réformateur, j'opposai à ce schéma une représentation plus précise des groupes sociaux en jeu et de leurs stratégies. Il suffisait de lire avec un peu d'attention la chronique de Monstrelet pour comprendre qu'une prédication comme celle du carme Thomas Conecte, loin de contribuer à l'oppression des «masses», était dirigée contre le patriciat, qu'elle inquiétait le haut clergé et qu'elle n'était pas sans rapports avec l'agitation insurrectionnelle des artisans flamands. De la même manière, l'examen des couches sociales impliquées dans l'iconoclasme de la Réforme et le fait que les réformateurs aient été obligés de prendre parti après coup excluaient l'attribution à des élites intellectuelles et sociales marquées par l'humanisme d'un bouleversement plus ou moins traumatisant pour le bon peuple.

V

L'année 1983 fut celle du 500ᵉ anniversaire de Luther, particulièrement dans les deux Allemagnes. Cela donna lieu à un nombre important de publications, d'expositions et de colloques sur le Réformateur et son temps, de part et d'autre du rideau de fer, avec un effort particulier pour se rencontrer, surmonter les méfiances réciproques et dialoguer sans trop s'encombrer de dogmatisme marxiste ou anti-marxiste. On ressentait même – chez les Allemands en tout cas – une véritable lassitude envers les querelles idéologiques. La célébration de Luther était celle d'une culture commune par delà les vicissitudes et les conflits de l'histoire récente et, si les résultats scientifiques de ces manifestations restèrent modestes, elles ont sans doute préparé les esprits à la réunification de l'Allemagne.

C'est dans ce contexte que le regretté Eric Cochrane me commanda, pour le *Journal of Modern History*, un compte rendu critique des nouvelles publications sur Luther. Je décidai de ne pas m'en tenir aux deux ou trois qui me paraissaient les plus sérieuses et de concentrer mon attention sur les aveuglements de l'histoire religieuse en essayant de les interpréter. Même si certaines des publications que j'ai pris en considération sont aujourd'hui dépassées, les réflexions désabusées qui constituent cette chronique restent hélas d'actualité. Par ailleurs, un événement récent est venu confirmer l'une de mes thèses. J'avais reproché aux luthérologues leur opposition entre la justification par la foi, qui serait le fondement et la nouveauté du luthéranisme, et la lutte contre les pratiques de l'Eglise qui serait un point secondaire: «La dévotion à la Vierge et aux saints (si fondamentale dans les pays où le catholicisme est remuant, comme la Pologne ou le Nicaragua), la messe et les pouvoirs qu'elle suppose de la part du prêtre, ou encore la conception de l'autorité civile, nous paraissent opposer le catholicisme au protestantisme plus profondément que l'appréciation de la personnalité et de la théologie de Luther. Il est significatif que Pesch ne signale même pas le problème du mariage des prêtres, alors que rien ne contribue davantage à donner aux deux institutions un recrutement et un fonctionnement différents». Le Vatican m'a en quelque sorte donné raison en réhabilitant la théologie luthérienne de la justification, sans pour autant modifier sa position sur le culte des saints ou le sacrifice de la messe, pour ne rien dire du célibat ecclésiastique[10].

VI

Dès le début des années 1980, l'étude du système religieux m'avait redonné le goût du Moyen Age. Je découvrais la rigueur intellectuelle de la scolastique et je m'apercevais, après d'autres, que les penseurs médiévaux avaient mené très loin l'analyse logique du langage. Leur sémantique avait pour nous un intérêt autre que rétrospectif, comme le montraient les travaux de Desmond P. Henry. En 1984 paraissait *Nécessité et contingence* de Jules Vuillemin, un ouvrage où l'histoire de la philosophie se confond avec la philosophie elle-même. L'auteur traite du problème des modalités et démontre que l'ensemble des doctrines existantes se répartissent entre cinq théories fondamentales qui sont les seules possibles. Henry et Vuillemin parvenaient tous deux à traduire les raisonnements exprimés en langage naturel par des penseurs antiques et médiévaux dans les algèbres de la logique formelle. Entre bien d'autres leçons à tirer de ces tra-

---

[10] L'accord survenu le 31 octobre 1999 entre les églises catholique et luthériennes sur la justification par la foi peut être consulté sur le site internet du Vatican :
http://www.vatican.va/roman_curia/pontifical_councils/chrstuni/index_fr.htm.

vaux, il y avait une autre manière de lire les textes scolastiques, non pas seulement comme des symptômes idéologiques, comme des entreprises destinées à légitimer ou à dissimuler telle pratique sociale de leur temps, mais aussi comme l'expression d'une recherche de la vérité dont la rationalité n'avait pas été dépassée.

L'essai intitulé «Théorie et pratique de l'image sainte à la veille de la Réforme» est caractéristique de cette nouvelle orientation. Une fois de plus, je réagissais contre la manière dont la plupart des historiens expliquent les pratiques religieuses – en l'occurrence le culte exubérant des images auquel la Réforme mit fin – en termes de croyances populaires, de mentalités animistes et le reste à l'avenant. Il est facile de constater que ce culte, y compris sous ses formes les plus pittoresques, n'est pas plus caractéristique des couches sociales supposées attardées, comme les paysans, que des prétendues élites. L'identification de l'image à la personne représentée, sur laquelle il repose, est légitimée sous certaines conditions par la théologie médiévale. Ce qu'elle dénonce comme idolâtrie, c'est l'adoration d'un objet de bois ou de pierre en tant que tel, un comportement dont tous les auteurs qui se sont demandés s'il existait, de Plutarque à l'anthropologie contemporaine en passant par les réformateurs, ont conclu par la négative. Pour nous comme pour le Moyen Age, les honneurs rendus à une image vont à la personne représentée et les mauvais traitements qu'on lui inflige sont destinés à insulter cette personne. Le problème n'est donc en rien spécifique au christianisme médiéval et la question devait être posée dans toute sa généralité : quelle sont les propriétés de l'image qui lui donnent la possibilité de valoir pour une personne ?

Du point de vue de la sémantique de l'image, des auteurs comme Roland Barthes, Umberto Eco et Nelson Goodman avaient fait totalement l'impasse sur le problème et accrédité la thèse que l'image était un signe arbitraire. Sans me rallier à cette opinion, je l'attribuais sans grandes précautions aux nominalistes du XIVe siècle que je lisais alors de manière peu experte. Pour ma part, je soutenais la thèse moins radicale que la ressemblance était un faux concept, quelque chose d'indéfinissable entre l'identité et la non-identité[11]. Ce serait faute de pouvoir la conceptualiser que nous envisagerions en termes d'identité la relation entre l'image et son modèle, avec tous les paradoxes que cela entraînerait. Les théologiens médiévaux auraient donc buté sur une impasse, mais nous ne serions pas mieux lotis.

J'ai travaillé de manière beaucoup plus intense les théories médiévales de l'image dans les années suivantes et je me suis finalement rendu compte que les scolastiques avaient défini avec beaucoup d'exactitude la ressemblance, de sorte que leur définition correspondait assez précisément à ce que les mathématiciens d'aujourd'hui appellent une homothétie. En fait, il n'y avait rien là d'irrationnel ou d'indéfinissable. C'est donc en grande partie grâce à eux que j'ai révisé mes thèses et que j'ai été amené à critiquer celles de Goodman[12]. Il fallait chercher ailleurs la difficulté. Elle est probablement dans l'impossibilité psychologique de réagir à ce que représente l'image – particulièrement dans la prière – tout en percevant simultanément l'image comme un objet distinct de ce qu'elle représente. Dans la formulation de saint Thomas d'Aquin, le mouvement de l'âme vers l'image en tant qu'image est identique à son mouvement vers la chose représentée. Il s'agit d'une réalité psychologique à laquelle il est impossible d'échapper. L'expérience de la prière n'est pas nécessaire pour le constater: il faudrait n'avoir jamais éprouvé un émoi érotique devant une image pour oser le nier. Le dialogue avec les scolastiques a donc été constructif et m'a obligé à réécrire une bonne partie de l'essai pour l'introduire dans ce recueil.

***

---

[11] On trouve ce point de vue chez Goodman dans un article que je n'avais pas encore lu: « Seven Strictures on Similarity », in: *Problems and Projects*, New York, 1972, p. 437-447.

[12] « La place de l'image dans le système des signes », *Cahiers Ferdinand de Saussure*, t. 50 (1997), p. 173-198.

Ces six essais témoignent de la conviction croissante que l'état du monde n'autorise pas à traiter le passé avec condescendance et que, pour se débarrasser de cette attitude, l'historien doit faire les mêmes efforts que les anthropologues pour sortir de l'ethnocentrisme. Les événements qui marquent le début du troisième millénaire ne conduisent pas à changer de point de vue. En revanche, cette conviction doit faire face à une objection sérieuse. Pousser le respect du passé jusqu'à interroger les auteurs anciens sur des problèmes qui intéressent l'homme d'aujourd'hui, n'est-ce pas présupposer une pérennité des problèmes et de leurs solutions en faisant fi des évolutions sociales, techniques et intellectuelles bien réelles au terme desquelles le passé est révolu ? N'est-ce pas tout simplement nier l'histoire, comme ces « humanistes » qui prétendent l'esprit humain immuable, ou encore comme les néo-thomistes qui se satisfont d'une doctrine vieille de sept siècles ? Autant qu'à faire, pourquoi ne pas reconnaître une autorité à la Bible ?

Le problème est ici de savoir ce qu'on va chercher dans le passé. Il y a d'abord les sources documentaires qui nous renseignent sur les situations ou les événements et sur la présentation que les contemporains en font. Leur interprétation demande à l'historien des connaissances spécifiques, mais la vigilance critique dont il doit faire preuve n'est pas très différente de celle qu'exige la lecture du journal, si l'on cherche à comprendre ce qui se passe autour de nous. Le problème est bien différent si nous demandons aux auteurs du passé de nous instruire sur autre chose que sur eux-mêmes. On peut constater sans peine qu'il est usuel de faire appel à eux sur les questions morales et métaphysiques. Dans la mesure où les premières relèvent du jugement et non pas de la connaissance, il n'y a pas grand-chose à objecter : le choix éthique entre la luxure et la chasteté, ou encore entre le recours à la force armée et le refus de porter les armes, existe au moins depuis l'Antiquité. On notera cependant que les conditions sociales et épistémologiques dans lesquelles se font ces choix en modifient le sens. L'abstinence sexuelle peut être motivée selon les contextes par la volonté de sauver son âme ou par la peur de mourir jeune. La guerre a tellement évolué et changé d'échelle depuis l'époque féodale qu'on ne parle plus de la même chose. Mais c'est sans doute en matière de métaphysique que les doctrines du passé sont les plus anachroniques. On prendra un exemple familier pour s'en convaincre, celui de l'existence de Dieu.

La négation de l'existence de Dieu, quoi qu'en ait pensé Lucien Febvre, était possible non seulement à la Renaissance, mais encore en plein Moyen Age. En revanche, la totalité des penseurs médiévaux confessaient l'existence de Dieu et construisaient leurs systèmes en fonction de ce dogme. Si l'opinion contraire avait été tolérée, il y aurait peut-être eu des systèmes déviants, mais l'explication de cette unanimité par la répression de la pensée ne mènerait pas loin, car il faudrait expliquer cette répression, qu'il s'agisse du christianisme, du judaïsme ou de l'islam. En fait, l'existence de Dieu présentait une forme d'évidence, peut-être pas pour les paysans, mais certainement pour les intellectuels, car elle faisait système avec les conceptions anciennes de la causalité. Si l'on se représente le monde comme composé d'éléments qui agissent les uns sur les autres de manière hiérarchique, chacun d'entre eux mis en mouvement par un élément plus puissant que lui, on ne peut remonter de l'effet à la cause sans rencontrer, au bout du compte, une cause unique et toute-puissante. Le monde n'est alors rien d'autre qu'une monarchie bien ordonnée dans laquelle on ne voit pas souvent le souverain, mais où tout témoigne de sa vigilance. Nous n'avons plus les mêmes conceptions de la causalité et nous ne vivons plus dans le même système politique. La justification de l'existence de Dieu par l'idée qu'« il doit y avoir quelque chose de plus grand » est aujourd'hui une pétition de principe. Lorsqu'on visite une église le dimanche, il est devenu étrange d'entendre des gens qui, tous ensemble et d'une seule voix, implorent un seigneur d'avoir pitié d'eux.

Par bien des aspects, la pensée de saint Thomas peut nous faire le même effet ou, lorsqu'il s'agit d'angélologie, un effet encore plus dépaysant. Mais il est des domaines où, une fois familiarisé avec les techniques d'exposition et le vocabulaire de la scolastique, notre curiosité s'éveille. C'est le cas de la logique, de la sémiologie et de la sémantique. L'angélologie elle-même devient beaucoup plus intéressante une fois compris que l'ange est le modèle hypothétique d'un esprit semblable à l'esprit humain, mais qui serait dégagé des conditionnements qu'impose l'appartenance à un corps, prisonnier du temps et de l'espace. De manière générale, plus la philosophie ancienne est analytique, moins elle est périmée. Ce ne sont pas ses présupposés métaphysiques, mais la rigueur logique de l'argumentation qui fait sa force et son caractère exemplaire. Lorsqu'on y est devenu sensible, les ricanements des humanistes du XVIe siècle font hausser les épaules et on commence à lire avec plaisir et profit des discussions théologiques saugrenues, mais non dénuées d'humour, qu'il s'agisse du destin de l'hostie digérée par une souris ou de l'opportunité d'adorer les vers issus du cadavre d'un saint[13].

Les essais qui suivent jalonnent donc un chemin qui partait d'une fausse question – quand est-on sorti de la crédulité médiévale? – et aboutissait à la découverte émerveillée de la rationalité là où je l'imaginais totalement absente, dans la construction du système religieux médiéval. Des uns aux autres la problématique s'est modifiée et certains raisonnements me semblent aujourd'hui naïfs, voire erronés. Et pourtant, l'itinéraire qu'ils constituent pourrait avoir un intérêt autre que rétrospectif, car les interrogations successives – sur l'apparition de l'incroyance, sur sa présence à l'intérieur même du discours religieux, sur la validité de la notion de croyance, sur le fonctionnement du comportement religieux et sur l'apport des scolastiques à une théorie actuelle de l'image – obéissaient à un ordre heuristique. Il me semble que les réponses apportées à l'une conduisaient assez souvent à l'autre et que le lecteur pourrait trouver un intérêt à cet itinéraire.

---

[13] J'ai du reste consacré un article à cette épineuse question: « Le cadavre et les vers selon Henri de Gand (*Quodlibet*, X, 6) », *Micrologus*, t. 7 (1999), p. 283-295.

En principe, la présentation d'un parcours s'opposait aux remaniements. Dans la majorité des cas, je me suis contenté de corrections purement formelles et de quelques compléments bibliographiques en notes, signalés par des crochets carrés, soit parce que le texte n'est de toute manière plus celui que j'écrirais aujourd'hui, soit parce qu'il reste actuel à mes yeux. Les deux exceptions concernent «La naissance du concept de croyance» et «Théorie et pratique de l'image sainte».

Dans le premier de ces deux essais, l'explication du statut logique de la *fides* médiévale contenait un passage à la fois confus et erroné concernant l'utilisation de la copule, c'est-à-dire du verbe «être» unissant le sujet à son prédicat dans une proposition. Je supposais qu'elle était responsable de l'assertion d'existence, qu'elle contient implicitement, dans le cas particulier où elle s'applique à une terme singulier. Or, s'il est vrai que la copule en relation avec un universel n'implique pas forcément l'existence des universaux, elle implique néanmoins, chez la plupart des logiciens médiévaux, que cet universel ne soit pas une classe vide, qu'il se réfère à des individus existants. Il n'y avait donc aucune raison de s'en tenir au cas particulier de la copule en relation avec un terme singulier, car la proposition contient l'assertion d'existence dans tous les cas. J'ai remanié le passage en ce sens, les autres corrections étant purement formelles.

Le second essai a été plus profondément modifié. Pour les raisons exposées plus haut, il n'était pas opportun de le rééditer sous sa forme première. J'en ai repris complètement la troisième partie qui était périmée et ajusté les parties suivantes aux nouveaux développements, tout en maintenant inchangées la problématique et les conclusions que je n'ai aucune raison de renier.

Voici les références bibliographiques des essais qui suivent :

I. «'Libertins' et 'épicuriens'. Aspects de l'irréligion au XVIe siècle», *Bibliothèque d'Humanisme et Renaissance*, t. 39 (1977), p. 601-627.

II. «Sainte Anne est une sorcière», *Bibliothèque d'Humanisme et Renaissance*, t. 40 (1978), p. 449-480.
III. «La naissance du concept de croyance (XIIe-XVIIe siècles)», *Bibliothèque d'Humanisme et Renaissance*, t. 45 (1983), p. 7-58.
IV. «Against the Acculturation Thesis», *Religion and Society in Early Modern Europe, 1500-1800)* (colloque, Wolfenbüttel, 1981), éd. K. von Greyerz, Londres, Allen & Unwin, 1984, p. 66-78.
V. «Some Recent Publications on Luther», *The Journal of Modern History*, t. 57 (1985), p. 483-505.
VI. «Théorie et pratique de l'image sainte à la veille de la Réforme», *Bibliothèque d'Humanisme et Renaissance*, t. 48 (1986), p. 319-358.

Je remercie les revues et les éditeurs cités ci-dessus de m'avoir permis de reprendre ces textes.

I.

« LIBERTINS » ET « ÉPICURIENS » : ASPECTS DE L'IRRÉLIGION EN FRANCE AU XVIᵉ SIÈCLE

1. ÉTAT SOMMAIRE DE LA QUESTION

Lorsqu'il fit paraître en 1942 *Le problème de l'incroyance au XVIᵉ siècle*, Lucien Febvre conclut à « la religiosité profonde de la plupart des créateurs du monde moderne »[1]. Contre Abel Lefranc qui voyait en Rabelais un précurseur de la libre pensée et de l'athéisme scientiste du XIXᵉ siècle, il brossait un milieu humaniste parfois impertinent, mais croyant. Les mots « athée », « libertin », « épicurien » désignaient alors, par excès de langage, ceux qui ne partageaient pas la même conception de la foi, dans une époque de sincère inquiétude religieuse. A ces hommes manquait l'« outillage conceptuel » qui aurait rendu possible l'incroyance ; ils s'exprimaient dans un latin vieilli, rétif envers l'innovation, vivaient dans un monde imprégné de surnaturel. Leurs curiosités étaient plutôt mues par une crédulité générale envers le merveilleux que par l'esprit scientifique.

Devenu un classique de l'histoire des mentalités, l'ouvrage de Lucien Febvre suscita néanmoins de vigoureuses réactions de la part des spécialistes. Auteur d'une thèse sur *Le rationalisme dans la littérature française de la*

---

[1] L. Febvre, *Le problème de l'incroyance au XVIᵉ siècle. La religion de Rabelais*, rééd., Paris, 1968, p. 428.

Renaissance[2], Henri Busson le critique dans la « question préliminaire » qui en ouvre la réédition en 1957, reprochant en particulier à Febvre de n'avoir pas tenu compte de ses propres recherches. Busson, dont la pensée peut sembler plus traditionnelle que celle de son adversaire, montre cependant les dangers d'un déterminisme étroit dans la réflexion sur les mentalités : « Si dans un milieu croyant ne peut naître un incroyant, il n'en sortira donc jamais. Ainsi les savants d'avant Pasteur, ignorant les germes et les bactéries, croyaient à la génération spontanée. »[3] L'objection porte, car Febvre, posant le problème de l'athéisme présumé de Rabelais, réduit progressivement le comportement de l'écrivain à celui de son milieu, c'est-à-dire des « poéticules » avec lesquels il lui arrivait de correspondre, déduisant ainsi la piété de Rabelais du conformisme de ces gens. Puis il infère de la piété de Rabelais celle de ses contemporains et développe l'argument des limitations de la pensée qui rendraient l'incroyance impossible. Busson dément que le langage ait contrarié l'essor des doctrines, en tenant compte de la richesse de la pensée médiévale que le latin n'a pas entravée et des « faits » relatifs à l'incroyance médiévale. D'autre part, les mots « athée », « déiste », « achriste », « libertin » se développeraient entre 1540 et 1560, non pas, comme le pensait Febvre, dans la seule fonction d'insulte, mais avec des sens précis[4]. Enfin, s'il fallait attendre la naissance du mot pour faire commencer l'histoire de la chose, il ne faudrait parler de rationalisme que pour le XIXe siècle, de fidéisme que pour les courants de spiritualité postérieurs à 1838 ; il n'y aurait pas de matérialisme avant Voltaire[5]. Il est sans doute un peu simple de s'en référer aux « faits ». Néanmoins, le reproche de Busson à Febvre est justifié : ce dernier écrivit son livre

---

[2] H. Busson, *Le rationalisme dans la littérature française de la Renaissance (1533-1601)*, 2e éd., Paris, 1957 (1ère éd. en 1922).

[3] *Id.*, p. 11.

[4] *Id.*, p. 12.

[5] *Loc. cit.* Ces exemples sont repris à L. Febvre (*op. cit.*, p. 329-330) qui les utilise pour montrer que le XVIe siècle ne possédait pas les concepts nécessaires à l'incroyance.

dans l'ignorance volontaire, sinon des «faits», en tout cas des thèses de Busson, qui restaient pour le moins à réfuter.

En 1970 parut l'ouvrage à la fois érudit et audacieux dans l'interprétation de Gerhard Schneider, *Der Libertin*[6]. Face à Lucien Febvre qui niait l'existence au XVIe siècle de l'«outillage conceptuel» de l'incroyance, il explore la sémantique du mot «libertin», en analysant méticuleusement les textes des réformateurs qui le propagèrent: Calvin, puis Bèze et Viret. Il dénonce, dans une introduction exemplaire, les limites des travaux de Charbonnel (auteur d'une thèse sur *La pensée italienne au XVIe siècle et le courant libertin*, que Febvre ne prit en considération que dans sa bibliographie[7]) de Busson et surtout de Febvre lui-même. Selon Schneider, faute de considérer comme favorables à sa thèse les «faits» établis par Busson, ce dernier dut «chercher son salut dans la déduction abstraite»[8], déniant au latin la possibilité de créer de nouveaux systèmes, alors que les constructions majeures de la pensée du XVIIe siècle furent d'abord exposées dans cette langue[9]. Certes, si Febvre entend par rationalisme un système fondé sur une conception positiviste de la science, le rationalisme n'existe pas au XVIe siècle. Mais le vrai problème est de savoir ce que les contemporains entendaient par «libertin», «athéiste», etc. Sur ce plan, Charbonnel et Busson n'ont pas été plus loin, s'accordant à ne voir dans un rationalisme mal défini que l'influence de la pensée italienne[10]. En fait, le mot «libertin» possède dès son apparition un sens technique exact, comme le notait Busson en 1957. Introduit dans le vocabulaire pour traduire le latin *libertinus*, au sens strict d'«affranchi», il est rapidement utilisé par Calvin pour désigner ceux *qui contrefont tant les spirituelz, qu'ilz ne tiennent conte de la saincte*

---

[6] G. Schneider, *Der Libertin. Zur Geistes- und Sozialgeschichte des Burgertums im 16. und 17. Jhdt.*, Stuttgart, 1970.

[7] R. Charbonnel, *La pensée italienne au XVIe siècle et le courant libertin*, Paris, 1917.

[8] *Op. cit.*, p. 11.

[9] *Id.*, p. 13.

[10] *Id.*, p. 23.

parolle de Dieu, non plus que de fables[11]. L'année suivante, en 1545, il écrit *Contre la secte phantastique et furieuse des libertins qui se nomment spirituelz*. Il ne s'agit plus des anabaptistes qui se livrent à de vaines spéculations théologiques, mais de ceux qui, avec une connaissance superficielle de l'Ecriture, veulent justifier leur «licence charnelle» et leur «vie dissolue»[12]. Citons une formule de Schneider, peut-être un peu rapide, mais saisissante: «Deux domaines sont sans cesse associés dans la polémique de Calvin; l'interdiction de spéculer, de penser, est couplée à l'interdiction du plaisir, l'interdiction de penser le plaisir à l'interdiction du plaisir de penser»[13]. Le mot «libertin» ne prend pas pour autant, dans ce contexte, son sens actuel; il désigne une secte héritière du Libre Esprit médiéval, hérésie panthéiste qui apparaît dès le XIIIe siècle avec Amaury de Bène et renaît sans cesse des cendres du bûcher dans les régions économiquement développées des Flandres et du Rhin[14]. Il s'agirait d'une réaction populaire à l'oppression sociale. Les polémiques de Calvin s'inscriraient donc dans une volonté de rationalisation intellectuelle (usage de la langue comme véhicule de la pensée et non de la spéculation fantastique) et de répression sociale (Schneider s'inspire des thèse de Max Weber sur capitalisme et protestantisme).

Par contre, à côté du libertinage tel que le définit Calvin, existent des cercles intellectuels d'incroyants qui correspondraient mieux à ce que nous nommons aujourd'hui libertins: les «épicuriens», les «lucianesques» et les «nicodémites». Ces derniers ne seraient pour Calvin que des couards qui n'osent pas propager la vrai foi, tandis que les «épicuriens» et les «lucianesques», attaqués dans le *Traité des scandales* de 1550 sont *des mocqueurs qui sous couleurs subtiles se*

---

[11] *Id.*, p. 45: J. Calvin, *Brieve instruction pour armer tous bons fideles contre les erreurs de la secte commune des anabaptistes*, Genève, 1544 (Corpus Reformatorum, vol. 35, col. 45 à 142); cf. col. 53.

[12] Schneider, *op. cit.*, p. 53-54; J. Calvin, *Contre la secte phantastique et furieuse des libertins qui se nomment spirituelz*, Genève, 1545 (Corpus Reformatorum, vol. 35, col. 145 à 252).

[13] *Op. cit.*, p. 57.

[14] *Id.*, p. 74.

gobent de la chrétienté et des gens *qui s'abandonnent comme pourceaux à toute ordure*[15]. Calvin cite en exemples Agrippa et Villeneuve (Simon de Neufville selon Febvre et Schneider, Servet selon A.-M. Schmidt[16]), puis Rabelais, Gouvéan et Des Périers qui, *après avoir goûté de l'Evangile, ont été frappés d'un même aveuglement*. Le glissement sémantique a rapidement lieu: en 1550, dans *Le glaive de la Parole*, Farel met sur le même pied les épicuriens, les athéistes et les libertins. Viret fait l'amalgame dans le *De origine... ministerii uerbi Dei* de 1554, où les libertins sont explicitement considérés comme des incroyants[17]. En 1565, il énumère sans autre forme de procès, dans l'*Interim*, les *libertins, épicuriens, athéistes et ambitieux et larrons et ravisseurs et voleurs et tyrans*[18]. Le mot «libertin», créé en 1544 pour désigner une hérésie populaire, se rapprocherait donc dix ans plus tard du champ sémantique d'«épicurien» et d'«athéiste» pour prendre définitivement son sens moderne dès 1565.

Febvre évitait l'histoire des mots avec un préjugé peu flatteur pour la Renaissance et trop flatteur pour notre siècle: «les hommes de ce temps, dans leur façon d'argumenter, ne semblaient éprouver ni le besoin impérieux d'exactitude, ni le souci d'objectivité qui est en nous»[19]; Schneider, au contraire, vérifie le sens des mots. Par contre, il ne remarque pas plus que ses prédécesseurs que le mot *libertinus* possède bien avant Calvin un sens différent de celui d'«affranchi». Le mot existe en effet dans la poésie des goliards. Une pièce s'intitule *Regula beati Libertini ordinis nostri*[20]. Le mot ne

---

[15] Schneider, *op. cit.*, p. 96; et. aussi: J. Calvin, *Trois traités*, éd. A.-M. Schmidt, Paris – Genève, 1934, p. 221 et n. 71.

[16] Febvre, *op. cit.*, p. 131; Schneider, *op. cit.*, p. 97; Calvin, *Trois traités*, p. 223 et n. 74.

[17] Schneider, *op. cit.*, p. 120.

[18] *Id.*, p. 121; cite *L'Interim...*, Lyon, 1565, p. 99.

[19] *Op. cit.*, p. 142.

[20] M. Flacius Illyricus, *Varia doctorum piorumque virorum de corrupto ecclesiae statu poemata*, s. l., 1754, p. 498. L'édition originale est celle de Bâle, 1556; cf. O. Dobiache-Rojdesvensky, *Les poésies des Goliards*, Paris, 1931, p. 146 et ss.

peut avoir ici le sens d'« affranchi »: il désigne pour le moins le dévergondage dans un poème consacré au catalogue des débauches monastiques. Malheureusement, le poème ne nous est connu que par l'édition des poésies anticléricales du Moyen Age réalisée au milieu du XVIe siècle par le protestant Flacius Illyricus. Mais une célèbre chanson à boire conservée dans le manuscrit de Beuron, que les miniatures datent impérieusement du début du XIIIe siècle, contient le passage suivant:

> *Primo pro nummata vini:*
> *ex hac bibunt libertini*
> *Semel bibunt pro captivis...*

Ici encore, le contexte interdit le sens d'« affranchis » et Olga Dobiache-Rojdesvensky traduisait par « débauchés »[21]. Calvin, qui eut fort à faire à Paris avec les intellectuels malpensants, aurait-il pris au folklore étudiant le vieux mot?[22] Le souvenir des goliards existait encore à l'approche de 1500 dans le contexte de l'hérésie: S. Brant emploie leur nom pour désigner des adeptes du Libre Esprit[23]. Mais si les goliards utilisaient le mot *libertini*, où l'avaient-ils trouvé dans ce sens-ci? Dans les Actes des Apôtres (6, 9) qui mentionnent une secte impie de ce nom: *Surrexerunt autem quidam de synagoga, quae appellatur Libertinorum, et Cyrenensium, et Alexandrinorum, et eorum qui erant a Cilicia, et Asia, disputantes cum Stephano*. Le terme *synagoga* évoquait au Moyen Age non seulement les assemblées des juifs, mais encore celles des sorciers et des hérétiques. Le voisinage des *liber-*

---

[21] Dobiache-Rojdesvensky, *op. cit.*, p. 202 et ss.

[22] Th. de Bèze, *Histoire ecclésiastique*, Anvers, 1580, t. 1, p. 14: *C'est alors aussi* [en 1533 à Paris] *qu'il rembarra premièrement les Libertins, esquels de nostre temps s'est renouvellée l'abominable Secte des Carpocratiens, ostans toute différence entre bien et mal*. Cf. Schneider, *op. cit.*, p. 83.

[23] S. Brant, *Narrenschiff*, éd. F. Zarnecke, Leipzig, 1854, p. 119 à 121: *De singularitate quorumdam novorum fatuorum; additio Sebastiani Brant* (à l'édition latine de Jacob Lochner, 1497): *Hunc ego perversum lolhardum seu goliardum / Dicam: qui ventri vivit et umbilico* (v. 79-80).

tini et de ceux de Cyrène laisse supposer l'immoralité des premiers. Le Moyen Age adopta donc un mot un peu recherché pour désigner des esprits forts, avides de volupté, ce qui explique l'emploi qu'en fait Calvin; il ne parle pas de «libertins spirituels», mais de libertins «qui contrefont» ou «qui se nomment» des spirituels, et il leur attribue une immoralité qui les différencie des anabaptistes, mais les apparente aux anciens goliards.

L'évolution que Schneider croit déceler dans le sens du mot, de Calvin à Viret, est donc peu probable. Les libertins de Calvin ne sont pas des anabaptistes, mais utilisent des doctrines hérétiques pour masquer leurs desseins véritables. C'est en tout cas ce que dit Calvin.

Bien qu'il traitât du seul problème du nicodémisme, A. Ginzburg, disciple de Cantimori, ouvrit une voie intéressante, en 1970 également[24]. De même que Schneider, il prend Calvin comme point de départ. Le réformateur baptisa «nicodémisme» la dissimulation des croyances religieuses par opportunisme. Décidément, Calvin n'attendait pas de bénéficier d'un meilleur «outillage mental», mais fabriquait ses outils lui-même! Les nicodémites attaqués en 1544 par Calvin sont des protestants vivant en terre catholique et qui composent avec le précepte *Cujus princeps, ejus religio*, dissimulant leur foi sous les pratiques externes du catholicisme. En faisant la généalogie du mot et de l'attitude, Ginzburg découvre que celle-ci fut théorisée par un savant strasbourgeois, Otto Brunfels, entre 1520 et 1527. Il ne s'agissait donc pas d'un protestant vivant sous la tyrannie des catholiques, mais d'un penseur très original, proche des anabaptistes sans épouser leurs thèses, sympathisant avec les paysans révoltés sans soutenir jusqu'au bout la révolte armée, réfractaire à la théocratie qui s'installait, au point qu'il dut s'exiler lors du synode de 1533-34. Ses écrits nicodémites, notamment les *Pandectes* de 1527, eurent un succès immédiat et durable dans l'ensemble des pays agités par la crise religieuse, de telle sorte que les protestants peu désireux de s'exposer y

---

[24] C. Ginzburg, *Il nicodemismo. Simulazione e dissimulazione religiosa nell'Europa del '500*, Turin, 1970.

puisèrent à leur tour une justification théologique. Mais Brunfels, que Calvin n'attaque pas nommément, n'aurait pu être accusé de veulerie : ce n'était pas un *protonothaire délicat*. Ginzburg remarque combien il paya de sa personne. Ajoutons que la propagande nicodémique expose, à l'inverse du nicodémisme proprement dit. Le pharmacien toulonnais Lazare Dilhon, qui signa la traduction française des *Precationes* de Brunfels, mourut sur le bûcher[25].

L'ouvrage de Ginzburg n'est sans doute exempt ni de lacunes, ni d'erreurs. Nous ne croyons pas devoir retenir les critiques de Welti qui lui reproche d'avoir surestimé le rôle de la guerre des paysans et sous-estimé celui de Bâle dans la genèse du nicodémisme[26]. Ce point aurait dû être étayé, car Brunfels et ses amis ne manquaient pas de liens avec les cités suisses. Par contre, Fraenkel remarqua que la « lettre nicodémite » de Capiton, que Ginzburg crut avoir identifiée et publia en appendice de son étude, n'est qu'une copie partielle d'un mémorandum de Bucer, daté de 1541, et traitant non pas du nicodémisme, mais de la *via media* entre catholiques et protestants[27]. Il faut donc nuancer certaines conclusions de Ginzburg, dont l'érudition, à défaut d'être infaillible, fut stimulante, comme le reconnaît Fraenkel.

En effet, Ginzburg nous mène aussi loin de la problématique de Febvre – l'incroyance était-elle possible au XVIe siècle ? – que de celle de Schneider – que signifie le mot « libertin » au XVIe siècle ? Il étudie la genèse d'une attitude que nous appellerons provisoirement libertine, et un milieu qui n'a jamais été pris en considération par les historiens du libertinage : les intellectuels et les révolutionnaires à Strasbourg de 1520 à 1533. Seul Busson soupçonne les milieux germaniques, et en particulier les libertins spirituels strasbourgeois, de jouer un rôle en ce domaine[28]; il est dom-

---

[25] *Id.*, p. 101.

[26] M. E. Welti, Compte rendu de Ginzburg, *op. cit.* dans : *Bibliothèque d'Humanisme et Renaissance*, t. 33 (1971), p. 235-236.

[27] P. Fraenkel, « Bucer's Memorandum of 1541 and a 'lettera nicodemitica' of Capito », *Bibliothèque d'Humanisme et Renaissance*, t. 36 (1974), p. 575-587.

[28] Busson, *op. cit.*, p. 296 et ss.

mage que son propos l'ait détourné d'une analyse approfondie de ce milieu. Enfin, l'ouvrage de Ginzburg pose un problème qu'on aurait aimé voir débattu : pourquoi, si Brunfels est le père du nicodémisme, Calvin évite-t-il de le mentionner, alors qu'il connaissait bien Strasbourg et que Bucer avait expressément rangé Brunfels dans le clan des «épicuriens» lors du synode de 1533 ? Et si Calvin, utilisant un procédé fréquent dans les polémiques, ne s'en prend qu'aux lampistes, Schneider ne conclut-il pas un peu vite que les libertins de 1545 ne sont que des hérétiques populaires, comme le réformateur le fait croire ?

Ces quelques publications, différentes et divergentes, ne laissent plus subsister grand-chose de la thèse de Lucien Febvre, mais sont loin de lui substituer une nouvelle vision synthétique du problème. Le libertinage du XVIe siècle appelle plus aujourd'hui les découvertes que la synthèse. C'est ce que semblent avoir compris les organisateurs d'un colloque tenu à Sommières et publié en 1974[29]. Au lieu de mettre une nouvelle fois en discussion l'existence et la nature du libertinage à la Renaissance, les exposés sont consacrés à des personnalités qui, à des titres divers et dans des mesures différentes, furent tenues pour libertines. Le titre de la publication, *Aspects du libertinisme*, exclut toute volonté de conclure. On regrettera tout au plus le choix du mot pudique de «libertinisme», peu adapté à la réalité diffuse que les exposés s'efforcent de dégager et qui trompe par un semblant de précision archéologique. «Libertinage» serait préférable, car un document juridique contemporain des traités de Calvin précise que *libertini a carnis libertate, quam illorum doctrina permittere videtur, appellantur*[30]. Cette opinion, partagée par les autres textes, détermine aujourd'hui encore le sens ambigu du mot, même s'il fut parfois appliqué à de chastes philosophes. Le colloque porte d'ailleurs autant sur l'expérience vécue du libertinage moral, voire du simple dévergondage, que sur les doctrines réputées libertines.

---

[29] *Aspects du libertinisme au XVIe siècle* (Actes du colloque international de Sommières), Paris, 1974.

[30] Cité par Schneider, *op. cit.*, p. 50.

L'exposé liminaire de J.-C. Margolin décrit l'emploi du mot au XVIe siècle et se fonde presque exclusivement sur le travail de Schneider. Les participants traitent tour à tour des comportements de Jodelle, des aristocrates selon Brantôme, des magistrats anglais au début du règne d'Elizabeth, des doctrines plus ou moins libertines d'Erasme, Mazio da Narni, Valdés, Postel, etc. et des théologiens qui censurent le libertinage (Maldonat, Viret); M. de Gandillac retrace l'«itinéraire» d'Agrippa, dans sa dimension biographique et philosophique. J. J. Denonain reprend le procès en paternité de l'insaisissable *Livre des trois imposteurs*, œuvre orpheline et sans âge, réelle et imaginaire, dont l'histoire est aussi vivante qu'une biographie. Il est probable que le traité ait été rédigé vers 1540, alors qu'on ne le croyait pas antérieur au XVIIe siècle. Si les recherches en cours de Denonain devaient confirmer cette date, le contexte des polémiques de Calvin en serait éclairé.

Le principal résultat de ce colloque est de placer le lecteur devant un curieux paradoxe: les textes anciens relatifs au libertinage prouvent suffisamment l'existence de l'«outillage conceptuel» nécessaire à l'incroyance tandis que l'incroyance se présente toujours, au moins jusqu'à Giordano Bruno, comme le discours de l'autre. Quel que fût le nombre de ceux qu'on accusa de proférer le blasphème selon lequel il y eut trois grands imposteurs dans l'histoire de l'humanité, Moïse, le Christ et Mahomet, personne ne le revendiqua avant le XVIIe siècle. Chez les libertins du XVIe siècle, nous rencontrons des «gamineries», selon l'expression de Febvre, ainsi chez Erasme ou Rabelais, des hétérodoxies à foison (Servet, Postel...), du dévergondage (Jodelle), mais la profession de foi libertine n'existe que dans le discours attribué à l'adversaire.

D'autres mises au point récente semblent prouver qu'on a accusé un peu vite certains auteurs d'athéisme. Dès 1951, Saulnier contestait l'incroyance de Des Périers[31] que Nurse place finalement dans les libertins spirituels (sans doute

---

[31] V. L. Saulnier, «Le sens du *Cymbalum Mundi*», *Bibliothèque d'Humanisme et Renaissance*, t. 13 (1951), p. 43-69 et p. 137-171; cf. aussi: «Saint Paul et Des Périers», *Bibliothèque d'Humanisme et Renaissance*, t. 15 (1953), p. 209-212.

pieux) qui gravitaient autour de Marguerite de Navarre[32]. En 1963, A. Tenenti proposait une périodisation du libertinage[33] : se seraient succédés les attaques de sectaires déçus contre les religions révélées, le besoin de construire une religion neuve et élitique chez Bodin, un rationalisme plus modéré, mais riche d'avenir, chez Charron. Cette chronologie tardive suppose l'absence d'une véritable incroyance dans la première moitié du XVIe siècle. P. O. Kristeller vient de publier une mise au point plus prudente sur « le mythe de l'athéisme de la Renaissance »[34]. L'athéisme de Pomponazzi serait une illusion due à Renan et jamais remise en question. En fait, le traité *Sur l'immortalité de l'âme* ne fut jamais mis à l'index. Kristeller se défend toutefois de « sauver les âmes de Pomponazzi et de Cremonini pour un ciel orthodoxe » et leur reconnaît une influence tardive sur le rationalisme français.

Les savants se divisent donc presque systématiquement en deux camps : ceux qui étudient les textes anciens relatifs aux incroyants ont tendance à accepter le bien-fondé de l'accusation, ainsi Schneider ; ceux qui étudient les œuvres des prétendus incroyants n'y trouvent au pire que de l'hétérodoxie. Sans prétendre trouver la solution, je voudrais revenir sur l'analyse de quelques textes, en tenant précisément compte de ce paradoxe.

2. LE LANGAGE LIBERTIN

Dans les traités consacrés par Calvin et ses disciples aux libertins, la recherche s'intéressa plus aux doctrines supposées de ceux-ci qu'à leur style[35]. Calvin se montre pourtant

---

[32] B. Des Périers, *Cymbalum Mundi*, éd. P. H. Nurse, rééd., Manchester, 1967.
[33] A. Tenenti, « Milieu XVIe siècle, début XVIIe siècle. Libertinisme et hérésies », *Annales E. S. C.*, t. 18 (1963), p. 1-19.
[34] P. O. Kristeller, « Le mythe de l'athéisme de la Renaissance et la tradition française de la libre pensée », *Bibliothèque d'Humanisme et Renaissance*, t. 37 (1975), p. 337-348.
[35] Outre les études citées de Busson et Schneider : Ch. Schmidt, *Les libertins spirituels. Traités mystiques écrits en 1547-1549*, Bâle, 1876 ;

très préoccupé par leur rhétorique, comme si elle fournissait un moyen de les déceler. Avant même qu'il décrive leurs doctrines, il met en scène leur langage, auquel il attache assez d'importance pour transcrire pendant des pages entières les *cocq à l'asne* de Pocques ou la prononciation picarde de Quintin[36]. Le chapitre VII du traité sur les libertins s'intitule: *Du langage et style de parler qu'ont les Quintinistes*. Leur mode d'expression est étrange, *non pas qu'ilz n'usent des motz communs qu'ont les autres: mais ilz en deguisent tellement la signification, que iamais on ne sait quelle est le subiect de la matiere dont ilz parlent, ne que c'est qu'ilz veulent affermer ou nier. Or est il vray qu'ilz font cela par malice: à fin de surprendre les simples par trahison et en cachette*[37]. Le chapitre suivant s'intitule: *De la grande malice et impudence qu'ont les Libertins, en se glorifiant d'estre doubles de cueur et de langue*. Voici donc la double vérité, que, de Machiavel et Pomponazzi à Giordano Bruno, on aurait cru réservée à des intellectuels plus fins.

Le maître de rhétorique qu'ils revendiquent n'est pas Pomponazzi, bien sûr, mais le Christ lui-même, parce qu'il a parlé en paraboles[38]. Ils citent Matthieu (10, 16) selon qui *nous devons estre prudens comme serpens*. L'Ecriture est à son tour une allégorie secrète qu'il faut comprendre selon l'esprit[39], la vie du Christ une fable symbolique, le diable une illusion[40]: *ilz se mocquent de toute esperance que nous avons de ressusciter, disant que ce que nous attendons est desia*

A. Jundt, *Histoire du panthéisme populaire au moyen-âge et au XVIe siècle*, Strasbourg, 1875; K. Müller, «Calvin und die 'Libertiner'», *Zeitschrift für Kirchengeschichte*, t. 39, n. s. 2 (1921), p. 83-129.

[36] *Contre la secte...*, col. 183 et ss., col. 225 et ss.
[37] *Id.*, col. 168.
[38] *Id.*, col. 171 et ss.
[39] *Id.*, col. 173 et ss.
[40] *Id.*, col. 181 et ss.: *ilz prennent le diable, le monde, le peché pour une imagination qui n'est rien [...] Pour ceste cause ilz comprennent toutes ces choses en un mot: assavoir, Cuider [...] ilz parlent du Diable comme des Anges, les tenans comme inspirations sans essence: mais ilz veulent dire que ce sont vaines pensées, lesquelles on doit oblier comme songes.*

advenu[41]. L'allégorisme des libertins a donc, pour Calvin, une double fonction:

- dissimuler leurs pensées réelles;
- rendre vaine la croyance au surnaturel qui se déduirait d'une lecture plus littérale de la Bible.

L'interprétation allégorique de la Bible n'est pas une originalité des libertins. Elle s'autorise de la tradition des docteurs médiévaux et fait plutôt figure d'archaïsme. D'autre part, les libertins spirituels ne sont pas les seuls dont Calvin dénonce le langage. Dans le *Traité des scandales* de 1550, les épicuriens et les lucianesques sont également accusés de pratiquer une rhétorique de la dissimulation: *vrai est qu'ils s'insinuent par petits brocards et facéties, sans faire semblant de tâcher sinon à donner du passetemps à ceux qui les écoutent*[42]. Ils ont l'habitude de *tourner autour du pot*[43]. Ici, Calvin n'attaque pas des hérétiques populaires, mais Agrippa, Dolet, Rabelais, etc. A la fin de 1542, Antoine Fumée répondait à une lettre de son ami Calvin qui lui demandait des renseignements sur les doctrines et les mœurs des mal-pensants parisiens[44]. Il s'excuse d'en savoir peu sur leur compte, car il évite ce genre de relations, citant 2 Timothée 17: *leur parole serpente comme le crabe*. Il parvient cependant à donner quelques renseignements: ces gens parlent à chacun de ce qui lui plaît, aux hommes religieux de religion, aux doctes d'érudition, aux superstitieux de manière superstitieuse; ils sont si versatiles et πανουργοί qu'ils ne peuvent être démasqués facilement par ceux qui manquent d'expérience. Dans son édition de la lettre, Herminjard suppose que ces renseignements servirent à Calvin pour le traité sur les libertins spirituels[45]. Mais il est

---

[41] *Id.*, col. 221.

[42] Calvin, *Trois traités*, p. 224.

[43] *Loc. cit.*

[44] A.-L. Herminjard, *Correspondance des Réformateurs dans les pays de langue française*, Genève, 1866-1897, t. 8, p. 228 et ss., n° 1191.

[45] *Id.*, n. 5, p. 229. L'assertion d'Herminjard semble reposer en grande partie sur les allusions à cette lettre contenue dans une seconde lettre de

plus probable que Calvin ne les ait pas utilisé avant le traité de 1550.

En tout cas, les griefs de dissimulation, de refus du surnaturel, et aussi de luxure concernent les deux groupes. Ni les libertins spirituels, ni les «achristes» parisiens n'auraient franchement exprimé leur pensée dans un Credo scandaleux. Seule une exégèse subtile permet de reconnaître l'impiété de leurs discours. Si nous posons comme hypothèse que Calvin ne s'attaque pas à des moulins à vent, ne se laisse pas entraîner par le manque d'objectivité et d'exactitude que lui reproche Febvre, bref, qu'il y avait des libertins en son temps, il faut supposer que leurs livres n'affichent pas une incroyance explicite, mais que le message subversif se dissimule sous des apparences destinées à déjouer l'attention de leurs censeurs. Or, un certain nombre de textes de l'époque présentent d'intéressantes similitudes avec la description que fait Calvin des modes d'expression subversifs dans ses deux traités. Deux œuvres courtes me serviront d'exemple, le *De nobilitate atque praecellentia foeminei sexus* d'Henri Cornelius Agrippa, écrit en 1509 et édité en 1529, bien mis en valeur par Gandillac lors du colloque de Sommières, et les *Problemata* d'Otto Brunfels, qui suscitèrent la réprobation de Lefèvre d'Etaples et l'indignation d'Erasme à la suite de leur parution en 1523[46]. Un résumé de chacun de ces deux traités montrera qu'il n'y est apparemment pas question d'incroyance, et permettra d'examiner mieux la démarche des auteurs.

Fumée à Calvin (*Id.*, p. 338 et ss., n° 1226). Fumée attend l'achèvement d'un petit livre de Calvin, sans doute celui pour lequel il lui donnait des renseignements, car il enchaîne immédiatement sur *lauti nostri epicureoli*. Il est donc probable que Calvin projetait en 1542-1543 un ouvrage sur les esprits forts, mais se résolut à n'attaquer que les nicodémites d'une part, les anabaptistes et les libertins spirituels d'autre part, jusqu'au *Traité des scandales* en 1550. Pour se prémunir contre les mal-pensants, le lecteur de Calvin doit donc utiliser jusqu'à cette date le traité contre les libertins qui réfute une bonne partie de l'argumentation irréligieuse.

[46] H. C. Agrippa, *De nobilitate atque praecellentia foeminei sexus*, rééd.. La Haye, 1603. Première édition à Anvers. O. Brunfels, *Problemata. I De ratione Euangeliorum. II Quare in Parabolis locutus sit Christus*, Strasbourg., J. Schott, s. d.

1. *Le* De nobilitate *d'Agrippa*

Dédié primitivement à Marguerite d'Autriche, le traité d'Agrippa est un éloge de la femme destiné à prouver, non pas son égalité avec l'homme, mais sa supériorité sur lui. Si le nom d'Adam évoque la terre, celui d'Eve signifie la vie. Dieu procéda dans la Création du moins parfait au plus parfait, de la nature inanimée à l'être humain: Eve, créée la dernière, est donc la perfection de la Création. Sa beauté physique en fait l'image de Dieu, car «la beauté n'est rien d'autre que le visage divin et la splendeur de la lumière répandus dans les choses, brillant à travers les beaux corps»[47]. Agrippa prend à témoin la beauté des héroïnes bibliques, Sarah, Rébecca, Abigaël, Bethsabée, la Sunamite, Esther, Judith et, bien sûr, la Vierge. Les femmes sont plus propres et plus pudiques que les hommes. La nature donne à la femme le rôle principal dans la procréation, bien que la parthénogenèse soit un mythe, sauf dans le cas de la Vierge et de certains bestiaux. Pour ce qui est de l'éloquence, par laquelle nous nous élevons au-dessus des bêtes, la femme s'élève de même au-dessus de l'homme. La femme est bénie de Dieu; ce n'est pas elle, mais Adam qui a péché. Si Dieu s'est incarné sous la forme masculine, c'est par humilité. Aristote considère le sexe masculin comme plus fort, mais saint Paul nous dit que Dieu a élevé les faibles: Adam fut en effet victime d'une femme, de même Samson, Loth, David, Salomon, Job et même le Christ qui souffrit d'être réfuté par la Cananéenne. Bien que les canonistes affirment l'Eglise infaillible, Pierre renia le Christ à cause d'une servante, et une femme devint pape. Dans l'Ecriture, l'iniquité de la femme plaît souvent plus à Dieu que les bienfaits de l'homme: il protégea Rachel, qui se moquait de son vieux père, Rébecca, la prostituée Raheb, Jaël et Judith, mais sévit contre Caïn qui lui faisait offrande, contre Esaü qui lui obéissait. Thamar eut l'honneur grâce à son inceste, de propager la lignée dont est issu le Sauveur.

---

[47] Agrippa, *op. cit.*, p. 11: *Nam cum pulchritudo ipsa nihil est aliud quam divini vultus atque luminis splendor rebus insitus, per corpora formosa relucens.*

Agrippa défie alors les théologiens de prouver le contraire sans tomber dans l'interprétation allégorique, puis explique que tous les maux viennent de l'homme, surtout les péchés sexuels, car les femmes respectent mieux la chasteté et le mariage. Contrairement à celle des Anciens, notre religion interdit le sacerdoce féminin, ce qui n'empêcha pas l'aventure, historiquement attestée, de la papesse Jeanne. La sainteté de nos religieuses les faisait appeler prêtresses dans les temps anciens. Les femmes sont expertes en magie et en philosophie : « ne surpassent-elle pas les poètes en balivernes et fables, les dialecticiens en polémiques verbeuses. »[48] Une petite vieille vaut souvent plus que les savants pour des prédictions et en sait plus qu'un médecin. Les femmes sont aptes à la guerre (Amazones, Jeanne d'Arc, « vierge très noble, quoique de basse extraction »). Les femmes avaient donc dans l'Antiquité de grands privilèges reconnus par les lois. Au mépris des lois divines et humaines, la tyrannie des hommes les leur ôta, abolit par la coutume leur liberté, et la tua par l'éducation. Dès l'enfance, on apprend aux femmes à ne pas voir plus haut que le fil et l'aiguille et elles passent ensuite, soit sous le pouvoir d'un mari, soit dans l'ergastule des vestales. Certains croient pouvoir justifier cela par l'Ecriture, mais le Christ a aboli la malédiction qui pesait sur Eve. Il y a, bien sûr, les Epîtres de saint Pierre et de saint Paul, mais qui connaît les tropes de l'Ecriture s'aperçoit que la contradiction n'est que dans l'« écorce », et, de toute manière, Dieu a dit à Abraham d'écouter ce que lui dira sa femme !

Le féminisme militant et agressif fut l'aspect le plus souvent retenu de ce texte, dont certaines résonances très modernes étonnent. Mais il n'est pas de notre propos de juger de l'orthodoxie du féminisme. De même, faut-il vraiment s'attarder sur ce que Febvre appelait des gamineries, comme l'exposé systématique de tous les passages un peu grivois de la Bible ? Notons seulement que les « achristes » décrits par Fumée affectaient de se scandaliser de l'impudeur du

---

[48] *Id.*, p. 39 : *Jam vero nonne et Poëtae in suis nugis et fabulis, ac dialectici in sua contentiosa garrulitate à mulieribus vincuntur.*

Cantique des cantiques, en oubliant l'intention allégorique[49]. Mais chez Agrippa domine une cocasserie intentionnelle, au point qu'il met au crédit de la pudeur féminine l'habitude de tomber toujours sur le dos[50]. Parmi les exemples choisis pour démontrer leur supériorité, il énumère l'ensemble des passages bibliques qui fondent d'ordinaire l'argumentation des misogynes sur la ruse des femmes (*Weiberlist*), de sorte que son traité ressemble au cabinet d'un amateur d'art, où l'on voit Judith chez Holoferne, Bethsabée et Suzanne au bain, les filles de Loth, etc. Judith, certes, fut toujours interprétée comme un modèle de vertu, mais Thamar? L'éloge de la femme est d'autant plus ambigu qu'Agrippa parle clairement de son iniquité. Lorsqu'il félicite les femmes de dire plus de sottises que les poètes, leur éloge évoque celui qu'Erasme fait au même moment de la folie. En tout cas, Agrippa n'est ni assez systématiquement sérieux, ni assez systématiquement persifleur, pour que son traité paradoxal se réduise à une défense ou à une accusation de la femme.

De nombreux développements apparaissent comme des digressions. Pour prouver la supériorité de la femme, il utilise des arguments étymologiques qui l'entraînent dans un discours sur cette méthode[51]. Il utilise aussi des syllogismes qui mènent à tout autre chose que ce qu'il fallait prouver: les lois civiles, les sacrés canons et les coutumes de tous les pays prouvent que la dignité d'une personne est fonction de celle du lieu dont elle est issue. «Il n'en va pas autrement chez saint Jean, lorsque Philippe dit: 'nous avons rencontré Jésus de Nazareth, fils de Joseph' et que Nathanael lui répondit: 'peut-il sortir quelque chose de bon de Nazareth?' Mais changeons de sujet»[52]. On se souvient ici du mot de Calvin sur les libertins spirituels: *On ne sait quel est le subiect de la*

---

[49] Herminjard, *loc. cit.*
[50] Agrippa, *op. cit.*, p. 17.
[51] *Id.*, p. 6 et ss.
[52] *Id.*, p. 10: *Est haud dissimile quod est apud Joannem, dum Philippus diceret: «Invenimus Iesum filium Ioseph à Nazareth» dixit ei Nathanael: «a Nazareth potest esse aliquid boni?» Nunc ad alia pergamus.*

matière dont ilz parlent, ne que c'est qu'ilz veulent affermer ou nier.

En apparence, pourtant, Agrippa ne partage pas le défaut de «transformer l'Ecriture en allégories»; il reproche de le faire à ceux qui veulent prouver la supériorité de l'homme sur la femme et feint autant que possible de s'en tenir au sens littéral. Mais lorsqu'il doit expliquer les passages de l'Ecriture qui semblent contredire sa thèse, il lui faut développer une tropologie: «Mais qui connaît les multiples tropes de l'Ecriture, ses amplifications de l'*affectus*, remarque aisément que la contradiction n'est que superficielle.»[53] Les considérations sur la Genèse, qu'il s'agisse du parti à tirer de l'étymologie ou de l'interprétation de l'origine des protoplastes, rejoint la tradition allégorique qui «tend à disparaître avec la Renaissance et le retour à une exégèse plus littérale»[54]. Agrippa qualifie tour à tour sa méthode d'étymologique, de cabalistique, de tropologique, mais n'avoue jamais le recours à l'allégorie. Par contre, le traité postérieur *De originali peccato* est entièrement fondé sur une interprétation allégorique, qui parfois s'autorise des Pères, parfois ne manque pas d'audace (serpent = membre viril)[55].

Agrippa exclut Eve de la faute et de la Loi pour en faire l'origine du Salut. «Plus qu'une mariologie, l'auteur suggère ici (au moins entre les lignes) une référence sophilologique, d'inspiration gnostique, fort étrangère, par conséquent, au christocentrisme évangélique» écrit Gandillac[56]. On peut même dire qu'il ne s'agit plus d'une mariologie du tout, car la perfection attribuée à Eve ne laisse à Marie aucune fonction antithétique. L'éloge d'Eve est réitéré en Marie, comme dans les héroïnes bibliques les plus pures ou les plus discutables (de Judith à la servante qui tenta Pierre). Eve n'est donc pas restaurée en Marie[57]. Encore faut-il trouver le sens

---

[53] *Id.*, p. 48: *Sed qui noverit varios scripturae tropos, ejusdemque affectus, facilè cernet haec non nisi in cortice repugnare.*

[54] *Dictionnaire de spiritualité*, Paris, 1932, t. 4, col. 1778 (art.: Eve).

[55] H. C. Agrippa, *De originali peccato*, in: *Opera*, t. 2, p. 412 et ss.

[56] *Aspects du libertinisme*, p. 129.

[57] Sur l'importance de cette distinction, cf.: *Dictionnaire de Spiritualité*, t. 4, col. 1772 et ss.

de cette sophilologie, encore plus archaïque qu'hérétique, puisque dès le XIIe siècle, l'antithèse Eve / Marie devient systématique dans la théologie officielle. Amplifiée, comme le remarque Gandillac, dans le *De originali peccato*, la tendance sophilologique apparente également Agrippa aux libertins spirituels de Calvin. De surcroît, la valorisation de la femme dans le plan divin est constitutive d'un grand nombre d'hérésies populaires. Les mères de Dieu des sectes russes du XIXe siècle rappellent à s'y méprendre la compagne de Postel ou celle de l'anabaptiste strasbourgeois Claus Frey[58].

Peut-être, le féminisme d'Agrippa ne joue-t-il pas un rôle très différent de celui des hérétiques populaires, le rôle d'une mise en question de l'autorité? Observons les conséquences du thème dans le traité. Faudrait-il remplacer le vieillard barbu de nos églises par une déesse-mère? La question est pour le moins suggérée, lorsque Agrippa consacre une page entière à décrire en termes suggestifs la beauté du corps féminin identifiée à celle du visage divin. Certes, le Christ s'est incarné dans un corps viril, mais cela lui valut d'être vaincu par l'éloquence de la Cananéenne. Agrippa ne conteste pas la règle du sacerdoce masculin, mais la regrette, rappelant par deux fois l'histoire de la papesse Jeanne, insistant sur le reniement de saint Pierre, subordonnant dans l'exemple d'Abraham la mission sacerdotale de l'homme au talent prophétique de la femme. Sans être explicitement niée, l'infaillibilité pontificale est mise à mal, ce qui n'était d'ailleurs pas encore hérétique en 1509.

Plutôt que de prouver la supériorité des femmes, Agrippa dirige ses coups sur la théologie, le sacerdoce et la discipline ecclésiastique. Ne justifie-t-il pas les prophétesses dont s'affublent les hérésiarques? Les pièges que Calvin dénonce chez les libertins sont déjà en action chez Agrippa; il parle d'une chose feignant de parler d'une autre. Parmi les procédés dont il se sert, on note d'étranges collisions entre les pro-

---

[58] Sur Postel: *Aspects du libertinisme*, p. 153 et ss.; Busson, *op. cit.*, p. 273 et ss. Sur Frey: C. Gerbert, *Geschichte der Strassburger Sektenbewegung zur Zeit der Reformation (1524-1534)*, Strasbourg, 1889, p. 173 et ss.

positions, qui semblent d'abord l'effet du hasard. Mais le rythme rapide auquel se suivent les idées implique des liens logiques entre elles. Ainsi dans la séquence:
1) La parthénogenèse n'existe pas dans l'espèce humaine
2) La Vierge Marie est la seule exception
3) La parthénogenèse existe chez certains bestiaux
4) Ce qui rend l'homme supérieur à la bête...[59]

Ou dans celle-ci:
1) Pierre renia le Christ
2) Les canonistes disent l'Eglise infaillible
3) Une femme monta sur le trône pontifical[60].

Dans le second cas, Agrippa veut dire qu'une femme peut être infaillible. Les propositions 1) et 2) appartiennent à des contextes différents, mais le lecteur ne peut avoir oublié la première en lisant les suivantes et se pose aussi quelques pro-

---

[59] Voici le texte exact: *Sed quod omnia superat mirabilia, mirabilissimum illud ipsum est, quod ulla sine viro mulier humanam potuit producere naturam, quod viro haudquaquam datum est. Quod equidem apud Turcos seu Mahumetistas in confesso est, apud quos plures concepti creduntur sine virili semine, quos illi sua lingua nesesolgi vocant, et narrantur Insulae, ubi foeminae ventus afflatu concipiunt, quod tamen nos verum esse non concedimus. Sola siquidem virgo Maria, sola inquam haec sine viro Christum concepit ac peperit filium ex sua propria substantia et naturali foecunditate [...] Quocirca neque etiam in dolore peperit, neque sub potestate viri fuit, tanta fuit ejus ex praeveniente benedictione foecunditas, ut ad concipiendum virili non indigeret opere. Inter bruta autem animantia constat foeminea nonnulla maris expertia foecunda esse, ut vulturum foeminas, ex historia memoriae proditum esse contra Faustum tradit Origenes, sed et equas quasdam zephyro flante concipere comperit antiquitas, de quibus haec canuntur: «Ore omnes versae in zephyrum stant rupibus altis, / Excipiunt que leves auras, et saepe sine ullis / Conjugiis vento gravidae». Jam quid de sermone dicam, divino munere, quo uno belluis maximè praestamus, quem Trismegistus Mercurius ejusdem ac immortalitatem pretii existimat...* (op. cit., p. 20-22).

[60] *Quis Petro Apostolorum primo in sede ferventior? mulier illum non minimum Ecclesiae pastorem ad negandum Christum seduxit. Dicant quicquid velint canonistae, Ecclesiam suam non posse errare: Papa mulier illam egregia impostura delusit* (op. cit., p. 27).

blèmes sur l'institution pontificale s'il accepte avec l'auteur l'aventure de la papesse comme authentique.

Trois conclusions s'imposent donc:
– une lecture « inquisitoriale » et attentive à la forme, prenant modèle sur celle de Calvin, donne au texte une indéniable dimension libertine;
– Agrippa est un peu limité dans sa rhétorique par le refus de l'interprétation allégorique. Il respecte tant bien que mal la lettre du texte biblique, mais la fait exploser dix ans après dans le *De originali peccato*;
– Malgré les similitudes du fond et de la forme, Agrippa s'écarte encore des libertins de Calvin par le refus provisoire de l'allégorie et, par conséquent, le refus d'interpréter l'Evangile comme une fable, le diable comme une chimère, etc.

2. *Les* Problemata *de Brunfels*

Même si l'institution ecclésiastique ne sort pas indemne de la polémique d'Agrippa, même si quelques blasphèmes font douter de sa piété, il revient à un autre d'avoir attaqué radicalement la Révélation.

Les *Problemata* contiennent les réponses de Brunfels a deux questions que lui pose, dans un banquet, son éditeur, Johannes Schott. La première concerne l'explication des Evangiles (*ratio evangeliorum*). Brunfels dédouble aussitôt le problème: pourquoi les Evangiles ne concordent-ils pas, pourquoi n'accepte-t-on que quatre Evangiles? Il est arrivé à de bons auteurs de faire référence aux autres. Quant aux quatre, des calomniateurs comme Porphyre et Julien ont prétendu qu'ils se contredisaient. Il ne sait que répondre et préférerait laisser cette tâche à quelqu'un de plus compétent, Luther par exemple. Certains, comme saint Grégoire, « homme étonnamment superstitieux à propos des Ecritures », invoquent la vision d'Ezéchiel à propos des Evangiles[61]. On a

---

[61] Brunfels, *op. cit.*, [p. 2] (il n'y a pas de pagination originale): *Gregorium, hominem in scripturis mire superstitiosum*. La page de titre est composée à partir du frontispice de Baldung Grien représentant la messe de Saint Grégoire. Il s'agit peut-être d'un clin d'œil de l'éditeur.

prétendu que furent exclus les Evangiles pleins de sottises, mais cette réponse est insuffisante. Comme beaucoup d'usages de l'Eglise, ce choix ne peut être justifié: il ne dépend que de la coutume (*consuetudo*) qui doit céder devant la vérité. Si les Evangiles rejetés disent vrai, ce sont des Evangiles. Le Christ ne s'est pas désigné comme la coutume, mais comme la vérité, ce qui va à l'encontre de la vérité est hérétique, même une vieille coutume. Si ces Evangiles sont faux, pourquoi en quatre seulement, tiendrait toute la vérité ?

Lorsqu'une histoire est racontée avec des ornements et dans un ordre différent, il n'y a pas erreur, sans quoi, la divergence des Evangiles interdirait toute forme de communion. Les apôtres étaient des hommes et pouvaient se tromper. Par contre, en ce qui concerne la foi, leur concordance est totale. Et qui prêche la foi est un évangéliste. L'Ecriture n'est pas constituée de lettres et de gros volumes (2 Corinthiens, 4), mais la vraie grâce est inscrite par la prédication dans les cœurs des fidèles, contrairement à la loi mosaïque. Le Christ n'a pas prescrit, mais conseillé. « L'Esprit, une fois pour toutes, n'est rien d'autre que la grâce sans la loi. »[62] « A cette mansuétude chrétienne contreviennent toutes les traditions des hommes qui ordonnent, réordonnent, terrorisent, menacent, condamnent, anathématisent et tuent. »[63] Le juste vit de la foi, non de la servitude à la loi, que l'Evangile a réduite à la liberté. En ce sens, on ne peut même pas prouver la sainteté de l'Ecriture, à l'exception de l'Ancien Testament qu'il ne faut pas croire aboli. « Je dirai encore que si les apôtres n'avaient commenté [les Evangiles] dans leurs Epîtres, elles n'auraient été rien d'autre que des plaisanteries (pour ainsi dire), une narration inintelligible et sans esprit et tout ce que nous tenons de sincère quant à l'usage et au rite de l'Evangile nous le devons aux apôtres, à savoir Paul, Pierre, Jacques et

---

[62] *Id.*, [p. 10]: *Porro spiritus ille, ut semel dicam, nihil est aliud quam gratia sine lege.*

[63] *Id.*, [p. 11]: *Cui mansuetudini christianae, omnes contra veniunt hominum traditiones, quae mandant, remandant, terrent, minantur, damnant, anathematiçant, occidunt.*

Jean, et non aux évangélistes.»[64] En effet, le texte de Luc fut, selon Tertullien, vicié par Marcion (cf. *Contra Marcionem*). Et, selon Paul (2 Corinthiens, 11), les autres évangélistes furent également détournés.

Deuxième des *Problemata*, «Pourquoi le Christ a-t-il parlé en paraboles?» Il fait partie de ceux, nombreux dans la Bible, qui feraient perdre le sens à qui voudrait les résoudre totalement. En effet, ce que le Christ disait en parabole n'était pas destiné à être compris des auditeurs (Matthieu, 13). Seul l'Esprit permet à certains de comprendre, alors que le Christ est mort pour tous. Mais sur ce problème aussi, les Evangiles ne concordent pas. Le Christ se dit totalement incompris dans Matthieu, tandis que Marc et Luc laissent supposer que certains comprennent. Comme le montre Tertullien dans le *Contra Marcionem*, non seulement le Christ parlait toujours aux juifs en paraboles, mais il le faisait avec ses disciples, chaque fois qu'ils ne pouvaient comprendre. Pour ce qui est de l'exclusion de ceux que Dieu aveugle et de savoir qui est visé, je ne m'aventurerai pas sur ce terrain dangereux, mais il suffit de renvoyer à Romains 11. Il n'y a pas lieu de chercher plus loin.

Les prophètes aussi ont parlé en paraboles, Jérémie de bâton vigilant, de marmite enflammée par l'aquilon, Ezéchiel des quatre animaux, etc. Quelquefois, ils ne savaient pas eux-mêmes le sens de ces visions ou l'apprenaient de l'Esprit, voire des anges. L'esprit du peuple était si obtus qu'il ne comprenait rien d'autre que paraboles, visions et prodiges. Ce sont les choses qui frappent le mieux la mémoire et l'esprit, de sorte qu'elles sont fréquemment utilisées par les rhéteurs et surtout les poètes. Rien n'empêchait donc le Christ, prince des prophètes, de suivre cette voie. De même, Paul nourrissait de lait certains, et non de nourriture solide (1 Corinthiens, 3). Voilà, cher Schott, ce que je pense

---

[64] *Id.*, [p. 12]: *Dicam et illud. Nisi commentati hoc fuissent epistolis suis apostoli, nihil nisi nugas (ut sic dicam) fuisse surdam illam, et sine spiritu narrationem: et quiccuid sincerum de usu et ritu habemus Evangelij, apostolis deberi, Paulo videlicet, Petro, Iacobo et Ioanni, non adeo evangelistis. Nam evangelium Lucae vitiatum fuisse ab Marcione haeretico...*

des paraboles. Ne crains pas, si je me suis trompé, de développer tes objections.

La langue et le style de Brunfels sont revêches et souvent confus. Les sentences péremptoires alternent avec les raisonnements tortueux qu'elles contredisent parfois. Dans les écrits relatifs au soulèvement paysan, ces contradictions deviennent particulièrement inquiétantes[65]. Les rapports qu'il eut jusqu'en 1525 avec les paysans révoltés sont établis[66]. Dès 1520, il publie un opuscule sur la dîme des prêtres qui en démontre l'iniquité, mais laisse à Dieu le soin de rétablir la justice. On retrouve cette position après 1525 dans les *Annotationes* et les *Pandectes*. Dans les deux cas, la révolte armée est condamnée comme une confusion entre la liberté de la chair et celle de l'esprit[67]. Dans le même temps, Brunfels affirme clairement la nécessité chrétienne de la révolte au sens le plus matériel du mot. Dans les *Pandectes*: *Verbum Dei occasio tumultus et seditionis*, ce qui donne en vulgaire: *Das wort Gottes ist ein Anstossz der uffrur und entzweyung*[68]. Dans la *Réponse* à Erasme, qui date de 1525, l'année du soulèvement, il reproche à ce «scribe de la loi» de croire que la Parole peut se réaliser *sine tumultu, seditionibus et sanguine*[69].

Il n'était sans doute pas possible d'aller plus loin sans recourir au pseudonyme. L'ami sans doute le plus proche de Brunfels, Johannes Sapidus, directeur de l'Ecole Latine de Sélestat, publia un pamphlet révolutionnaire sans ambiguïté, mais sous le nom fictif de Sonnentaller[70]. Rien ne tempère ici

---

[65] Ginzburg (*op. cit.*, p. 15 et ss.) constate, mais n'explique pas vraiment ces contradictions.

[66] *Loc. cit.* et Gerbert, *op. cit.*, p. 6.

[67] O. Brunfels, *Annotationes in quatuor Evangelia et Acta Apostolorum*, Strasbourg, G. Ulricher, 1535, fol. 192b et 225b; *Pandectarum veteris et novi Testamenti libri XII*, Strasbourg, J. Schott, 1527, fol. 83v et ss.

[68] *Pandect-büchlin*, Strasbourg, J. Schott, 1528, fol. 59 et ss.

[69] *Responsio ad Spongiam*, [J. Schott, 1523], fol. 6.

[70] *Ursach, warumb der vermeint geystlich huff mit yren patronen, das Evangelion Jesu Christi nit annimpt...*, s. l., 1524. Il s'agit du 22ᵉ pamphlet relié dans le recueil factice d'Ulrich de Ribeaupierre (Bibliothèque municipale de Colmar, cote V/11939). L'exemplaire, le seul conservé, est dédié à Ulrich par Sapidus. Cf. L. Bayet, «Sélestat et Colmar face aux conflits religieux et sociaux», in: *La guerre des paysans, 1525*, Saverne, 1975, p. 93-102.

l'appel aux armes, l'incitation à l'extermination du clergé, le refus des dîmes religieuses et civiles, l'exhortation à la collectivisation des biens qui sont « la sueur et le sang » des travailleurs[71].

Les contradictions de Brunfels ne sont ni un signe de débilité intellectuelle, ni même des hésitations. N'a-t-il pas consacré l'essentiel de son œuvre théologique à faire l'apologie de la dissimulation, voire du mensonge considéré comme une arme[72], de sorte que l'expression de Calvin, *ilz se glorifient d'estre doubles de cueur et de langue*, lui convient plus exactement encore qu'aux ennemis avoués par le réformateur? L'accusation de chercher prétexte dans le fait que le Christ ait parlé en parabole et dans la valorisation de l'esprit par rapport à la lettre semble faire allusion à des œuvres comme les *Problemata*, plutôt qu'aux traités assez inoffensifs que nous avons conservé de libertins spirituels[73].

Dans les *Problemata*, la discussion sur les usages de l'église qui ne dépendent que de la coutume – les adiaphora – présente les mêmes similitudes avec la position des libertins de Calvin, pour qui *toutes choses externes sont en la liberté du Chrestien* et qui s'en autorisent pour « idolâtrer », car *ilz font semblant d'adhérer à toutes les superstitions des Papistes*[74], ce qui nous ramène au nicodémisme. La théorie des adiaphora repose sur les meilleures autorités, ce qui permet à Brunfels de donner l'impression qu'il n'innove pas. Mais il assimile aux adiaphora les points de discordance entre les Evangiles, puis définit *a contrario* les articles de foi dans un Credo très calculé, qui pèche par d'étonnantes omis-

---

[71] *Ursach...*, fol. ciiii verso: *Die Natur und gots ordenung halt, so menschen in einer gemeyn leben müssen, ist not, das sy zusammen thun und gemeyn bürden uf gemeynem rucken tragen, gemeyn arbeit mit gemeyner handt thun*. Sapidus montre avec humour une certaine conscience de l'accumulation primitive; il compare les moines à un voleur qui, venant devant le juge, lui dirait: « Ne me donne rien, ne me prend rien » (fol. c verso).

[72] Cf. Ginzburg, *op. cit.*, p. 78 et ss.; les exemples de tyrannicide sont illustrés sur la page de titre, des *Pandectes*, ainsi Judith qui pour délivrer son peuple fut bien obligée de mentir.

[73] Schmidt, *op. cit.*

[74] *Contre la secte*, col. 170.

sions. Si la justification par la grâce devient article de foi, la Trinité disparaît, car ni le Saint Esprit, ni la consubstantialité ne sont mentionnés. Jésus est fils du Dieu unique et créateur, non pas fils unique de Dieu, ce qui nous mène au plus près des nuances qui conduiront Servet au bûcher[75]. Ce Credo est d'autant plus limitatif que Brunfels affirme qu'il ne peut y avoir « ni hérésie, ni impiété » dans un désaccord sur le reste. L'absence de profession de foi trinitaire ne peut être une négligence : face aux Turcs et aux juifs, Brunfels prône un irénisme qui tend à se rapprocher des vues de Servet[76].

La corrélation entre l'irénisme de Brunfels et les limites de son Credo témoigne d'un projet de consensus très large, excluant les préoccupations d'orthodoxie et d'inquisition. Ce projet implique la mise en doute des autorités : tout en s'appuyant sans cesse sur l'Ecriture contre la tradition, Brunfels attaque l'Ecriture en concentrant ses efforts sur le texte merveilleux par excellence, celui dont la précision narrative donne de l'incarnation l'image la plus palpable, l'Evangile[77]. Le travail du philologue n'est alors conçu ni comme exégèse, ni comme rectification du texte, mais comme démystification. La critique est à la fois « interne » et « externe ».

La critique « externe » de Brunfels consiste à dénoncer la corruption du texte comme infinie et irréparable. Elle repose surtout sur un passage du *Contra Marcionem*, où Tertullien nous apprend que l'hérétique se servait d'un Evangile falsifié[78].

---

[75] Cf. R. H. Bainton, *Michel Servet, hérétique et martyre, 1553-1953*, Genève, 1953; Busson, *op. cit.*, p. 328 : « Et quand Servet monta au bûcher et se recommandait à Dieu, il s'écriait : 'O Jésus, fils du Dieu éternel, aie pitié de moi' ! Mais il ne voulut jamais invoquer Jésus par la formule que lui suggérait Farel : Jésus fils éternel de Dieu...».

[76] Cf. Ginzburg, *op. cit.* p. 58 et ss.

[77] Attitude semblable des incroyants dont parle Fumée à Calvin (Herminjard, *loc. cit.*) : tandis que Brunfels considère comme parole d'Evangile toute prédication chrétienne sincère, ceux-ci font remarquer que Socrate et Platon, auteurs d'évangiles plus remarquables encore, ne sont pas pris pour des dieux. Brunfels n'utilise jamais d'arguments évhéméristes ; par contre, il s'accorde avec ces incroyants pour enlever à la Bible son monopole.

[78] Tertullien, *Contra Marcionem*, IV, 2, 2 ; cf. aussi : *Traité de la persécution contre les hérétiques*, éd. R. F. Refoulé, Paris 1957, introduction, p. 14 et ss. et ch. 38.

Tertullien oppose à cet Evangile falsifié la version canonique dont se servent les vrais chrétiens, mais Brunfels feint d'ignorer cette naïveté. Il aurait fallu faire le procès de Tertullien dont la tolérance philologique pouvait être bien utile. Brunfels l'exploite pour réhabiliter l'Evangile de Nicodème, évitant de signaler que cette tolérance va jusqu'à sauver du déluge le livre d'Enoch[79]. Quelques années après Brunfels, Sebastian Franck utilise les autorités de manière comparable: «Mais on falsifie les livres qui sont en de nombreuses mains et la Sainte Ecriture n'est pas épargnée, comme le reconnaissent Erasme dans les *Annotations sur le Contre Marcion* de Tertullien et Origène dans les *Homélies* à propos de Matthieu 26...»[80].

Contrairement à Erasme, Brunfels ne cherche jamais à rétablir le texte: il se détourne plutôt d'une tâche jugée impossible et n'édite que des ouvrages scientifiques. Dans les *Pandectes*, il attaque la philologie érasmienne d'une manière assez inattendue: «Erasme! Que t'a fait la très innocente Ecriture, pour que, à la manière de ces scélérats [les sophistes], tu en contestes la pureté?»[81] En fait, pour Brunfels, l'Ecriture est «claire et lumineuse»[82]; c'est Dieu qui est impénétrable[83]. En niant la notion d'apocryphes, Brunfels est en fait plus audacieux qu'Erasme: il multiplie le nombre des textes à la fois saints et incapables de transmettre le message divin, rendant également impossibles l'affirmation et la condamnation d'un dogme.

Mais la dévalorisation des textes relève plus encore de la critique «interne». Dans l'Evangile, l'exaltation du Verbe et la condamnation de la lettre sont une sorte d'auto-accusation, en tout cas une limitation que l'Ecriture se fixe à elle-même. Brunfels préfère donc aux Evangiles les Epîtres qui, plutôt

---

[79] Tertullien, *De cultu feminarum*, l. 1, c. 3.
[80] S. Franck, *Chronica, Zeÿtbuch und Geschÿchtbibel*, Strasbourg, 1531, fol. 336.
[81] *Pandectarum...*, Strasbourg, J. Schott, 1529, fol. 221 recto. Le passage appartient au livre 14, ajouté lors de cette édition.
[82] *Problemata*, [p. 5]: *Stultum est peregrinis glossematis interpretari scripturam, que suapte natura candida ac lucida est.*
[83] *Pandectarum...*, loc. cit. (éd. de 1529).

que de fixer le message, l'interprètent. Sans ces dernières, l'Evangile ne serait que balivernes. L'Ancien Testament est mieux traité: «on ne peut même pas prouver la sainteté de l'Ecriture, à l'exception de l'Ancien Testament». C'est logique, car l'Ancien Testament relève de la loi, donc de la lettre, tandis que le Nouveau devrait rendre compte de l'Esprit que la lettre ne saurait fixer. Pour compliquer encore, le Christ a parlé en paraboles, jugeant même ses disciples incapables de comprendre. Son discours, ressenti comme ésotérique dans une Renaissance avide d'ésotérisme, fut transcrit par des évangélistes trop humains, de sorte que le texte ne contient aucune Révélation, mais autant de révélations que l'on veut. Comme le remarque Ginzburg, il n'est plus que le «pape en papier» de ses sectateurs[84].

Brunfels dépasse les anabaptistes et les spirituels dans l'affirmation de la subjectivité de la foi. S'il attaque le pédobaptisme, il ne fait pas pour autant cause commune avec les anabaptistes[85]. Toute religion révélée est une «secte», crée des disputes sur des «questions oiseuses»: «Nous nous sommes écartés des questions oiseuses et infécondes, comme du second baptême ou de la présence du corps du Seigneur dans le pain, qui me semblent engendrer des luttes et des dissensions.»[86] La présence du Christ dans l'hostie est argumentée par le *Hoc est corpus meum* de l'Evangile, que Brunfels classe parmi les tropes[87]. Il classe de même parmi

---

[84] *Op. cit.*, p. 13.

[85] *Id.*, p. 57 et ss.

[86] Cité dans: J. Adam, *Quellen Zur Geschichte der Taufer*, t. 7 *Elsass* (éd. M. Krebs et H. G. Rott), *1er Teil, Stadt Strassburg, 1522-1532*, Gütersloh, 1959, p. 76: *Ab otiosis et sine fructu questionibus temperavimus, veluti de rebaptismo et presentia corporis dominici in pane, quod videam parere pugnas et contentiones: servum autem domini non oportet degladiari. De signorum quoque ratione et dormitione mortuorum quod sentio, non temere doceo...* Malgré le refus de se prononcer sur la dormition, Brunfels ouvre plus loin une rubrique: *Sancti interim dormiunt usque ad domini adventum ad iudicium* (*id.*, p. 78).

[87] *Pandectarum...*, sous la rubrique *Caro aliquando carnalis intellectus*; de même dans le livre XIII sur les tropes (fol. 213 recto de l'éd. de 1529) figure Luc 24, 30-31 qu'il résume: *Cognoverunt eum in fractione panis, et aperti sunt oculi eorum.*

les locutions bibliques le mot «vierge» qui peut signifier «femme» au sens le plus général, et le mot «Sauveur», signifiant «homme par qui Dieu accomplit le Salut»[88].

L'absence d'autorité engendre donc l'absence d'erreur. Tout message inspiré est authentique: «L'Eglise ne peut se tromper... L'Eglise est toute entière spirituelle... Deux ou trois personnes constituent une Eglise.»[89] Brunfels autorise la prédication «sauvage»: «il faut d'autant moins traduire en justice celui qui en aurait écrit ou parlé, qu'il semble moins compétent.»[90] Dans les *Pandectes*, il va jusqu'à faire une concession à la prédication des femmes, qui ne manque pas d'intérêt dans le contexte des hérésies strasbourgeoises: «Que les femmes n'enseignent pas en vain dans les églises, s'il y a des hommes pour prophétiser, à moins que Dieu ne les ait spécialement appelées.»[91]

Libertin par ses attaques contre les dogmes essentiels, jugés sans importance, Brunfels diffère cependant beaucoup de l'image que nous nous faisons d'un esprit fort. Alors que Pomponazzi avait exposé dans un gros traité tous les arguments physiques qu'un savant pouvait objecter à l'existence des miracles, il juge simplement la question sans importance et refuse d'en discuter[92]. Au lieu d'utiliser l'astrologie judiciaire, qui était alors la principale science déterministe, pour mettre en doute le caractère surnaturel du christianisme, il se moque de toute prétention de l'astrologie autre que médicale[93]. Face au libertinage «scientifique» qui conduit au rationalisme scientiste, il faudrait parler d'un libertinage philologique. Le premier considère le texte comme authentique, mais mensonger; le second attaque l'autorité du texte et peut donc se dispenser d'en critiquer la vérité.

L'impression de piété, voire de piétisme, qui se dégage des livres de Brunfels semble contredire l'hypothèse de son

---

[88] *Id.*, fol. 214 et ss.
[89] Cf. J. Adam, *op. cit.*, t. 7, 1, p. 76.
[90] *Problemata*, [p. 7].
[91] *Pandectarum...*, sous la rubrique *In ecclesia mulieribus tacendum*: ... *nisi deus specialiter vocavit illas*.
[92] *Annotationes*, fol. 25 c.
[93] Cf. Ginzburg, *op. cit.*, p. 35 et ss.

incroyance, même relative. Elle tient pour l'essentiel au caractère eschatologique de sa pensée, car il ne cesse d'affirmer la prochaine venue du Christ et la résurrection de la chair. Son «nicodémisme» se justifie précisément par la proximité de la fin des temps, Dieu saura discerner le juste. Lorsque Brunfels décourage la révolte armée, c'est encore au nom de cette proche venue[94]. Ginzburg, qui a fortement mis en valeur les préoccupations eschatologiques de Brunfels, ne me semble pas en avoir découvert le sens exact. Il est curieux qu'il ne soupçonne jamais de nicodémisme les professions de foi eschatologiques.

En 1529, après la rédaction des *Precationes*, sortes de prières à l'usage des hommes sans église ou du «Vicaire Savoyard», Brunfels abandonne complètement la polémique religieuse pour se livrer à des travaux scientifiques, dont le plus important est l'*Herbier*. Il fait donc un choix bizarre de la part d'un «fanatique de l'Apocalypse». Or, la préface de l'*Herbier* contient l'aveu des raisons de ce choix et permet de mieux définir son eschatologie. Il se plaint, dans des termes conventionnels, en partie repris au Moyen Age[95], de la décadence des sciences, due à l'appât du gain et à la vénalité: «Les rois, jadis, cultivaient les arts libéraux. Mais ensuite, avec l'augmentation des richesses, les sénateurs durent leur élection au cens, les juges furent nommés d'après leurs richesses, le Magistrat et le chef des armées durent à leur richesse leur prestige. Aussi, les arts libéraux tombèrent en décadence et rien ne prospéra mieux que la servitude». L'idée n'est pas neuve, mais les termes utilisés pour désigner les institutions lui rendent une vigueur nouvelle, mettant en cause l'oligarchie censitaire de Strasbourg.

---

[94] En particulier dans *Von dem Pfaffen Zehenden...*, [Strasbourg] J. Schott, s. d. (paru d'abord en latin sous le titre *De ratione decimarum* et amplifié); *Von dem euangelischen Anstoss...*, Strasbourg, J. Schott, 1523; cf. Ginzburg, *op. cit.*, p. 17 et ss.

[95] On reconnaît les termes de l'*Imago mundi*, si répandue au XIVe siècle, cf. Ch. V. Langlois, *La vie en France au Moyen Age du XIIe au XIVe siècle*, t. 3; Paris, 1927, p. 157 à 162. Pour l'*Herbier*, nous utilisons l'édition de 1530-1531, chez Schott à Strasbourg: *Herbarum vivae eicones...*, p. 16 à 18.

Le reste du texte oppose les grands médecins du passé grec, latin et arabe, aux barbares scolastiques. Il écrit pour des médecins à venir, qui rétabliront l'enseignement des Anciens, car, malgré la décadence, des signes de renouveau apparaissent : « Voici qu'il n'a été possible à aucune époque d'apprendre les langues avec plus de bonheur. Voici des siècles qui, la fraude découverte et l'imposture dévoilée, demandent et imposent un enseignement meilleur. Enfin surtout, voici les meilleurs livres qu'il n'a jamais été possible de fabriquer plus vite et à moins de frais. Jamais les ouvrages de nos prédécesseurs ne furent rendus disponibles aussi facilement que le sont aujourd'hui les intégrales de Galien, des Grecs et des Latins... ».

Cet enthousiasme est en contradiction avec la certitude, trop vite attribuée à Brunfels, que les temps sont proches. Par contre, l'invention du livre imprimé a donné un nouvel espoir à l'humanité, celui de voir la vérité se diffuser comme jamais auparavant. L'attentisme que Brunfels opposait à la révolte armée ne repose sans doute pas sur la pieuse conviction que Dieu rétablira la justice tout seul, mais plutôt sur la constatation que, comme on dirait aujourd'hui, les conditions d'une prise de pouvoir révolutionnaire ne sont pas encore réunies et qu'elles pourraient l'être rapidement grâce à la diffusion des idées par le livre. Dans cette perspective, les écrits de Brunfels pendant la période révolutionnaire deviennent compréhensibles : il indique la nécessité de la révolte, mais cherche à retarder le choc des armes, disant que « la parole vaut mieux que les hallebardes »[96], utilisant dans le raisonnement les propos les plus lénifiants de l'Evangile, plaçant en exergue les plus incendiaires. Dans l'*Herbier* reparaissent des préoccupations humanitaires et concrètes qui ne sont pas celles d'un homme qui attend la fin du monde. Il dédie son livre aux pauvres, à ceux que la médecine « barbare » ne touche pas ou ruine[97]. La médecine par les

---

[96] Brunfels, *Von dem Pfaffen Zehenden*..., fol. a iii recto : *Doch mit dem wort sollen wir ynen die warheit gar nit geschweigen, das wort stäts und on underlass treiben. Es würt gewisslich frucht bringen, und meer frucht dann wenn wir vil spiessz und hallenbarren brauchtent.*

[97] *Herbarum*..., p. 13 et ss. Déjà le *Spiegel der Arznei* de Laurent Fries, qui parut en 1518 et fut réédité par les soins de Brunfels l'année

plantes, qu'il préconise, doit permettre d'éviter les produits exotiques et coûteux dont se servent les riches, mais aussi de soigner certains (des anabaptistes?) qui refusent la médecine artificielle comme contraire au plan divin[98]. L'eschatologie de Brunfels doit donc être comprise comme un refus provisoire du grand affrontement, pour laisser au livre et à la science le soin de créer des conditions plus favorables. On ne peut donc en tirer argument pour faire de ce savant un mystique.

3. LIBERTINAGE POPULAIRE ET SAVANT

La lettre d'Antoine Fumée sur les incroyants parisiens, le traité de Calvin sur les libertins spirituels et son *Traité des scandales* ne sont pas, en principe, dirigés contre le même type de mal-pensants. Il est donc curieux que les procédés imputés par Calvin aux libertins spirituels puissent se rencontrer, en grande partie, dans l'œuvre de penseurs savants comme Agrippa et Brunfels. Le réformateur, mettant en scène Quintin et Pocques et prêtant au premier un accent picard qui anticipe celui des valets de la comédie française classique, n'attaque-t-il pas indirectement des gens plus dangereux? Ou encore, considère-t-il comme plus néfaste le succès de ces hommes du peuple que les spéculations moins répandues de théologiens plus raffinés? L'examen des rapports entre libertinage savant et populaire apporte des éléments de réponse.

Dans le *De nobilitate* d'Agrippa, le thème des ruses féminines, mais aussi l'exaltation théologique de la femme ont des résonances populaires. Rien d'étonnant de la part d'un auteur qui couronne son *De vanitate* par l'épisode folklorique de la fête de l'âne. Le gnosticisme du traité *De originali peccato* pourrait s'expliquer par une attention aux hérésies populaires. Mais, dans le Strasbourg de Brunfels, on peut

---

suivante est dédié au «pauvre peuple» (cf. L. Thorndike, *A History of Magic and Experimental Science*, t. 5, New-York, 1941, p. 431 et 433).

[98] *Herbarum...*, *loc. cit.*

suivre avec précision la contamination de la pensée savante par le libertinage populaire, et même peut-être l'effet inverse, car Brunfels, Sapidus et Anton Engelbrecht s'expriment volontiers en langue vulgaire.

On se souvient que Huizinga fit valoir l'existence d'une irréligion non savante à la fin du Moyen Age, pour conclure un peu vite qu'elle n'avait rien de commun avec « la paganisme superficiel de la Renaissance »[99]. De fait, cette irréligion se prolonge, s'exprimant volontiers dans un discours emprunté à l'hérésie. Le cas le plus connu est celui des

---

[99] J. Huizinga, *Le déclin du Moyen Age*, trad. fr., Paris. 1967, p. 170 et ss. Les cas cités par Huizinga ont une signification et une portée très variables. Le plus spectaculaire est la déclaration d'athéisme du capitaine Bétisac (*op. cit.*, p. 170; Froissart, *Œuvres*, éd. Kerwyn de Lettenhove, reprint Osnabrück, 1967, vol. 14, p. 60 et ss.), mais l'interprétation qu'il en donne repose sur l'oubli du contexte de la citation. Bétisac n'est pas mourant lorsqu'il profère ses blasphèmes, mais emprisonné sur l'ordre du roi qui séjourne à Béziers. La déclaration d'athéisme est une ruse maladroite, par laquelle Bétisac espère se faire accuser d'hérésie et transférer devant la juridiction ecclésiastique d'Avignon. Là, il se rétracterait et serait facilement relaxé grâce à ses relations. C'est donc avec le plus grand étonnement qu'il se retrouve peu de temps après sur le bûcher, la ruse du blasphème lui ayant été suggérée par un conseiller du roi désireux de le perdre et s'étant retournée contre lui. Les autres exemples de Huizinga sont plus sérieux. Le prévôt de Paris Hugues Aubriot, dont parle le Religieux de Saint-Denis est un puissant personnage de basse extraction qui, sympathisant avec le judaïsme, exècre l'irrationalité des dogmes chrétiens; il fait punir un soldat qui s'était attardé à la procession du Saint-Sacrement et rend à leurs familles des enfants juifs séquestrés par les chrétiens (Religieux de Saint-Denis, *Chronique de Charles VI*, Paris, 1839-1845 (Documents inédits sur l'histoire de France, t. 6), vol. 1, p. 99 et ss.). Dans la même chronique (t. 1, p. 643 et ss.) apparaît un mendiant nommé Lorin qui conspue régulièrement le Saint-Sacrement. Molinet (ch. 165), présente un prêtre, judaïsant comme Aubriot, qui fut brûlé en 1493 pour avoir profané l'Hostie et nié la divinité du Christ. Tel qu'il est décrit, il fait penser à un forcené, tandis qu'Aubriot préfigure dans son comportement le « grand seigneur méchant homme ». Aucun de ces exemples ne porte sur un théologien : ils semblent indiquer l'existence, dans de larges couches de la population à la fin du Moyen Age, d'une exaspération devant les aspects les moins concevables du dogme. L'inspiration judaïsante semble fournir un substrat aux initiatives postérieures de Servet ou de Postel et plus généralement au succès du thème œcuménique de la rédemption universelle.

peintres « athées » de Nuremberg qui, lors du procès de 1525, refusent la divinité du Christ, la Révélation et l'autorité civile[100]. Au même procès comparaissait Hans Denck, un anabaptiste radical qui les avait manifestement influencés. En 1524, Karlstadt vient prêcher à Strasbourg, avec la complicité de Brunfels[101] qui semble avoir eu aussi des rapports avec Denck, lequel vient à Strasbourg après son procès et son bannissement[102]. Un exemple permettra de saisir le lien entre l'anabaptisme et l'irréligion. Calvin reproche aux libertins spirituels, qu'il apparente aux anabaptistes, de nier la résurrection des morts et la damnation[103]. Un anabaptiste de Benfeld (Bas Rhin) nie en effet la résurrection[104], mais sur ce point, la tradition locale est bien antérieure à l'anabaptisme. En 1317, l'évêque de Strasbourg, Jean de Dürbheim condamnait cette hérésie[105].

Le sentiment d'une parenté entre l'irréligion populaire et savante inspire les organisateurs du synode qui, en 1533/34, permit l'organisation de l'église réformée strasbourgeoise et une épuration, dirigée simultanément contre les hérétiques

---

[100] Les textes du procès furent publiés par T. Kolbe, «Zum Prozess des Johann Denck und der 'drei gottlosen Maler' in Nürnberg», in: *Kirchengeschichtliche Studien H. Reuter zum 70. Geburtstag gewidmet*, Leipzig, 1888, p. 228-250.

[101] Cf. M. U. Chrisman, *Strasbourg and the Reformation*, New Haven – Londres, 1967, p. 177 et ss.; Gerbert, *op. cit.*, p. 6; Ginzburg, *op. cit.*, p. 14 et 99.

[102] Chrisman, *loc. cit.*; Ginzburg, *op. cit.*, p. 26; R. Peter, «Le maraîcher Clément Ziegler. L'homme et son œuvre», *Revue d'histoire et de philosophie religieuse*, t. 34 (1954), p. 255-282. en particulier, p. 275.

[103] Calvin, *Contre la secte...*, col. 181 et ss., 220 et ss.

[104] Gerbert, *op. cit.*, p. 19.

[105] R. Guarnieri, «Il movimento del Libero Spirito, testi e documenti», *Archivio italiano per la storia della pietà*, t. 4 (1965), p. 351-708; cf. p. 424. Guarnieri offre de nombreux exemples de cette opinion hérétique. Selon Césaire de Heisterbach, les amalriciens *negabant resurrectionem corporum, dicentes nihil esse paradisum, neque infernum* (p. 392). Les *homines intelligentiae* de Cambrai profèrent que la résurrection *erat facta in Christo, ex eo quod sumus Christi membra, et non surrexit caput sine membris* (p. 465). Ce seront les expressions des libertins de Calvin. Sur cette filiation, voir aussi Busson, *op. cit.*, p. 314 et ss.; Schneider, *op. cit.*, p. 73 et ss.

populaires et les «épicuriens», terme utilisé par Bucer pour désigner les incroyants cultivés[106]. Comme chez Calvin, le mot est à double entente, car Bucer attaque à la fois leurs idées et leur moralité personnelle. Le prêche au Conseil de Gaspar Hedion montre l'imbrication des courants[107]. L'un prétend que Dieu n'est pas le vrai Dieu immuable, dit-il; cette accusation peut viser aussi bien des aristotéliciens que des néo-gnostiques. L'autre nie la divinité du Christ, ce qui pourrait être le fait d'anabaptistes à la manière de Denck, comme il ressort du procès de Nuremberg. La négation de la Cène et du baptême vient de ce milieu mais aussi des spirituels. Quant à Brunfels, on s'en souvient, il considère comme oiseuses les discussions sur les sacrements. La rédemption des athées et du diable lui-même concerne les spirituels, mais est suggérée dans les *Pandectes* de Brunfels: *Christus etiam pro spiritibus et angelis mortus est*[108]. Enfin, il y a ceux qui ne croient à peu près en rien, mais mènent «une vie lamentable, légère, épicurienne et erronée». On pense ici à Engelbrecht, Brunfels et Sapidus, attaqués à ce titre pendant le synode.

Les décisions du 7 février 1535 distinguent enfin «les athées complets» des anabaptistes[109]. Le terme «athée» (*gottlos*) n'est pas employé de manière abusive, comme un lecteur de Lucien Febvre pourrait le croire. En voici la définition des réformateurs strasbourgeois: ils «croient que cette vie n'est suivie d'aucune vie éternelle, ou encore qu'il n'y a ni jugement, ni damnation après cette vie-ci et ni diable, ni enfer»[110]. Ce texte remplace un brouillon de Sturm, qui n'arrivait pas à faire la différence entre les deux types de mal-

---

[106] Sur le synode: Gerbert, *op. cit.*, p. 161 et ss.; F. Wendel, *L'Eglise de Strasbourg, sa constitution et son organisation*, 1532-1535, Paris, 1942 et surtout, Adam, *op. cit.*, t. 7, 2, p. 25 et ss. n° 371 et ss.

[107] *Id.*, p. 262 et ss., n° 492.

[108] *Id.*, t. 7, 1, p. 76, n° 77.

[109] *Id.*, t. 7. 2, p. 423 et ss., n° 637.

[110] *Loc. cit.*: *Als do sind: erstlich die gantz gottlosen, so noch disem leben khein ander, ewig leben glauben, oder, so sy es gesteen, sagen, es sey khein gericht oder verdamnüss noch disem leben, auch weder teufel noch hell.*

pensants. Un autre protocole encore permet de savoir ce que l'on entendait à Strasbourg par «athées»[111]: «tous ceux qui prétendent que Dieu ne se soucie pas de nos actes, et qui nient toute autre vie après celle-ci» (en marge, de la même main: *athei*)[112]. La première partie de la définition caractérise l'épicurisme au sens philosophique du mot. La punition prévue est le bannissement; Brunfels l'anticipe, quittant Strasbourg durant le synode pour s'installer à Berne.

Pourtant, aucune des personnes incriminées n'a proféré la moindre déclaration d'athéisme. Au contraire, ils s'affirment croyants en répondant positivement aux questions sur la foi, acceptent la Trinité, l'existence du Mal, la justification par la foi[113]. Toute leur opposition se concentre sur les derniers articles, qui établissent l'autorité du Magistrat en matière de foi et de *Zensur*. Autrement dit, la stratégie libertine – celle des «épicuriens» mais aussi celle de Jacob Ziegler (se sont-ils concertés?) – consiste à lutter contre la répression des idées, plutôt que de chercher à faire accepter par le synode leurs doctrines. Pour Brunfels, cette manière de faire n'était pas neuve, car il n'agissait pas autrement en tant qu'écrivain.

Cette attitude peut tromper l'historien car une histoire des idées ou des mentalités qui collectionnerait naïvement les propositions émises par un penseur comme Brunfels en ferait nécessairement un homme pieux, sincèrement croyant, parfois adepte de la Trinité, toujours de la justification par la foi, tolérant mais en désaccord avec les anabaptistes ou même les spirituels. Quant à Bucer et à ses collègues, on leur reprocherait de voir des athées partout. L'un des amis de Brunfels représente un type de comportement tel qu'aucune déclaration n'est en elle-même libertine, alors que son libertinage ne fait aucun doute: il s'agit d'Engelbrecht. Ce chanoine passe à la Réforme, mais est attaqué par le synode pour sa conduite

---

[111] *Id.*, n° 557: *Erstlich alle die jhenigen so da sagen, das sich got unnsers thuns nüt anneme, unnd also kein annder leben nach disem leben zu sein verneynen, sollen sollich irer gotslesterung halben gestrafft unnd in der stadt Strassburg nit gelitten werden.*

[112] Cf. Ginzburg, *op. cit.*, p. 111.

[113] Adam, *op. cit.*, t. 7, 2, p. 35 et ss., n° 371 à 373.

immorale, ses fréquentations et son anabaptisme[114]. Dépossédé de sa cure par le synode, il attend le moment de se venger de Bucer. Il quitte Strasbourg pour Cologne, sans doute en 1543-44 après la mort de sa femme, une *Magt* qui lui fut reprochée. Devenu un parfait papiste, il écrit en 1546 un *Portrait de Martin Bucer*, qui lui valut récemment de figurer dans le *Corpus Catholicorum*[115]! Le préfacier en fait assez naïvement un catholique qui eut du mal à supporter la Réforme, ignorant sa situation dans l'aile radicale de celle-ci. En effet, le pamphlet semble écrit par un catholique intransigeant, d'une rigoureuse moralité et d'opinion conservatrice. Bucer y apparaît comme un arriviste qui poussa les paysans à la révolte, puis se reclassa et s'enrichit considérablement. Charitablement, Engelbrecht l'implore, après une litanie d'insultes, de reconnaître ses torts et de revenir à la vraie Eglise. Le libertinage d'Engelbrecht ne se déduit donc pas de ses propos catholiques, luthériens, anabaptistes et de nouveau catholiques, mais de son aptitude à tenir successivement ces différents langages; on reconnaît en lui un précurseur des «opportunistes» de la seconde moitié du siècle dont la religion variait au gré des circonstances politiques. La soumission de Sapidus, à la fin du synode – il en accepte toutes les conclusions – ne peut faire illusion non plus. C'est un chemin de Damas sans illumination[116].

Les définitions de l'athéisme données par les organisateurs du synode prouvent qu'il n'y a pas confusion, de leur point de vue, entre sectaires et athées, mais que la difficulté est due à l'interpénétration des divers courants. Engelbrecht, en bonne place parmi les «épicuriens», baptise dans les maisons, comme n'importe quel anabaptiste[117]. La difficulté apparaît encore mieux dans les allusions de Bucer à un évé-

---

[114] *Id.*, p. 225 et ss., n° 472.
[115] A. Engelbrecht, *Abconterfeytung Martin Butzers* (1546), (Corpus Catholicorum, t. 31, Münster, 1974).
[116] Il est intéressant de constater que Sapidus se jette dans l'oecuménisme pro-catholique en 1540-1541, lorsque Erasme de Limbourg devient évêque de Strasbourg. Cf. la dédicace à ce personnage de: J. Sapidus, *Anabion sive Lazarus redivivus...*, Strasbourg, C. Mylius, 1540.
[117] Adam, *op. cit.*, t. 7, 2, p. 49, n° 371.

nement contemporain préoccupant, la formation d'une Jérusalem anabaptiste, collectiviste et adamite à Münster en Westphalie[118]. Une lettre de Bullinger à Vadian nous apprend que celui-ci attribue les événements à l'influence de Schwenckfeld, dont Leo Jud se détache enfin, mais qui contamine le mathématicien Jacob Ziegler et Sapidus. Le jugement de Bucer est peut-être un peu sommaire dans ce cas, mais il témoigne plus de la complexité du réel que de la confusion de son esprit.

La difficulté à laquelle se heurte Bucer est triple. Tout d'abord, les grands thèmes du Libre Esprit sont si proches de l'irréligion qu'on ne peut savoir s'ils sont vraiment irréligieux, ou simplement exploitables dans un sens irréligieux. La négation de la résurrection entraîne celle de l'enfer et de la responsabilité morale chez les amalriciens déjà, du moins aux yeux de leurs adversaires. Mais, à la fin du XIIIe siècle, Jean de Brünn qui abjure ces égarements pour entrer chez les dominicains et se consacrer à l'Inquisition, reconnaît les mêmes erreurs. L'initié, dit-il, est engagé à ne craindre ni le diable, ni l'enfer. « Un homme ayant une conscience est à lui-même le diable, l'enfer et le purgatoire, car il se torture lui-même. »[119] Ce sont les propos que Calvin attribue à ses libertins spirituels, mais il faut en chercher l'origine dans les doctrines savantes sur le caractère imaginaire des peines infernales, que Klein a mises jadis en évidence[120]. De provenance arabe et aristotélicienne, ces assertions poursuivent leur carrière à la Renaissance tant chez les philosophes que dans les sectes: elles sont un bien commun.

L'immoralisme qui se déduit de l'inexistence du châtiment n'est pas moins ambigu. Dans le traité de Marguerite Porete (cas précieux où nous pouvons comparer les opinions émises librement par l'hérétique avec le protocole du procès) l'immoralisme affirmé correspond à la formulation paradoxale du triomphe de la foi sur les vertus[121]. Malgré des

---

[118] *Id.*, p. 255, n° 483.
[119] Guarnieri, *op. cit.*, p. 392 et ss.
[120] R. Klein, « L'enfer de Ficin », in: *La Forme et l'Intelligible*, éd. A. Chastel, Paris, 1970, p. 89-124.
[121] Guarnieri, *op. cit.*, p. 501 et ss.

expressions audacieuses[122], l'auteur est une mystique, plutôt une sainte qu'une dévergondée. Guarnieri a établi que Marguerite de Navarre possédait cette œuvre médiévale et en fut influencée[123]. De même que Marguerite Porete, Clemens Ziegler ne tire du caractère imaginaire des peines infernales aucune immoralité pratique; c'est un homme vertueux qui fait confiance à l'autorité pour frapper les dépravés avec plus de succès que les fables[124]. Par contre, le cynisme d'Engelbrecht peut passer pour une application logique des mêmes doctrines.

Troisième difficulté, les libertins se trouvent dans des couches fort diverses de la société et ne forment pas un groupe culturellement homogène. Déjà le Libre Esprit du XIVe siècle, comme le remarque Guarnieri, touche les milieux les plus raffinés. Marguerite Porete, par exemple, a le style d'une grande dame[125] et, s'il faut parler à son propos d'hérésie populaire, ce ne peut être que par opposition aux spéculations des docteurs de l'Ecole. La situation n'a guère changé lorsque Marguerite de Navarre s'entoure des hommes de rien fustigés par Calvin. Nous ne possédons pas les éléments qui permettrait de décider de l'origine populaire ou savante du Libre Esprit, mais, dès la fin du XIIIe siècle, le mouvement a pénétré dans la bourgeoisie. Melswyn, l'un de ses propagandistes à Strasbourg au début du XIVe siècle, était banquier.

Pourquoi donc Calvin insiste-t-il contre l'évidence sur le caractère plébéien de ses libertins? Pour autant qu'elle ait joué un rôle dans la genèse du traité, la lettre de Fumée ne l'y invitait pas. Tout devient plus simple si, en renversant la question, nous nous étonnons non plus de la présence de libertins dans la haute société, mais de la diffusion d'hérésies assez savantes dans les classes inférieures de la société. Quintin et Pocques, les cibles officielles de Calvin, ont en

---

[122] Par exemple le chant de l'âme (*id.*, p. 525): *Vertuz, je prens congé de vous / a tousjours / Je en auray le cueur plus franc / et plus gay / Votre service est troup constant / bien le sçay...*

[123] *Id.*, p. 490.

[124] Peter, *op. cit.*, p. 278.

[125] Guarnieri, *op. cit.*, p. 399.

commun deux traits troublants : leurs connaissances théologiques et le respect qu'on leur témoigne dans les beaux milieux. L'acharnement avec lequel des hérétiques peu lettrés ou illettrés apprennent par cœur la Bible et l'interprètent est fréquent à la Renaissance. On pense aux réunions du poêle des maraîchers à Strasbourg[126] et aux Mères de Dieu déjà évoquées. Ce phénomène, du reste, s'observe encore de nos jours, chez des bergers par exemple. Quant à la réaction favorable d'une partie du monde cultivé, elle est si répandue qu'il faut y voir une condition spécifique de ces hérésies. Quintin et Pocques ont d'abord été reçus favorablement par les réformateurs eux-mêmes. Agrippa et Brunfels montrent, comme nous l'avons vu, des sympathies pour les hérétiques populaires. Postel s'aide d'une Mère de Dieu illettrée pour interpréter la Bible. Ces phénomènes s'apparentent à l'engouement de l'époque pour le verbe naturel ou originel, la nostalgie et l'espoir d'entendre un message inné, non corrompu par la civilisation, celui que pourraient tenir les enfants sauvages, les animaux, ou plus simplement les âmes simples[127]. Le succès de telles vaticinations n'était pas du goût de Calvin, soucieux d'une orthodoxie rationnelle. Mais, en dénonçant le caractère populaire des prédications libertines, il ne risquait pas d'être contredit par les protecteurs de ces inspirés, trop contents sans doute de voir accréditer un de leurs mythes favoris et d'être eux-mêmes confondus avec les simples de l'Evangile. Calvin avait donc le loisir de critiquer l'insuffisance théologique de ses adversaires et de faire honte aux libertins bien nés de prononcer les mêmes inepties que des gueux. Autre avantage de ce choix : il évitait d'attaquer ouvertement la sœur du roi ou un savant estimé comme Brunfels, mort onze ans plus tôt, et dont beaucoup d'amis étaient encore en vie dans le camp protestant. Il évitait aussi de signaler des œuvres comme les *Pandectes* à ceux qui ne les avaient pas encore lues, ne leur proposant pour s'enquérir des doctrines libertines que d'assez misérables feuilles volantes. Le lecteur des grands libertins saura, grâce à

---

[126] Cf. Peter, *op. cit.*
[127] Cf. C.-G. Dubois, *Mythe et langage au seizième siècle*, Paris, 1970.

Calvin, déjouer leur duplicité, tandis que seront protégés ceux qui ont encore la chance de ne pas les connaître.

CONCLUSION

Le but de cet article était de dégager quelques aspects mal connus ou mal interprétés du problème libertin. Si le travail de Schneider apporte d'importantes précisions, sa thèse est inexacte. L'apparition du mot *libertin*, dans son sens moderne, est bien antérieure à Calvin, quoique rare avant lui. Même si Calvin fait allusion à des descendants du Libre Esprit et joue sur les mots en parlant de libertins qui contrefont les spirituels (la proximité sémantique ne peut être l'effet du hasard), il ne parle pas d'une secte populaire constituée, mais d'un milieu très diffus. De Calvin à Viret, le sens du mot et la chose ne connaissent pas de grandes modifications. Au moins à Nuremberg et à Strasbourg, où un procès et un synode nous renseignent, le libertinage est à la fois savant et populaire, lié aux hérésies et incrédule. Plus exactement, faute de pouvoir se formuler dans un système de l'irréligion, il s'exprime dans le cadre des dissidences religieuses existantes. Rien n'est plus instructif, à cet égard, que de comparer les déclarations de Denck et celles de ses émules, les jeunes peintres, au cours de leur procès. Chez ces derniers, l'anabaptisme tourne à l'irréligion pure et simple. Tandis que le maître d'école Denck, soucieux d'une formulation théologique et décente, se reproche comme un manque de foi de ne pas croire en la consécration et constate avec plus de fermeté les contradictions de la Bible, les frères Beham affirment ne rien croire au sujet du Christ et ne pas savoir si l'Ecriture est sainte[128]. Ils ont été dénoncés pour avoir comparé la vie du Christ à une légende populaire[129]. L'anabaptisme n'est chez eux que le cadre d'expression d'une franche irréligion, tout comme l'obscénité dans leurs

---

[128] Kolde, *op. cit.*, p. 245.

[129] *Id.*, p. 246: *ein brüder Barthel genant der sprech er kenn keynen cristum. wisz nichts von Ime zusagen. sey Ime eben. alls wan er hore von herczog ernsten sagen der In berg gefaren soll sein.*

gravures. A Strasbourg, les possibilités d'une explication aussi claire ne se présentèrent pas. Mais les contacts entre des sectaires comme Denck, des mystiques comme Clemens Ziegler et des savants «épicuriens» comme Brunfels supposent des convergences derrière la diversité des doctrines.

Bien sûr, le libertinage s'installe plus ou moins tôt selon la définition qu'on en donne. Mais les éléments qui le constituent sont systématiquement mal datés. Koyré s'étonne de trouver chez Franck un catalogue des discordances de l'Evangile, lesquelles étaient évidentes à Denck, et furent publiées par Althaimer, puis aussitôt par Brunfels, en 1527[130]. L'article de Tenenti que nous avons évoqué retarde d'un demi-siècle les attitudes d'indifférence religieuse. Les confusions sont en partie dues à une certitude fausse qui sous-tendait la thèse de Charbonnel et empêcha Busson d'aller jusqu'au bout du problème, la certitude d'une origine italienne du libertinage.

L'Italie, que nous n'avons guère évoquée dans cet article, joue un rôle fondamental dans l'histoire du libertinage. Les écrits de Valla jalonnent la diffusion des nouveaux courants. Lorsque Sapidus enseigne le grec et la révolution à Sélestat, les *Elegantiarum libri* de Valla sont deux fois publiés dans cette ville[131]. Paola Zambelli a établi l'influence de Pomponazzi sur Agrippa[132]. Mais l'Italie n'est qu'une des racines du libertinage (du libertinage savant en l'occurrence, ce qui n'empêche pas l'existence d'un libertinage populaire en Italie), tandis que les circonstances politiques et religieuses troublées laissèrent affleurer au Nord une tradition libertine tôt constituée.

---

[130] Cf. Ginzburg, *op. cit.*, p. 85 et ss.

[131] J. Ijsewyn, G. Tournoy, «Un primo censimento di manoscritti e delle edizioni a stampa degli *Elegantiarum linguae Latinae libri sex* di Lorenzo Valla», *Humanistica Lovaniensia*, t. 18 (1969), p. 25-42; cf. p. 32.

[132] P. Zambelli, «Cornelio Agrippa nelle fonti e negli studi recenti», *Rinascimento*, 2ᵉ s. t. 8 (1968), p. 169-199; cf. p. 198-199; P. Zambelli rectifie l'opinion émise dans un article précédent: «*Humanae litterae, Verbum divinum, docta ignorantia* negli ultimi scritti di Enrico Cornelio Agrippa», *Giornale critico della filosofia italiana*, 3ᵉ s. t. 20 (1966), p. 188-217; cf. p. 202.

Les cadres historiques, géographiques et sociaux du phénomène sont difficiles à tracer, car les assertions libertines réapparaissent identiques dans les contextes les plus différents. Comme dans le cas de la sorcellerie, on pourrait croire que l'uniformité relative des doctrines, à travers l'espace et le temps, les dénoncent comme des inventions des juges. Mais cette opinion, nullement prouvée pour ce qui est de la sorcellerie, devient intenable à propos du libertinage, puisque nous avons des sources très différentes des calomnies et des aveux extorqués.

Dernière conclusion, le libertinage, qui s'exprimait malgré les interdictions, ne pouvait se formuler clairement. Si l'on attend que quelqu'un publie que Dieu n'existe pas pour le penser, on attend trop. Rappelons que Sade écrivit la *Justine* comme un roman apologétique chrétien; l'œuvre se termine même par une conversion. Mais qui oserait enrôler Sade dans la cause de l'Eglise? Les idées n'attendent pas pour naître d'être tolérées et ne s'expriment pas le jour de leur naissance comme lorsqu'elles sont acceptées. Enfin, l'histoire des mentalités ne peut servir, comme semble l'avoir cru Lucien Febvre, à légiférer sur l'histoire des idées, les mentalités n'étant peut-être que des idées fossilisées. L'histoire des idéologies autorisées n'est ni l'histoire de la pensée, ni l'histoire de la pensée du peuple.

II.

SAINTE ANNE
EST UNE SORCIÈRE

1. CURIOSITÉS ICONOGRAPHIQUES

Dans une gravure sur bois datée de 1511, Hans Baldung Grien ajouta au thème de la Trinité de sainte Anne un détail inédit (voir frontispice). Anne et Marie sont assises devant un mur au crépi ruiné, auquel s'accoude saint Joseph, assoupi près d'un livre délaissé. Devant le paysage – montagne et château à la manière de Dürer – se détache un arbre mort, supportant un pied de vigne. Il s'agit sans doute d'une allusion à la Passion, la vigne symbolisant le Rédempteur, l'arbre mort le bois de la croix[1]. Le groupe central donne une impression de familiarité conforme à la tradition: l'enfant, sur les genoux de sa mère, cherche à lui prendre les cheveux. Mais sa grand-mère commet un acte si déplacé, si inattendu dans ce contexte banal, qu'il est possible de connaître la gravure de longue date sans l'avoir aperçu: elle touche de l'index et du majeur de la main gauche écartés les parties génitales de Jésus.

Le seul savant à faire remarquer ce geste est Carl Koch dont voici le commentaire: «Il [Baldung] ose maintenant, sous le prétexte de représenter la pieuse compagnie de la Vierge à l'Enfant et de sa mère Anne, prendre pour thème d'une gravure sur bois la conjuration d'un enfant avec des paroles magiques. L'arcane se dissimule dans le groupe de deux paysannes assises à même le sol, structurées par un

---

[1] E. Kirschbaum, *Lexikon der christlichen Ikonographie*, Fribourg/B., 1968-1972, article: *Weinstock*, t. 4, col. 491-494; L. Behling, *Die Pflanze in der mittelalterlichen Tafelmalerei*, Cologne, 1967, p. 48.

puissant réseau de lignes. Mais l'usage populaire n'est pas pratiqué sans malice, et l'on croit déceler, en arrière-plan, la bonne humeur de l'Alsace.»[2] Le geste de la vieille est bien celui de la conjuration; il n'a rien de fortuit, car l'enfant est assujetti de l'autre main pour faciliter l'opération. Il reste à savoir si l'acte doit assurer la santé de l'enfant ou si, à l'insu du père putatif endormi, les deux femmes lui jouent un mauvais tour qui le condamnera à une chasteté forcée. Koch semble pencher pour la première hypothèse, car il utilise l'expression *das wunderwirkende Besprechen* qui ne se dit pas du mauvais sort. Il considère d'autre part la scène sacrée comme un prétexte, alors que la gravure serait bien moins scandaleuse si elle ne mettait pas en cause la sainte Famille. Ce n'est pas n'importe quelle grand-mère conjurant un enfant, mais sainte Anne avec son auréole. Comme le Christ est mort prématurément (la gravure nous rappelle sa Passion) et qu'il ne fut pas gratifié par le ciel d'une progéniture, la seconde hypothèse vient plus naturellement à l'esprit.

D'une manière ou d'une autre, Baldung a représenté sainte Anne en sorcière. Les audaces lui sont coutumières, mais elles se divisent généralement en deux groupes, celui de l'érotisme pervers (sorcières, revenants étreignant de jeunes mortes) et celui de l'hétérodoxie, dissimulée par le codage symbolique[3]. La Trinité de sainte Anne échappe à cette classification, car il s'agit d'un blasphème explicite dont la compréhension ne nécessite pas le déchiffrement de symboles ambigus, et de surcroît d'une gravure, c'est-à-dire d'une œuvre destinée à la diffusion. Plus étonnant encore, nous ne savons pas qu'elle ait suscité de remous. Installé à Strasbourg depuis deux ans, bourgeois de la ville, entreprenant son chef-d'œuvre, le retable de Fribourg-en-Brisgau, Baldung fait à 26 ans une carrière sans problème, au lieu d'alimenter le feu du bûcher.

L'artiste était resté conventionnel dans sa présentation du thème avec le tableau votif du margrave de Bade

---

[2] *Hans Baldung Grien* (exposition, Karlsruhe, Kunsthalle, 1959), Karlsruhe, 1959, p. 17.

[3] Cf. J. Wirth, *La jeune fille et la mort. Recherches sur les thèmes macabres dans l'art germanique de la Renaissance*, Genève, 1979.

(Karlsruhe), les Trinités de sainte Anne à Washington et à Bâle, une autre gravure sur bois de 1510 environ, contributions normales à une dévotion en vogue[4]. Il est impossible de cataloguer les représentations peintes, sculptées ou gravées du thème qui, apparaissant au XIVe siècle, se diffuse de plus en plus et fait l'objet d'une production illimitée autour de 1500[5]. Ces œuvres sont alors caractérisées par une bonhomie exprimant la tendresse familiale, non pas l'effroi sacré. On chercherait en vain une allusion scandaleuse dans la presque totalité d'entre celles dont j'ai pu prendre connaissance, et dans les Parentés de sainte Anne, non moins répandues à la même époque. Cependant, la gravure de Baldung incite à jeter un œil nouveau sur trois œuvres connues.

La première est le groupe sculpté d'Andrea Sansovino, commandé en 1514 par le protonotaire pontifical Corlitz (Corycius), pour San Agostino à Rome[6]. L'œuvre dont on a souvent discuté la qualité artistique, lie les trois personnages par un scénario dense. Sainte Anne regarde très fixement l'enfant Jésus à qui elle tient le pied. Il soutient son regard, tout en cherchant à mettre hors de sa portée un petit oiseau qu'il tient à la main. Fortement intégrée par les postures, la Vierge ne participe pas à ce jeu de regards. Elle semble plutôt soucieuse, malgré la bonne humeur de ses partenaires. Le touriste ou l'historien de l'art ne peut que trouver la scène innocente mais, à en croire les folkloristes, il est intolérable à cause du mauvais œil[7] qu'une vieille femme fixe ainsi un

---

[4] *Hans Baldung Grien*, n° 12, p. 41 ; n° 14, p. 41-42 ; n° 19, p. 43 ; n° 23, p. 242.

[5] Malgré son goût pour l'exhaustivité, B. Kleinschmidt (*Die heilige Anna. Ihre Verehrung in Geschichte, Kunst und Volkstum*, Dusseldorf, 1930, p. 217 et ss.) est submergé par le nombre et ne présente qu'une anthologie forcément arbitraire.

[6] *Id.*, p. 15 et pl. 4. Pour la bibliographie plus récente, voir : H. H. Brunner, T. Janson, « Art, Literature and Politics : An Episode in the Roman Renaissance », in : *Konsthistorisk Tidskrift*, t. 45 (1976), p. 79-93.

[7] Sur la vulnérabilité des enfants au mauvais œil des vieilles femmes : H. Bächtold-Stäubli, *Handwörterbuch des deutschen Aberglaubens*, Berlin, 1927-1942, article : *Auge*, t. 1, col. 688 ; S. Seligmann, *Der böse Blick und Verwandtes*, Berlin, 1910, t. 1, p. 197 ; id., *Die Zauberkraft des Auges und das Berufen...*, Hamburg, 1922, p. 36, 120 et 309.

enfant, d'autant plus qu'il y a dispute pour rire, mais dispute tout de même. Il est extrêmement difficile de dire si Sansovino fit exprès, car enfin, il fallait bien relier les personnages par un jeu de regards et, comme ils ne sont que trois, il y avait une chance sur deux que ce soit le regard d'Anne qui tombe sur Jésus! Mais les paroissiens de San Agostino ne semblent pas de cet avis: dans l'ouvrage de Beda Kleinschmidt sur le culte de sainte Anne, une photographie nous montre le groupe muni de chapelets offerts par les fidèles. L'enfant porte au cou un *agnus Dei*, destiné à le préserver du mauvais œil. De même, dans une gravure du maître DS, où sainte Anne lui présente un œillet, il porte au cou un corail, dont la fonction est identique[8].

Sansovino reste ambigu, mais dans une Trinité de sainte Anne avec Jean Baptiste, due à Rosso (Los Angeles, County Museum; illustration de couverture), le même contenu devient explicite. La sainte, plutôt aigre que souriante, possède les traits ingrats que l'iconographie réserve d'ordinaire aux vieilles sorcières. Un angelot, trop près d'elle, risque de la frôler, et son congénère épouvanté l'en empêche.

La Madone au chat de Jules Romain (Naples, Musée National) fait partie des œuvres qu'un titre malheureux rend incompréhensibles. Il s'agit en fait d'une Trinité de sainte Anne et le chat n'accompagne pas la Vierge, mais sa mère, présent à côté d'elle comme un attribut. Coïncidence due à l'ambiance de scène de genre? Ou bien le chat remplit-il sa fonction si fréquente d'attribut des sorcières? Sainte Anne porte un bandeau sur le front qui donne à sa tête un profil d'allure vaguement égyptienne. Elle regarde le Christ qui met le pied dans son berceau – vieux symbole de sa tombe – avec la pose caractéristique des mélancoliques, le poing sous

---

[8] Pour la gravure: Kleinschmidt, *op. cit.*, p. 150, ill. 91. Sur le corail, talisman contre le mauvais œil: Seligmann, *Der böse Blick*, t. 1, p. 267; *Zauberkraft*, p. 446. L'utilisation du corail est spécialement recommandée contre les sorcières par Trithème. Cf. A. Silbernagel, *Johannes Trithemius. Eine Monographie*, Ratisbonne, 1885, p. 154. Seligmann (*Zauberkraft*, p. 299-300 et ill. 38) donne plusieurs exemples italiens de représentations de l'enfant Jésus avec un talisman autour du cou contre le mauvais œil.

le menton[9]. Autrement dit, elle prévoit en devineresse le sort futur de l'enfant. Dans la partie droite du tableau, on aperçoit le chien inquiet de la présence du chat et saint Joseph, frontal et menaçant dans la pénombre. Autour de la vieille devineresse, l'idylle tourne à l'orage.

Voilà donc quatre cas où un artiste laisse entendre plus ou moins clairement que sainte Anne est une sorcière. Comment est-ce possible ? Avant de proposer une réponse, je crois nécessaire de rappeler ici l'histoire du culte de la sainte, car ce sujet, si intéressant pour l'histoire de la religion, n'a plus intéressé personne depuis longtemps. Et d'abord, pourquoi ce manque d'intérêt ?

2. UNE DÉVOTION DISCUTÉE

Les recherches sur le culte de sainte Anne commencèrent tôt. L'abbé Trithème à qui l'on doit le principal traité en l'honneur de la sainte (1494), voulut justifier le culte par son ancienneté et en fit donc l'histoire[10]. Deux siècles plus tard, les bollandistes se placèrent dans une perspective historique pour excuser les excès de la légende[11]. A la suite de Luther qui remarquait le succès tardif du culte[12], les protestants s'intéressèrent à une aberration facile à dénoncer. Le théologien G. H. Goetze fit œuvre d'historien local en 1702, pour décrire le triomphe et la chute de l'«idole» à Meissen et dans la ville neuve d'Annaberg[13]. La petite guerre que se livrèrent en Allemagne les théologiens catholiques et protestants au cours

---

[9] Cf. R. Klibansky, E. Panofsky, F. Saxl, *Saturn and Melancholy*, New York, 1964.

[10] J. Trithème, *De laubidus sanctissimae matris Annae*, Leipzig, Melchior Lotter, 1494, fol. C r et ss.

[11] *Acta Sanctorum*, Anvers – Bruxelles, 1643-1883, t. 31 (1729), p. 233-297 (26 juillet).

[12] E. Schaumkell, *Der Kultus der heiligen Anna am Ausgange des Mittelalters*, Fribourg/B., 1893, p. 12 ; M. Luther, *Werke*, éd. de Weimar, t. 47, p. 383.

[13] G. H. Goetze, *De cultu Annae, aviae Christi in Misniam invecto...*, Leipzig, 1702.

du XIXᵉ siècle engendra parfois d'excellents ouvrages, ainsi la monographie de Schaumkell sur le culte de sainte Anne[14]. Du côté catholique, F. Falk chercha à parer le coup en éreintant ce livre qui reste néanmoins la meilleure synthèse disponible[15]. Ces conflits peu meurtriers auxquels nous devons entre autres le célèbre ouvrage de Mgr Janssen sur l'Allemagne et la Réforme et le très fin *Hexenwahn* de Paulus, s'apaisèrent à la veille de la première guerre mondiale, pour faire place à des haines plus féroces. Ce fut un malheur pour les études hagiographiques, car les catholiques bénéficièrent de la charitable complicité des protestants pour enterrer les dossiers pénibles. On ne peut citer que deux études d'ensemble sur le culte de sainte Anne, toutes deux du côté catholique; celle de Charland (publiée de 1898 à 1923), vaste, mais inintelligente au point d'être inutilisable, et celle de Kleinschmidt (1930), bien naïve aussi, mais d'une remarquable érudition[16]. Dans ces conditions, quelques pages s'imposent pour situer le contexte des œuvres d'art évoquées.

Malgré son ancienneté, le culte de sainte Anne ne s'est étendu qu'à la fin du Moyen Age. Il connut une ascension régulière depuis le XIVᵉ siècle, dont témoigne le nombre croissant des œuvres d'art qu'il suscita. Jamais un culte chrétien ne passa à ce point par l'iconographie et l'adoration des images. Dès la fin du XVᵉ siècle, partisans et adversaires de cette dévotion nouvelle s'accordent à l'estimer populaire, les uns y voyant sa justification[17], les autres l'explication de ses excès[18]. Les légendes nous montrent l'incrédulité des doctes

---

[14] Schaumkell, *op. cit.*

[15] F. Falk, «Die Verehrung der heiligen Anna im fünfzehnten Jahrhundert», in: *Der Katholik*, n. s., t. 39 (1878), p. 60-75.

[16] P. V. Charland, *Les trois légendes de Madame saincte Anne*, Montréal (?), t. 1 (1898); id., *Madame saincte Anne et son culte au moyen-âge*, Québec, 1911-1923, 3 vol. Sur les avatars de l'ouvrage de Charland, cf. *Analecta Bollandiana*, t. 33 (1914), p. 77-78. Kleinschmidt, *op. cit.*

[17] C'est le cas de Trithème et la leçon des légendes et recueils de miracles, en particulier: *Legenda S. Annae*, Leipzig, Melchior Lotter, 1497 et P. Dorland dont le recueil de miracles fut publié dans les *Acta Sanctorum*, *loc. cit.*

[18] Rejet du trinubium comme erreur populaire chez Lefèvre d'Etaples (*De una ex tribus Maria*, Paris, 1518). Cf. J. P. Massaut, *Critique et*

s'opposant à ce nouveau culte, et la foi du peuple triomphant à l'aide de miracles. Dans celle que publia Melchior Lotter à partir de 1497, un évêque anglais qui refusait l'introduction du culte par le peuple fit une chute de cheval providentielle[19]. Une nonne que sa formation monastique empêchait d'honorer une femme à laquelle la tradition prêtait trois maris, fut réprimandée par l'apparition de la sainte[20]. Le même prodige mit fin aux hésitations de sainte Colette et en fit une ardente propagandiste du culte[21]. Les laïcs sont en général plus aptes à découvrir sainte Anne et à devenir ses hérauts que les clercs. Un jeune mondain ruiné et converti à la mort de ses parents, ou Procope que la sainte fit ermite puis archevêque de Prague après deux échecs matrimoniaux, sont les figures exemplaires du combat pour elle[22].

En accord avec ces pieuses traditions, les historiens n'ont jamais pensé à mettre en doute l'origine populaire du culte de sainte Anne. Mais, contrairement aux légendes, les phénomènes observables mettent en scène non pas des laïcs, non pas le « peuple », mais le clergé régulier : bénédictins, chartreux, franciscains. Ce sont eux qui écrivent les légendes et les traités, qui organisent le culte et surtout en tirent profit. Trithème, lui-même bénédictin, nous dit que les séculiers s'opposent à cette dévotion qui fait déserter les églises paroissiales au profit des couvents et constitue donc un détournement de ressources[23]. Mais il conclut que, si les curés sont incapables de retenir leurs ouailles, c'est de leur faute. S'ils veulent éviter la ruine des paroisses, qu'ils se réforment ! A l'inverse, Wimpfeling qui n'éprouve aucune

---

tradition à la veille de la Réforme en France..., Paris, 1974, p. 79 ; chez les apologistes du XVIIe siècle, Clisorius et Thomas a S. Cyrille. Cf. Kleinschmidt, *op. cit.*, p. 294.

[19] *Legenda S. Annae*, ch. 11, fol. Dii r et ss. L'évêque, qui semble se souvenir de l'*Apologie* de Tertullien, reproche au peuple d'idolâtrer un simulacre sourd et muet et en plus de gaspiller son argent.

[20] *Id.*, ch. 8, fol. Cii r et ss

[21] Kleinschmidt, *op. cit.*, p. 261-262 ; *Acta Sanctorum*, t. 31, p. 336 ; J. P. Massaut, *Josse Clichtove, l'humanisme et la réforme du clergé*, Paris, 1968, t. 1, p. 424.

[22] *Legenda S. Annae*, ch. 9 et 10, fol. Ciii r et ss.

[23] Trithème, *De laubidus*, fol. Ciiii r et ss.

tendresse pour les moines attaque durement leur exploitation des images. Il remarque en particulier qu'«on voit sainte Anne en train d'obscurcir la réputation et la gloire de sa fille, tant les nouvelles statues de saints en bois et en pierre causent de délectation, et tant les images sur les autels apparaissent la plupart du temps ornées d'or et d'argent, de cierges et de vénération en tout genre, plus que l'eucharistie elle-même»[24]. Il est impossible de confirmer ou d'infirmer l'existence d'un mouvement de laïcs à l'origine des fastes de sainte Anne, mais il est sûr que les faits connus concernent l'encadrement de la piété par des clergés impitoyablement rivaux: fondations de confréries dédiées à Anne et Joachim, dédicace à sainte Anne de la ville neuve minière d'Annaberg, concours poétique en l'honneur des grands-parents du Christ, organisé en 1497 par le carme Arnold de Bosch pour promouvoir les confréries, création d'une liturgie sous l'égide de Trithème après 1494, recueil de poèmes publié en 1524 et destiné à la publicité de la statue de Sansovino[25].

Les polémiques relatives au culte de sainte Anne connaissent deux phases distinctes. La première consacre le triomphe de la sainte; la seconde prend naissance dans les excès du culte et de la légende. La vénération de la mère de la Vierge, comme on l'a souvent répété, est liée à celle de l'Immaculée Conception. Les défenseurs de sainte Anne sont aussi des immaculistes convaincus, ainsi Trithème qui com-

---

[24] J. Wimpfeling, *Apologia pro republica christiana*, 1501, cité dans: L. Pfleger, «Le culte de Sainte Anne en Alsace au moyen-âge», in: *Bulletin ecclésiastique de Strasbourg*, t. 31 (1919), p. 247: *Anna beata videtur prope diem obscurare famam et gloriam filiae suae, ita novae delectant statuae sanctorum ligneae et lapideae atque imagines in aris, argento, luminaribus et omni venerationis genere videntur plerique in locis magis quam eucharistia ipsa exornari.*

[25] Pour Annaberg, voir: G. H. Goetze, *op. cit.* et E. O. Schmidt, *Die Sankt Annenkirche zu Annaberg...*, Leipzig, 1908. Sur Arnold de Bosch: Massaut, *Josse Clichtove*, t. 1, p. 261-262. Les œuvres liturgiques suscitées par Trithème pour sainte Anne font l'objet d'un long appendice dans le *De laudibus*. Sur les *Coryciana* de 1524: L. Geiger, «Der älteste römische Musenalmanach», in: *Zeitschritt für Kultur und Literatur der Renaissance*, t. 1 (1886), p. 145-161.

bat en même temps sur les deux fronts[26]. Si Marie est née sans péché, sainte Anne devient à sa fille ce que Marie est à Jésus. Et Marie devenant une théophanie (ce qui apparaît bien dans l'iconographie de l'Immaculée Conception), le rôle de mère modèle, de patronne des femmes, échoit à sainte Anne dont la vie privée se prête mieux à l'imitation que celle de sa fille. Cette répartition des rôles se traduit dans le costume des deux femmes. Marie se maintient hors de l'histoire humaine par son costume de reine du ciel, sa robe aux longs plis en cascade, tandis que sainte Anne, comme l'a remarqué E. Mâle[27], prend très vite la robe moderne et la coiffe pudique de la matrone. Mais cette tendance n'est pas unique, et des attitudes contradictoires conduisent de la première à la seconde querelle, par un double mouvement.

En effet, sainte Anne n'est pas toujours figurée en modeste mère de famille. Soudain se diffusent d'elle des images calquées sur celle de l'Immaculée Conception qui la font apparaître comme un pur concept de Dieu, antérieur au monde créé. L'imprimeur parisien Simon Vostre édite en 1510 une gravure la représentant enceinte de la Mère et du Fils, bénie par le Père, entourée de symboles litaniques empruntés à sa fille, dont ceux de la conception virginale[28]. On devine l'effroi qui dut saisir les théologiens les plus scrupuleux lorsque la mère d'Anne, Emérentienne, profitant de l'irrésistible ascension de sa fille, s'introduisit dans les Trinités de sainte Anne pour les transformer en Quaternités[29].

Mais une légende trop humaine suivait Anne dans son ascension comme un passé gênant, celle du trinubium. Une tradition, remontant au moins au XIe siècle, voulait en effet

---

[26] Kleinschmidt, *op. cit.*, p. 161 et ss.; C. Schmidt, «La controverse allemande de l'Immaculée Conception. L'intervention et le procès de Wigand Wirt OP (1494-1513)», in: *Archivum Franciscanum Historicum*, t. 45 (1952), p. 397 et ss. Longs développements sur sainte Anne, repris du *De laudibus*, dans: J. Trithème, *De purissima et immaculata conceptione...*, Strasbourg, 1506 (rééd.).

[27] E. Mâle, *L'art religieux de la fin du moyen âge en France*, 3e éd., Paris, 1925, p. 157.

[28] *Id.*, p. 220. Autres exemples dans Kirschbaum, *op. cit.*, article: *Anna*, t. 1, col. 178-179.

[29] *Id.*, article: *Anna Selbviert*, t. 1, col. 190-191.

qu'elle se fût mariée avec Cléophas à la mort de Joachim, puis avec Salomé à la mort de Cléophas, concevant un enfant par mariage et se réfugiant, à la mort du troisième mari, dans un veuvage bien mérité. Vers 1500, son triple mariage avec trois frères devint scandaleux pour bon nombre de théologiens, et ceci nous éclaire sur le changement de ton de la théologie. Cette pratique, conforme à la loi biblique, ne pouvait choquer le monde féodal, car l'héritière d'un fief se mariait aussi souvent qu'il était nécessaire pour assurer la protection du fief. L'histoire des trois maris était d'autant moins inconvenante que sa régularité se prêtait aux combinaisons numériques les plus passionnantes: redoublement symétrique d'une trinité patrimoniale par une trinité matrimoniale, triade de filles appelées toutes trois Marie et engendrant à leur tour le Christ et ses deux plus proches compagnons[30]. La perfection calculée de ces engendrements était conforme à la notion de providence. Mais cette belle construction devint absurde au cours d'un XVe siècle plus avide de psychologie, voire de physiologie, que de numérologie[31]. Gerson voulut sauver, en le rajeunissant, saint Joseph qu'on imaginait dans le comportement du barbon ridicule. A plus forte raison, l'acharnement de sainte Anne à se marier et à engendrer à un âge canonique fait peser sur elle le soupçon d'une nature insatiable, comme le remarquent les adversaires de la légende qui, faute d'en goûter la saveur numérique, la trouvent «populaire»[32]. En fait, les spéculations sur le trinubium proviennent des écrivains scolastiques et les poèmes mnémotechniques en latin sur le sujet n'ont aucune allure populaire. Pourtant, Kleinschmidt n'a pas craint d'exposer

---

[30] Les querelles de Lefèvre d'Etaples se plient *nolens volens* à cette symétrie inhérente à la légende; l'une consiste à remplacer trois maris par un, l'autre une Marie par trois.

[31] Voir les belles pages de J. Huizinga, *Le déclin du Moyen Age*, trad. tr., rééd., Paris, 1967, ch. 12, La pensée religieuse se cristallise en images, p. 156-182.

[32] Sur Lefèvre (cf. note 18) renchérit H. C. Agrippa, *De beatissimae Annae monogamia...*, in: *Opera*, Lyon, s. d., t. 2, p. 591-593 principalement.

toute cette théologie dans un chapitre intitulé «continuation folklorique de la légende»[33].

La première querelle est ponctuée par les victoires des immaculistes, dévots de sainte Anne. Sixte IV, pape franciscain bien décidé à faire profiter les siens de son accession au pontificat, tranche par bulle en faveur des immaculistes et fixe en 1481 la fête de sainte Anne au 26 juillet dans le calendrier romain[34]. La Sorbonne décide à son tour, en 1497, d'adopter la thèse immaculiste[35] et Trithème semble avoir eu assez facilement raison de son adversaire maculiste, le dominicain Wiegand Wirt[36]. Mais tandis que l'abbé, prévoyant une querelle moins glorieuse, garde le silence sur le trinubium, les légendes de la sainte, sans cesse rééditées à partir de 1497, l'exposent sans réticence. Clichtove, qui soutiendra quelques années plus tard Lefèvre d'Etaples contre le trinubium, traduit en 1510 une vie de sainte Colette consignant l'apparition miraculeuse de toute la famille[37].

La seconde querelle éclate en 1517. Lefèvre dénonce le triple mariage pour des raisons de critique textuelle et de convenance, avec d'autant plus d'ardeur qu'il est un défenseur de la sainte[38]. En Allemagne, la polémique s'ouvre au même moment, indépendamment, semble-t-il[39]. Voilà donc

---

[33] Kleinschmidt, *op. cit.*, p. 252 et ss., ch. 15, *Volkstümliche Weiterbildung der Legende (Das Trinubium Annas)*. De même le chapitre 10 (p. 161 et ss.) qui porte sur les causes de la vénération croissante de sainte Anne par le peuple, raconte en détail les disputes des théologiens sur l'Immaculée Conception. Puis Kleinschmidt, tout de même désireux d'une explication, introduit le goût de la famille et de la natalité d'une époque où «la peur d'avoir des enfants n'était pas encore un problème politique» citant au passage quelques records de fécondité méritoires. Outre que les sentiments natalistes du «peuple» à la fin du Moyen Age ne sont pas prouvés, Kleinschmidt trouve si évident le lien entre l'Immaculée Conception et la natalité qu'il se passe de l'établir.

[34] *Id.*, p. 162; R. Aubenas, R. Ricard, *L'Eglise et la Renaissance*, Paris, 1951 (A. Fliche, V. Martin, *Histoire de l'Eglise*..., t. 15) p. 339-341.

[35] La publication de cette décision est le prétexte du *De purissima et immaculata conceptione* de Trithème (cf. note 26).

[36] C. Schmitt, *op. cit.*

[37] Massaut, *Clichtove*, t. 1, p. 424-425.

[38] Massaut, *Critique et tradition*, p. 76-77.

[39] *Ibid.*

des clercs qui partent en guerre contre l'«erreur populaire», mais scandalisent, en fait de peuple, la Sorbonne de Noël Beda. Luther exprime l'opinion raisonnable que cette querelle devrait rester inédite, afin d'éviter le scandale *propter populum* et de laisser la légende périr de sa juste mort[40]. Si la querelle du trinubium n'était pas une affaire de clercs, on comprendrait difficilement la crainte de Luther.

On pourrait parler d'une troisième querelle de sainte Anne qui s'annonce chez Wimpfeling et culmine chez les réformateurs. Il ne s'agit plus d'épurer la légende, mais de se débarrasser de la sainte. Le nom des parents de la Vierge n'est attesté que par des apocryphes réputés sans valeur, le plus ancien étant le protévangile de Jacques. Son culte est l'un des plus abusifs du point de vue de l'exploitation des fidèles et l'un des plus idolâtres, tant il repose sur les images. Il tombe aussi sous l'accusation de nouveauté. «Je crois me souvenir, dit Luther, que sainte Anne parvint au succès lorsque j'étais un enfant de quinze ans. Auparavant on ne savait rien d'elle, mais arriva un fripon qui nous amena sainte Anne, laquelle prospéra vite grâce aux dons de chacun.»[41]

La victoire des ennemis du culte des saints semble avoir été facile en pays protestant, ce qui invite à se méfier de la notion de culte populaire. Grâce à la dissertation de Goetze,

---

[40] *Ibid.* et Luther (W. A.), *Briefe*, t. 1, p. 127-131. Lettre à Spalatin du 20 décembre 1517. Après avoir distingué clairement trois Maries en réponse aux questions de son ami : *Audio, quod D. Conradus Wimpina nescio quid moliatur adversus Ecclesiasten Zwiccaviensem propter eandem causam, videlicet, quod ille historiam S. Annae confutat et redarguit, praesertim tres illas Marias. Mihi vero difficile videtur coargui, quanquam nollem contentiose eam historiam tolli, sed potius propter populum paulatim in seipsa frigescere et cessare, maxime cum sit error ille de pietate descendens non adeo damnandus, ut ille, quo propter pecunias sancti coluntur.* Document capital sur Luther : il voudrait séparer la lutte contre les abus de la polémique théologique qu'il ne juge pas aussi nécessaire. C'est évidemment le contraire de l'attitude que les historiens s'entendent pour lui attribuer depuis une cinquantaine d'années.

[41] Luther (W. A.), t. 47, p. 383 : *Bei meinem gedenken ist das gross wesen von S. Anna auffkomen, als ich ein knabe von fünffzehen jharen wahr. Zuvor wuste man nichts von ihr, sondern ein bube kam und brachte S. Anna, flugs gehet sie ahn, den es gab jederman darzu.*

nous pouvons suivre la chute de sainte Anne dans la ville d'Annaberg qui lui était consacrée[42]. Il faut rappeler qu'elle était la patronne des mineurs et, à ce titre, l'idole du jeune Luther, fils de mineur[43]. Avant même les débuts de la Réforme, en 1501, un prêtre d'Annaberg qui avait voyagé chez les hussites, renonce au culte des saints et démissionne de son poste[44]. En 1519, les mineurs entretiennent à leurs frais un prédicateur évangélique dans la chapelle sainte Anne de Schneeberg[45]. Malgré les persécutions de Georges de Saxe, le prédicateur réformé d'Annaberg, Myconius, bénéficie contre sainte Anne du soutien, non seulement des laïcs, mais de prêtres. En 1539, lorsque Henri de Saxe succède à Georges, il peut déraciner le culte par décret[46]. Le pouvoir réformé n'a que deux précautions à prendre[47]. La première, de mettre les reliques en lieu sûr, c'est-à-dire d'éviter qu'elles ne soient cause de scandale auprès des «idiots» des deux sexes, sans pour autant donner le spectacle gênant d'un autodafé. La seconde, de maintenir le jour de la fête (26 juillet). La suppression d'un jour férié et de ses réjouissances dérangerait le calendrier et donc le rythme de vie des travailleurs. Il suffit de modifier le sens de la fête qui devient celle de la cité et l'occasion pour les prédicateurs d'évoquer avec fierté la victoire sur les égarements du passé. Pour autant que Goetze n'escamote pas de péripéties scabreuses, il faut conclure que les mineurs d'Annaberg étaient moins attachés à leur patronne que les intellectuels qui échangeaient des livres pleins d'insultes en son honneur.

En terre catholique, la sainte poursuit une belle carrière après avoir failli succomber aux épurations qui accompagnèrent le Concile de Trente; sa fête est confirmée en 1584[48]. La

---

[42] Goetze, *op. cit.*
[43] Cf. Schaumkell, *op. cit.*, p. 12 et Luther (W. A.), t. 36, p. 388.
[44] Goetze, *op. cit.*, p. 31.
[45] *Id.*, p. 30.
[46] *Id.*, p. 32.
[47] *Id.*, p. 20 et 34.
[48] *Dictionnaire de Spiritualité*, Paris, 1932-, t. 1, col. 673; E. Mâle, *L'art religieux après le Concile de Trente*, Paris, 1932, p. 396-397.

Bretagne du XVIIe siècle la vénère à grande pompe de pèlerinages[49]. Louis XIII est son dévot. Elle s'empare de la Normandie et prospère un peu partout en France et en Espagne[50]. Pourtant méfiants, les bollandistes reconnaissent dans les *Acta Sanctorum* ses miracles bretons[51]. Mais les derniers grands exploits de la sainte se produisent dans les milieux catholiques et réactionnaires du romantisme allemand. C. Brentano recueille les visions de Catherine Emmerick qui témoignent sans scrupules du triple mariage[52].

3. PORTRAIT DE SAINTE ANNE

Le résumé de l'histoire du culte montre qu'à la Renaissance, non seulement les excès des moines, mais encore l'existence de la sainte faisaient problème. La vigueur des polémiques donne un premier élément d'explication aux attitudes radicales, comme celle qu'exprime la gravure de Baldung. Mais le portrait moral prêté à la sainte fait apparaître une évidence tue qui sous-tend les attitudes contradictoires : sainte Anne est une sorcière.

Le portrait moral de la sainte se déduit d'abord de ses patronages, à la fois presque universels et cependant très spécifiques. Elle est à la fois la patronne des laïcs et des clercs, des matrones et des veuves[53]. Elle préside à la sexualité du couple autant qu'à l'abstinence des moines. Tandis qu'on lui dédie les confréries de femmes, les clercs l'invoquent pour garder la chasteté[54]. Comme sainte Marguerite, elle favorise les accouchements ; elle ressuscite même les enfants mort-

---

[49] Kleinschmidt, *op. cit.*, p. 388.
[50] *Id.*, p. 389-392 ; J. Fournée, *Le culte populaire des saints en Normandie*, t. 1, Paris, 1973 ; A. van Gennep, *Le culte populaire des saints en Savoie*, rééd. Paris, 1973, surtout p. 167-199.
[51] *Acta Sanctorum, loc. cit.*
[52] Cf. Kleinschmidt, *op. cit.*, p. 297 et ss.
[53] *Id.*, p. 414 et ss. ; Bächtold-Stäubli, *op. cit.*, t. 1, col. 448-451.
[54] Par ex. Kleinschmidt, *op. cit.*, p. 422 ; *Legenda S. Annae*, fol Eiii v ; *Acta Sanctorum*, t. 31, p. 261 et 269.

nés[55]. A travers son activité se concilient les exigences contradictoires de la natalité et du célibat. Cette dualité des patronages ne doit pas surprendre, car le sort de la matrone est souvent de devenir veuve. Les états matrimoniaux ne sont pas, comme les classes sociales par exemple, des groupes fixes. Sainte Anne ne préside pas tant à un état matrimonial qu'à la vie entière de l'homme, et surtout de la femme: modèle de l'éducation des vierges, elle favorise la fécondité du mariage, puis la chasteté du veuvage[56].

Mais dans ses patronages professionnels, elle se spécialise davantage au profit de métiers, manuels surtout, et féminins: fileuses, dentellières, couturières. La protection des palefreniers est intéressante, parce qu'au contact de l'animal diabolique, le cheval, ils ont souvent affaire aux sorcières[57]. Les mineurs, en prenant la sainte comme patronne, lui font côtoyer les mystères de l'alchimie et la transforment en symbole de la mine qui engendre la lune (Vierge, argent) et le soleil (Christ, or)[58]. La recherche de trésors enfouis relève de la magie[59], mais Anne y participe activement. On bénissait de son nom les filons métallifères à Annaberg[60]. A Schmiedeberg, dans le Riesengebirge, elle est même à l'origine de l'exploitation, d'après la tradition locale[61]: une jeune fille

---

[55] Pour les accouchements, Kleinschmidt, *op. cit.*, p. 425; pour les miracles: *Legenda S. Annae*, fol. Ciii r et ss. (histoire de Procope) et Luther (W. A.) t. 45, p. 261 et 528-529, qui les interprète comme diaboliques.

[56] Ajoutons qu'elle joue un rôle important de psychopompe et qu'on l'invoque sur le lit de mort. Mais cet aspect de son activité échappe à notre propos.

[57] Kleinschmidt, *op. cit.*, p. 422-423. Vincent de Beauvais (*Speculum Historiale*, l. 29, ch. 119) mentionne déjà le caractère diabolique du cheval. Contrairement au bœuf cet animal se laisse ensorceler par les sorcières. Les dangers du métier de palefrenier sont particulièrement évidents dans la gravure de Baldung appelée *Le palefrenier ensorcelé* (*Hans Baldung Grien*, p. 279, n° 77).

[58] Kleinschmidt, *op. cit.*, p. 419.

[59] A titre d'exemple, J. Hansen, *Quellen und Untersuchungen zur Geschichte des Hexenwahns...*, Bonn, 1901, n° 22, p. 14-15. Dans cet acte de 1339, la recherche de trésors enfouis est en plus qualifiée d'alchimie.

[60] Goetze, *op. cit.*, p. 24.

[61] Kleinschmidt, *op. cit.*, p. 417.

riche ne pouvait épouser le jeune homme pauvre qu'elle aimait. Anne lui apparut en rêve et lui dit d'aller chercher le marteau de son amant qui était apprenti forgeron (encore un métier magique !), puis d'aller à la montagne. Là où tomberait le marteau se trouve l'or. La découverte permit le mariage et favorisa toute la communauté. En remerciement, on construisit la chapelle sainte Anne en 1312.

Si sainte Anne est loin de n'être que la patronne des femmes, il faut observer qu'elle est une sainte féministe, le mot n'ayant rien d'anachronique à une époque où la querelle des femmes se manifeste autant à travers les spéculations sur la sorcellerie (la femme, de par son imbécillité naturelle est plus facilement sorcière que l'homme sorcier)[62], qu'à travers les réflexions favorables au sexe faible de Champier, d'Agrippa et de bien d'autres. Le recueil de légendes composé par le chartreux Pierre Dorland († 1507) fait trois fois de sainte Anne la protectrice des femmes contre l'oppression virile[63].

1. D'après un personnage digne de foi, une jeune femme de 24 ans qui avait perdu successivement trois maris décida de recourir enfin au veuvage, à l'imitation de sainte Anne dont elle était dévote. Un jeune amoureux éconduit organisa un rapt avec quatre mauvais garçons de ses amis. Au moment où ils allaient se saisir de la femme, sainte Anne leur apparut et les mit en fuite. La police les arrêta, mais la sainte était décidée à en faire ses fidèles. Aussi apparut-elle à sa protégée pour lui dire de ne pas porter plainte, mais de demander leur libération. Après leur acquittement, les cinq larrons se convertirent au couvent.

2. Près de Jérusalem vivait une jeune fille riche, belle et vertueuse qui s'appelait Anne et construisit une église à sa patronne. Elle était aimée d'un certain Ambrogès qui apprit, en revenant de guerre, qu'elle s'était mariée entre-temps avec un jeune homme riche et qu'elle était

---

[62] L'argument est très répandu. Discussion du problème dans: N. Paulus, *Hexenwahn und Hexenprozess, vornehmlich im 16. Jahrhundert*, Fribourg/B., 1910, p. 195-247 et dans: Hansen, *op. cit.*, p. 416-444.

[63] *Acta Sanctorum*, t. 31, p. 272 et ss., 276 et ss.

déjà mère de trois enfants. La passion éconduite devint criminelle. Un jour que la belle se rendait à l'église, l'amoureux étrangla son mari resté au lit et cacha le cadavre dessous. Anne fut miraculeusement seule à ne pas sentir la puanteur qui infestait toujours plus sa chambre à coucher. Y entrant quelques jours après, sa famille découvrit le corps. On arrêta la veuve, supposée coupable, on la supplicia cruellement et c'est en vain qu'elle invoqua sa protectrice. Sous la torture, elle finit par avouer tout ce qu'on voulait ; elle fut marquée au fer rouge et condamnée à mort. Mais voici que lui apparaissent dans sa cellule deux dames resplendissantes et un beau jeune homme qu'elle accepte de prendre comme avocat. Celui-ci va se présenter aux juges et leur demande ce que ferait un roi très puissant, s'il avait juré à sa mère et à sa grand-mère de protéger leurs serviteurs et qu'on torturait l'une de leurs servantes. Après des hésitations, les juges répondirent que le roi punirait les tortionnaires, sauf si leur méfait était involontaire. Le jeune homme leur fit remarquer que cette nuance les avait sauvés. La grand-mère ressuscita le mari défunt et le jeune homme fit les présentations : il s'appelait Jésus et les deux femme Marie et Anne. L'accusée fut guérie de ses blessures et Ambrogès mis en pièces par un démon.

3. Une veuve jeune et belle était courtisée par le gouverneur de la ville. Elle l'éconduisit et il la fit mettre en prison pour se venger. Sainte Anne apparut à la captive, la délivra de ses liens et la transporta miraculeusement à l'église. La même nuit périt le bétail du gouverneur. Découvrant tout, celui-ci s'écria : « Cette femme est une sorcière qui, avec l'aide du diable, non seulement se délivra de ses chaînes, mais tua cruellement mes bêtes ». Il la fait arrêter une seconde fois, supplicier et enfermer, mieux enchaînée, pour être brûlée le lendemain. C'est en vain qu'elle lui explique qu'elle n'est pas une sorcière et que sainte Anne est à l'origine des deux miracles. Mais durant la nuit, la sainte apparaît à nouveau, soigne ses blessures, la transporte à l'église et tue la femme et les deux fils de son ennemi, lequel décide de brûler la sorcière sans plus tarder. Les soldats ne trouvent dans le

cachot que la délicate odeur laissée derrière elle par la sainte et se convertissent. Décidé à se rendre justice lui-même, le gouverneur se précipite à l'église où il trouve sa victime en dévotion devant une Trinité de sainte Anne. Il veut la saisir, lorsque la sainte sort du tableau pour la protéger. Dans son égarement, il lève la main sur l'apparition, mais la Vierge, assise sur les genoux de sa mère, le frappe vigoureusement au bras. Le gouverneur se retourne contre la fille lorsque Jésus, assis sur les genoux de cette dernière, s'écrie d'une voix terrible qu'il brûlera le jour même avec son palais. Le palais prend feu aussitôt et un démon jette le malfaiteur dans le brasier. Toute la ville se convertit au culte de sainte Anne et la veuve fut priée de la gouverner, ce qu'elle fit avec sagesse et dans la chasteté pendant plus de 35 ans.

Les trois légendes mettent en scène des veuves et insistent sur leur dévotion à la sainte qui va jusqu'à l'imitation scrupuleuse, puisque la première eut trois maris et la seconde trois enfants. Les trois femmes sont chastes mais séduisantes, ce qui cause leurs ennuis. La première échappe au rapt par une intervention surnaturelle qui, si nous ne savions pas qu'elle est celle de sainte Anne, passerait pour de la sorcellerie. La seconde est traduite en justice, faussement accusée d'avoir tué son mari et on s'étonne presque que l'accusation de sorcellerie ne soit pas formulée. Mais dans le troisième récit, l'accusation vient enfin, dès les premiers miracles punitifs. Si nous n'étions pas avertis que sainte Anne est l'auteur de ces actes, nous croirions avoir affaire à un cas classique de sorcellerie: transport à travers les airs, envoûtement mortel de bétail et d'êtres humains, disparition des marques sur le corps de l'accusée. Autrement dit, Dorland présente un cas de sorcellerie, mais en donne une interprétation tendancieuse, remplaçant simplement le diable par sainte Anne. Ensuite, en donnant au pouvoir l'aspect d'un gouverneur indigne qui brûle d'un feu impur pour la jeune veuve et se venge d'elle par les moyens de la justice, il met en accusation l'accusateur et fait du maléfice la justice du ciel.

Nous ne savons pas si l'attitude de Dorland était intentionnelle, s'il inventa ces histoires ou les transcrivit avec la plus grande naïveté, mais, en tout cas, ces miracles restèrent inédits jusqu'aux bollandistes. Quelle aurait été leur influence idéologique s'ils avaient été largement diffusés vers 1500? Ils constituent une prise de position en faveur des veuves, sinon des sorcières. Les veuves sont en effet un gibier de choix pour les inquisiteurs, puisqu'elles n'ont ni la protection d'un mari, ni en général celle d'un père. Du même coup, elles sont les seules femmes émancipées, disposant d'un patrimoine, pouvant exercer leur lubricité sans aucune tutelle, soit qu'elles se remarient avec un jouvenceau intéressé à leurs biens – et nous rencontrons le couple d'âge inégal, détesté des moralistes, ridiculisé par l'iconographie – soit encore en préservant leur veuvage, créant la haine des éconduits, se convertissant aux pratiques illicites de la sorcellerie, telle pour s'attacher un amant, telle pour rendre impuissant qui dédaigne ses propositions.

Peut-être, la situation démographique du milieu du XVe siècle donna-t-elle une vigueur particulière à ces problèmes. Dans son *Flagellus Maleficorum* (1462), Petrus Mamoris considère la Guerre de Cent Ans et ses malheurs comme l'origine d'une recrudescence de la sorcellerie[64]. Sans penser spécialement au présent, les auteurs du *Malleus Maleficarum* mettent la sorcellerie sur le compte d'un « duel pénible entre les femmes mariées et non mariées et les hommes »[65]. Mais la remarque peut bien leur avoir été inspirée par une situation actuelle autant que par leur érudition.

La sainte Anne de Dorland fait triompher une femme faussement accusée de sorcellerie, mais le seul fait de parler ainsi d'une femme suspecte est une prise de position dans un débat où on ne s'embarrassait pas toujours de nuances. Les invectives du *Malleus* contre ce genre de scepticisme prouvent qu'on s'en inquiétait[66]. La notion de fausse sorcière est d'ailleurs réfutée: les anges gardiens ne permettraient pas

---

[64] Hansen, *op. cit.*, n° 32, p. 208-209.
[65] H. Institoris, J. Sprenger, *Le marteau des sorcières*, trad. fr. A. Danet, Paris, 1973, p. 204.
[66] *Id.*, p. 118 (bulle d'Innocent VIII reproduite par les auteurs), p. 122 (approbation des docteurs de l'Université de Cologne) et p. 133-136. De même Mamoris (cf. note 64) qui traite les sceptiques d'*hebetes*.

qu'une honnête femme soit accusée d'un tel crime[67]. Non seulement Dorland raconte le contraire, mais il disculpe la sorcière en faisant endosser à la sainte la responsabilité des maléfices.

D'autres légendes nous montrent combien sainte Anne se prêtait à ce rôle, commettant à peu près tous les actes qu'on reproche aux sorcières. Elle apparaît souvent comme guérisseuse, en particulier dans les choses du sexe, assurant la fécondité et la réussite des accouchements[68]. Mais elle peut le contraire, calmer les tentations d'un dominicain ou empêcher le mariage de Procope[69]. Elle ressuscite les nouveaunés, mais provoque l'avortement[70]. Elle apaise les tempêtes, mais les déchaîne aussi, tout en tuant le bétail. L'histoire d'un enfant prodigue, tirée de la légende de Lotter, donne une synthèse exemplaire de ses comportements[71].

> Le fils d'un proconsul menait une vie dissolue dans une cité opulente, mais des malheurs s'abattirent sur lui. Ses parents moururent de la peste et il tomba dans la pauvreté. Ses amis l'abandonnèrent et aussi, semble-t-il, la protection divine, car la foudre détruisit sa maison, ses biens, son bétail. Comme Job et Tobie, il devient la risée de tous (noter que Job et Tobie sont des exemples classiques de maléficiés dans la littérature démonolo-

---

[67] Institoris – Sprenger, *op. cit.*, p. 395-396.

[68] Cf. note 55.

[69] *Acta Sanctorum*, t. 31, p. 269 et *Legenda S. Annae*, fol. Ciii r et ss.

[70] *Acta Sanctorum*, t. 31, p. 271 et ss. Une femme riche et stérile se fait conseiller par une pauvresse très féconde de s'adresser à sainte Anne pour avoir des enfants. Elle honore copieusement la sainte et son vœu se réalise. Mais lorsqu'elle sent bouger l'enfant dans son ventre, elle croit nécessaire d'arrêter les frais. Pour la punir, sainte Anne provoque l'avortement. *In suum dedecus abortum faciens, fœtum protulit rigidum et extinctum*. Mais l'histoire finit bien, car le mari dont la piété était restée inébranlable obtient par ses prières la résurrection de l'enfant. En tout cas, provoquer l'avortement est un maléfice typique des sorcières (cf. Institoris – Sprenger, *op. cit.*, p. 246 et ss.): «personne ne nuit tant à la foi catholique que les sages-femmes», qui sont fréquemment sorcières et pratiquent ces méfaits. En tant que sage-femme, sainte Anne assume toute l'ambivalence attribuée à ce métier.

[71] *Legenda S. Annae*, fol. Cv r et ss.

gique)[72]. Ayant honte de mendier dans une ville où il est trop connu, il s'en va en pèlerinage à Saint-Jacques-de-Compostelle. Ne sachant quel saint il conviendrait d'invoquer dans son cas (il ne sait pas qui l'a frappé) il rencontre un pèlerin qui lui conseille de s'adresser à sainte Anne et se présente comme le petit-fils de celle-ci, saint Jacques en personne. A Compostelle, le jeune homme se fait instruire du culte nouveau qui y était déjà introduit. Il vend les quelques bijoux qui lui restent pour offrir une statue à sainte Anne. La chance commence à revenir, car il entre dans la suite du roi. Lors d'une traversée, il obtient de sa protectrice de calmer la tempête et devient ainsi un favori du roi. Toujours désargenté cependant, il se plaint à la statue. L'enfant Jésus se détache du sein de sa mère (il s'agissait donc de nouveau d'une Trinité de sainte Anne) et lui dit que, s'il s'est bien conduit envers la grand-mère, il a oublié le petit-fils. Le fidèle trouve encore moyen de lui faire une offrande, mais se voit rappeler qu'il en faut encore une pour la Vierge. Aussi vend-il sa bourse pour offrir un cierge. Après quelques péripéties, il est copieusement enrichi par le roi et fait tant d'offrandes à sainte Anne et à sa famille qu'à sa mort, la Vierge vient à son chevet et s'adresse à lui comme à son frère.

La Trinité de sainte Anne est donc une image qui a de l'appétit pour trois, et le culte de la sainte semble avoir bien mérité les sarcasmes dont l'accablèrent les Réformateurs. Luther: « Et qui voulait devenir riche uniquement, prenait sainte Anne comme patronne. »[73] Mais on remarque aussi l'ambivalence morale de la sainte, et d'ailleurs des saints guérisseurs en général: *Il y a bien encore une autre différence notable,* écrit Henri Estienne, *entre les saincts qu'on*

---

[72] Par ex. Institoris – Sprenger, *op. cit.* Nombreuses références aux deux personnages auxquels il faut ajouter saint Paul, à cause de son mal mystérieux (2 Cor. 12, 7). L'iconographie développe le thème de Job victime de sa sorcière de femme. Voir en particulier une eau-forte tirée de Maarten van Heemskerck dans F. W. H. Hollstein, *Dutch and Flemish Engravings and Woodcuts*, Amsterdam, 1949-, t. 8, p. 262.

[73] Luther (W. A.), t. 47, p. 383: *Und wer nur reich werden wolte, der hatte S. Anna zum Heiligen.*

dit faire profession de l'art de médecine en paradis, et les autres médecins qui sont parmi le monde: c'est que chacun des saincts peut envoyer la mesme maladie de laquelle il peut guarir [...] ainsi ne faut-il douter que S. Antoine et autres semblables saincts n'ayent esté adorez autant et plus pour crainte du mal qu'ils pouvoyent faire, que par espérance de quelque bien[74]. Plus encore que ses patronages, c'est l'analogie entre les actes supposés de sainte Anne et ceux des sorcières qui lui donne une place de choix parmi les saints douteux. En ce sens, elle a un rival qui demanderait une étude semblable à celle-ci, saint Antoine. Luther, décrivant dès 1518 le panthéon des idolâtres, met saint Antoine en tête des dieux et sainte Anne en tête des déesses, avec une suite composée de Barbe, Catherine, Dorothée et Marguerite[75].

4. TROIS DÉVOTS DE SAINTE ANNE

Les agissements de la sainte sur la terre et dans les cieux rendent irrésistible l'association d'idée avec la sorcellerie, ce qui suffirait à motiver la gravure de Baldung. Mais je dois reconnaître qu'aucun texte par moi consulté ne prononce explicitement le blasphème attendu. La proposition « sainte Anne est une sorcière » est comparable au contenu latent d'un mot d'esprit selon Freud[76]: elle gît sous des énoncés qui révèlent et censurent à la fois. Trois exemples, pris dans les écrits de dévots occasionnels de sainte Anne, permettront

---

[74] H. Estienne, *Apologie pour Hérodote*, éd. P. Ristelhuber, Paris, 1879, t. 2, p. 324 et ss.

[75] Luther (W. A.), t. 1, p. 412 et ss. Dans le passage mentionné à la note précédente, Estienne utilise longuement l'exemple de saint Antoine.

[76] S. Freud, *Le mot d'esprit et ses rapports avec l'inconscient*, trad. fr. M. Bonaparte, rééd. Paris, 1969. Un excellent exemple p. 107-108: deux marchands peu scrupuleux inauguraient leurs portraits. Un amateur d'art qui assistait à la cérémonie proposa de placer un Christ entre les deux tableaux. Je suis sûr que, si l'histoire provenait d'un ouvrage de la Renaissance, elle servirait à attester la loi profonde et naïve de la période. En fait, l'amateur d'art voulait dire que les deux négociants sont des larrons, avec un sens de la litote dont Erasme, Luther et Hutten vont maintenant nous donner d'autres exemples.

d'analyser ce fonctionnement. Satisfaits de voir la sainte fléchir de si mauvais chrétiens, ni Charland, ni Kleinschmidt ne furent sensibles à l'ambiguïté des propos d'Erasme, de Luther et d'Ulrich von Hutten.

Erasme, bien connu comme adversaire du culte des saints, écrivit dans sa jeunesse un long poème en l'honneur de sainte Anne[77] qui reprenait à la *Légende dorée* les différents épisodes de sa vie sous la forme narrative : stérilité d'Anne, indignité et retraite de Joachim, annonciations, etc., puis recommandait de s'adresser à la sainte dans ses prières, car la piété filiale de Marie et de Jésus ne saurait rien refuser à l'aïeule. Seule réticence notable d'Erasme face à la légende, il ne parle pas du trinubium.

Le 27 janvier 1501, l'humaniste envoie à sa protectrice Anne de Borselen l'une des lettres les plus serviles qu'il ait écrites[78]. Il a besoin d'argent pour voyager en Italie et écrit sur le conseil de son ami Jacques Batt, vivant auprès de la châtelaine. Pour bien mettre en valeur la chasteté de la jeune veuve, il compare son veuvage à la virginité et, après avoir énuméré les trois Anne que les lettres ont fait connaître à la postérité, propose d'y joindre Anne de Borselen comme quatrième : « Ah ! Que [mes écrits] à présent aient donc un pouvoir tel que la postérité connaisse ton cœur si pieux, si candide, si chaste et t'ajoute aux trois autres comme une quatrième Anne. » Il lui offre deux poèmes : « Je t'ai envoyé, Anne, un poème – ou plutôt des vers – sur Anne, écrits en manière de jeu lorsque j'étais encore tout jeune ; car depuis ma plus tendre enfance, j'ai eu une ardente dévotion pour cette sainte. J'y ai ajouté quelques invocations, sortes d'incantations magiques, pour te permettre de faire descendre du ciel, pour ainsi dire sans son consentement, non pas la lune proprement dite, mais cette autre lune qui engendra le soleil de justice, bien qu'il doive être très facile d'invoquer une

---

[77] *The Poems of Desiderius Erasmus*, éd. C. Reedijk, Leyde, 1956, p. 201-205. L'éditeur place le poème avant 1489 d'après les affirmations d'Erasme et le style.

[78] Erasme, *Opus epistolarum*, éd. P. S. Allen, Oxford, 1906-1958, t. 1, p. 342 à 346, lettre 145.

vierge avec des vœux virginaux. Car je te range parmi les vierges, plutôt que parmi les veuves...»[79].

Que signifie cette prose contournée? Erasme offre deux poèmes à sa protectrice, celui sur sainte Anne et un autre de prières à la Vierge. La dame est l'objet de deux comparaisons à la fois: 1) par son prénom, elle devient sainte Anne; 2) par l'utilisation qui lui est proposée du second poème, une sorcière, car faire descendre la lune sur terre est une pratique supposée de ces mauvaises femmes. Les deux comparaisons s'enchaînent logiquement, car sainte Anne dont la dame de Borselen est l'image fit bien venir au monde la lune qui engendra le soleil, la Vierge mère de Jésus. Si les veuves sont souvent des sorcières, une sorcière ne peut être vierge. L'explication de cette magie par une sympathie occulte entre la quasi-virginité des deux veuves et la virginité de Marie contient donc une antiphrase perfide, imprudente dans une lettre de sollicitation. Mais Erasme ne considère pas sa correspondante comme assez intelligente pour s'en rendre compte.

Le lecteur s'étonne peut-être des mauvaises intentions prêtées à Erasme, mais deux autres lettres de lui confirment son mépris pour Anne de Borselen. Le même jour, il écrivit à Jacques Batt une lettre insultante[80]. Son ami, trop lâche pour intercéder auprès de leur protectrice commune, l'a obligé, lui Erasme, à écrire les pires flagorneries à cette femme débauchée qui entretient d'infâmes parasites au lieu de subvenir aux besoins du génie infortuné. Une seconde lettre, bien plus

---

[79] Je m'écarte de la traduction de M. Delcourt (*Correspondance d'Erasme*, Paris, 1968-, l. 1, p. 321) sur un contresens qui fait d'Erasme le sujet des invocations («quelques conjurations auxquelles je recours comme aux supplications des magiciennes... »). En sollicitant ainsi le texte, la traductrice amène Erasme à faire l'éloge implicite de sa propre virginité alors qu'il s'agit de celle qu'il prête à sa correspondante. Voici le texte original: *Misi te tibi, Annam Annae, carmen vel rithmos potius a me puero admodum lusos; nam iam inde a tenellis inguiculis eius Divae pietate flagravi. Misi praeterea obsecrationes quasdam, quibus ceu magicis precaminibus possis non lunam illam, sed eam quae iustitiae solem genuit, coelo vel invitam, ut ita loquar, devocare; quanquam ea quidem solet esse facillima, si virgo virgineis vocis vocetur. Nam te quidem non tam in viduis quam in virginibus pono...*

[80] Erasme, *Opus epistolarum*, t. 1, p. 346 et ss., lettre 146.

tardive, destinée à Jean Botzheim, fait le catalogue complet des écrits d'Erasme, au 30 janvier 1523[81]. Il s'agit d'une lettre littéraire, destinée à la publication immédiate. Il dit avoir ajouté au célèbre *Enchiridion militis christiani* une lettre à Adolphe de Veere et deux poèmes à la Vierge, dédiés à la mère d'Adolphe, Anne de Borselen, œuvres d'un style juvénile, plus conforme aux goûts de cette femme qu'à son propre jugement[82]. Le poème sur sainte Anne se trouve dans l'*Enchiridion* publié en 1518, mais aussi dans les *Epigrammata* qui précèdent ce livre de quelques mois et dans une édition indépendante, glosée par Jacques Spiegel en 1519[83]. Il s'en déduit que, si Erasme n'avait encore aucune gêne à exhiber de 1518 à 1519 ce poème qui évite le dangereux trinubium, il en parle en 1523 en s'excusant et substitue – volontairement ou non – la Vierge à sainte Anne. D'autre part, il fait retomber sur son ancienne protectrice la responsabilité de cette démonstration de mauvais goût juvénile. Quant à la lettre servile de 1501, sa malice permettait pour le moins à Erasme de mettre les rieurs de son côté.

Le jeune Luther partageait avec le jeune Erasme cette «ardente dévotion» pour sainte Anne. En y faisant allusion longtemps après, il nous apprend qu'avant de devenir le grand réformateur, il présentait les comportements typiques d'une piété d'influence monastique. De 1517 à sa mort, il revient assez souvent sur la sainte, avec l'acharnement de celui qui brûle ce qu'il a adoré[84].

Deux propos de table concernent un incident qui aurait déterminé l'entrée de Luther au couvent, en juillet 1505. Il raconte le 16 juillet 1539 que, 14 jours avant de devenir moine, il cheminait aux environs d'Erfurt et fut terrorisé par

---

[81] *Id.*, p. 1 à 46, lettre 1.

[82] *Id.*, p. 20: *Huic adieceramus Epistolam paraeneticam ad Adolphum principem Veriensem, tum admodum puerum. Praeterea duas Precationes ad Virginem Matrem, in gratiam matris illius, hoc est Annae dominae Verianae, stilo iuvenili et ad illius affectum accomodato potius quam ad meum iudicium. Post, unam addidi ad Iesum, magis ex animo meo.*

[83] *The Poems of Desiderius Erasmus*, p. 201-202.

[84] Schaumkell, *op. cit.*, p. 11-14, donne l'essentiel de ces textes.

la foudre[85]. « A l'aide sainte Anne ! s'écria-t-il, je veux être moine ». Par bonheur, Dieu comprit cette exclamation en hébreu (jeu de mot sur *Anna* et *Channah* qu'il traduit *sous la grâce* par opposition à *selon la loi*). Luther eut quelques regrets, on chercha à le décourager, mais il tint bon. Au couvent, il ne pensa jamais à défroquer : il était mort au monde jusqu'au moment où les exactions de Tetzel (à Annaberg) et les incitations de Staupitz le dressèrent contre le pape. D'autres propos de table confirment qu'il était mort au monde durant son séjour au couvent : il reconnaît par exemple n'y avoir connu aucune tentation charnelle[86]. L'invocation de l'« idole », réputée favoriser la chasteté des moines, lui avait donc réussi, mais le vœu était réversible grâce à un quiproquo salutaire. Dieu reprit son serviteur et, par la suite, lui permit le mariage.

Sans entrer en contradiction avec celui de 1539, un autre propos de table donne des détails complémentaires, l'été de l'année suivante[87] : « La cause de son entrée au couvent fut que, terrorisé par le tonnerre alors qu'il était en marche devant la cité d'Erfurt, il fit un vœu à sainte Anne et, s'étant à peu près fracturé le pied, se voua au couvent. » L'éditeur considère ce récit comme une confusion possible avec un autre propos rapporté par Veit Dietrich pour l'année 1531[88]. Voulant rentrer dans sa patrie, Luther se cassa la cheville sur une épée, près d'Erfurt. Seul avec un compagnon, il souffre d'une grave hémorragie, et déclenche une inflammation en voulant la faire cesser. Un médecin fut amené et le soigna. En péril de mort, Luther s'écria : « A l'aide Marie ! » « Je serais mort sur [le mot de] Marie, dit-il ». Puis, au lit, sa blessure s'ouvrit. Il s'affaiblit et invoqua encore la Vierge. C'était le troisième jour après Pâques. Un autre propos encore fait allusion à l'accident et le situe lorsque Luther était bachelier à

---

[85] Luther (W. A.), *Tischreden*, t. 4, n° 4707, p. 440.
[86] Par ex., *id.*, t. 1, n° 518, p. 240 (propos de 1533).
[87] *Id.*, t. 5, n° 5373, p. 99 : *Causa autem ingrediendi monasterii fuit, quia perterrefactus tonitru, cum despatiaretur ante civitatem Erphordiae, vovit votum Hannae, et fracto propemodum pede gelobt er sich ins Kloster.*
[88] *Id.*. t. 1, n° 119, p. 46.

Erfurt[89]. Cet ensemble de données paraît contradictoire. Y a-t-il confusion entre deux événements ou déformation d'un seul récit ?

Les *Propos de table* sont souvent obscurs et ne peuvent être pris au pied de la lettre. Non seulement la notation de ces bons mots par des disciples pose à certains des problèmes d'authenticité, mais encore leur caractère allusif exige un déchiffrement patient où soit faite la part de la plaisanterie et du sérieux dogmatique, du folklore et de la théologie, de la mise en scène et de la sincérité. Paulus reprochait aux historiens protestants d'écarter comme apocryphes ceux de ces propos qui ne leur plaisaient pas et lui-même prenait sans doute trop au sérieux ceux qui lui semblaient confirmer ses thèses[90]. Pensant comme lui que les disciples de Luther les ont reproduits avec un respect religieux, je crois par contre nécessaire de les comprendre au second degré, dans leur valeur d'exemples plutôt que comme anecdotes véridiques. Qu'importe le désaccord de plusieurs propos sur un événement biographique si chacun possède une signification morale.

Inutile donc de chercher la vérité biographique, les états d'âme ou, comme Erikson, le complexe d'Œdipe du jeune Luther, derrière les différentes combinaisons du thème de l'invocation et de la blessure. Quelle que soit sa valeur, le propos mis en doute par l'éditeur dit que le futur moine invoqua sainte Anne, *puis* se cassa à peu près le pied. L'invocation à la Vierge se produisit par contre *après* un accident semblable, mais Luther imagine qu'il aurait pu mourir sur ces mots et raconte qu'ils furent suivis d'une aggravation. Dans ses deux versions, l'invocation de sainte Anne suit l'effroi devant la foudre, ce qui est normal, car la sainte déclenche ou apaise l'orage à volonté. Dans les trois cas, l'accent est mis après coup sur la vanité du culte des saints et on peut se demander si la substitution de la Vierge à sainte Anne dans l'une des histoires n'est pas, comme chez Erasme, une légère édulcoration. Dans ce contexte, le propos

---

[89] *Id.*, t. 5, n° 6428.
[90] N. Paulus, *Hexenwahn*, p. 20-47 (*Luthers Stellung zur Hexenfrage*).

litigieux devient intéressant, puisque la blessure est le châtiment de l'idolâtrie et rend Luther tout juste bon à entrer au couvent. On pense à ce qu'il dit ailleurs: «Si tu invoques sainte Anne, saint Christophe, etc., le diable t'aidera vite.»[91] Surtout, le pied, comme le membre viril dont il tient souvent lieu symboliquement, est l'une des cibles favorites des sorcières. Luther aurait-il été «ensorcelé» par son idole? C'est très vraisemblablement le sens du propos, car dans ses sermons, il assimile l'action miraculeuse des saints – en particulier un miracle de sainte Anne – à la sorcellerie. De plus, dans la lettre introductive du *De votis monasticis*, il rappelle à son père ce que celui-ci pensait de l'accident et le reprend à son compte: «Pourvu, disais-tu, que ce ne soit pas illusion et prestige!»[92] Le vieux mineur savait sans doute beaucoup de choses sur la patronne de sa profession.

Lors de son voyage à Rome en 1515, Ulrich von Hutten fut accueilli, comme beaucoup d'Allemands de passage, par un généreux amphitryon, le protonotaire pontifical Corlitz qui avait commandé l'année précédente la sainte Anne de Sansovino. Comme tribut de son hospitalité, il demandait à ses amis poètes des vers sur la statue qui constituèrent en 1524 l'édition des *Coryciana*[93]. Hutten dut se trouver dans un étrange conflit entre ses convictions et la reconnaissance due

---

[91] Luther (W. A.), *Tischreden*, t. 2, n° 1289, p. 30. Cf. aussi n° 2353, p. 429.

[92] L'assimilation progressive de toute action surnaturelle sur terre à celle du diable est un point fondamental de la doctrine de Luther. Elle exclut en somme tout contact avec le surnaturel dont on puisse se vanter. Si, dans l'immédiat, elle favorise la persécution des sorcières, elle débouche à terme sur un univers désacralisé. Il suffit de placer le diable et la tentation du côté de l'«l'âme», du monde intérieur, pour obtenir ce résultat. Explication des miracles de sainte Anne par l'intervention du diable: Luther (W. A.), t. 45, p. 529 (commentaire de Jean 14 et 15 en 1538). L'action des sorcières est donnée en exemple des prodiges diaboliques, puis les miracles y sont assimilés. Voir aussi t. 45, p. 261, Sermon du 18 novembre 1537 sur Matthieu 24). Lettre de Luther à son père au début du *De votis monasticis*, 1521 (t. 8, p. 573-574): *Utinam (aiebas) non sit illusio et praestigium. Id verbi, quasi deus per os tuum sonaret, penetravit et insedit in intimis meis, sed obfirmabam ego cor, quantum potui adversus te et verbum tuum.*

[93] Geiger, *op. cit.*

à son hôte, car les épigrammes qu'il rédigeait au même moment sont des diatribes contre l'idolâtrie romaine, l'infamie des papes et le culte des statues. Plutôt que de modérer son enthousiasme, il se convertit de bon cœur à la pratique superstitieuse.

Dans un premier poème, il énumère les cultes païens de la Rome antique, puis se convainc qu'il vaut mieux abandonner ces faux dieux pour celui de Corlitz, sa mère et sa grand-mère[94]. Aussi écrit-il un autre poème, au sujet de sa maladie du pied. Si sainte Anne le guérit, son autel ne manquera jamais ni de cierges ni d'encens[95]. Il avait d'ailleurs fait les mêmes promesses à Dieu dans un poème des *Epigrammes*[96]. Mais dans l'invocation à sainte Anne, comme dans les quatre autres poèmes qu'il écrivit pour les *Coryciana*, la sincérité de Hutten n'est pas probable, vu qu'il se plaint assez de ces pratiques dans les *Epigrammes*[97] et dénonce précisément l'invocation des saints à but médical dans le *Traité du bois de gaïac*, paru en 1518[98].

Quel est le mal de pied dont souffre le poète ? il en parle abondamment dans les *Epigrammes*. Pendant le siège de Pavie, ce mal le met dans l'impossibilité de se battre et il enrage de ne pouvoir servir son empereur[99]. Il n'est d'ailleurs pas seul à souffrir du pied, car le même mal frappe tant de jeunes soldats devant Pavie et le pape Jules II en est mort[100]. Le *Traité du bois de gaïac* contient une description minu-

---

[94] U. von Hutten, *Opera*, éd. E. Böcking, Leipzig, 1859-1870, t. 3, p. 271-272, n° 1, v. 13-16 : *Falsis ista deis : cultu meliore dicata est / Ara salutifero Coritiana deo ; / Hic natum matremque roges aviumque licebit, / Non falsos vera relligione deos.*

[95] *Id.*, p. 272, n° 3, v. 5-6 : *Da morbum cessare pedis, da robur ademptum, / Sic nunquam his desint ceraque thusque focis.*

[96] *Id.*, p. 218, n° 25.

[97] En particulier, *id.*, p. 278 et ss. : *Ad Crotum Rubianum, de statu romano*; p. 278, n° 1, v. 2 : *Hic, ubi cum sacris venditur ipse deus*, v. 19-20 : *Desine velle sacram imprimis, Crote, visere Romam : / Romanum invenies hic, ubi Roma, nihil.*

[98] *Id.*, t. 5, *De guaiaci medicina et morbo gallico*, p. 400-402 et 415.

[99] *Id.*, t. 3, p. 212, n° 11 ; p. 213, n° 14 ; p. 225, n° 47.

[100] *Id.*, p. 218, n° 26.

tieuse de la syphilis dont Hutten était atteint[101]: la maladie évolua en goutte du pied gauche et se maintint essentiellement sous cette forme pendant huit ans, c'est-à-dire depuis 1510 environ. Lorsque Hutten parle de son mal de pied, c'est donc à la fois une réalité et un euphémisme pour désigner la maladie vénérienne. Lorsqu'il utilise la même expression à propos des soldats et du pape, cela devient un pur euphémisme. Dans une épigramme dédiée « à un certain évêque à Rome, médecin insigne », censé guérir la syphilis, le mal est cette fois désigné par le mot *pudendagra pestis*, visiblement composé à partir de *pudenda* sur le modèle de *podagra* qui signifie goutte[102]. La substitution refait en sens inverse le chemin de l'euphémisme. On peut donc reconstituer avec une assez forte probabilité de succès la suite des idées de Hutten devant la statue de Sansovino. Il décida d'invoquer la sainte contre la syphilis, car cela rentre bien dans ses attributions les plus douteuses, et adoucit la verdeur du propos en ne parlant que de son pied. La sainte Anne de Sansovino, plus pudique que celle de Baldung, ne se contente-t-elle pas de tenir l'enfant par le pied, geste fréquent dans les madones de Raphaël ?

Le propos de Luther est-il sous-tendu par une plaisanterie du même ordre ? Compte tenu du ton très libre des *Propos de table*, l'histoire du pied pourrait bien vouloir dire que la sainte priva Luther de l'aiguillon de la chair pour en faire un moine et que le charme ne cessa qu'en 1517. Même si ce dernier point reste hypothétique, les trois textes d'Erasme, de Hutten et de Luther ne prennent un sens que si l'on suppose une rumeur lancinante, une phrase qui se chuchote autour de 1500 : sainte Anne est une sorcière.

---

[101] *Id.* t. 5, p. 406 : *Mihi tale quoddam tuber supra talum sinistri pedis intorsum postquam semel callum induxerat, octo totos annos nulla permutationum vi, nullis fomentis emolliri aut ut suppuraret cogi potuit; videbaturque os id esse, donec guaiaci nuper medela dissipatum evanuit*; p. 482 : *Primum sinistro pede eram inutilis iam, haerente ibi octo plus annis morbo...*

[102] *Id.*, t. 3, p. 282, n° 15, v. 1-2 : *Urbe frequens tota te prodit, episcope, rumor / Posse pudendagrae pestis obesse malo.*

5. TRITHÈME PROMOTEUR DU CULTE DE SAINTE ANNE

Saint Antoine avait un ordre à sa dévotion, les antonites qui portaient le tau sur leur vêtement, une communauté critiquée, mais puissante et riche. Sainte Anne ne possédait pas un corps constitué de serviteurs, mais de vigoureux gladiateurs des lettres portaient ses couleurs, ce qui n'était pas le cas de son homologue masculin. Trois noms se détachent, célèbres à d'autres titres, liés par des préoccupations communes et l'amitié: Trithème, Lefèvre d'Etaples et Agrippa. Tandis que Lefèvre s'intéressait à la cabale et à l'hermétisme, les deux autres entrent dans la catégorie des grands hommes faussement (?) accusés de magie. Ils acquirent de leur vivant une réputation de sorciers et participèrent ainsi à la genèse du mythe de Faust[103]. Agrippa ne s'est pas caché, mais vanté dans le *De vanitate*, d'avoir sauvé une sorcière lors de son séjour à Metz. Un disciple d'Agrippa, Jean Wier, écrivit le traité de démonologie le plus favorable aux «pauvres femmes» de tout le XVIe siècle[104].

Anne étant la protectrice des vieilles femmes, et donc virtuellement de bien des sorcières, la promotion fracassante de son culte, orchestrée par Trithème dès 1494, pourrait bien être, cinq ans après la publication du *Malleus*, une contre-attaque destinée à prévenir la démonomanie des inquisiteurs. Plusieurs passages du *De laudibus S. Annae* autorisent cette hypothèse.

---

[103] Voir surtout: K. Arnold, *Johannes Trithemius (1462-1516)*, Wurzbourg, 1971, p. 180-200. Contient l'essentiel des références bibliographiques, mais sous-estime le problème.

[104] Jean Wier, *Histoires, disputes et discours des illusions et impostures des diables...*, rééd. Paris, 1885, 2 vol. L'intervention d'Agrippa à Metz se déroula en 1519; elle est donc absolument contemporaine de la rédaction du traité sur sainte Anne, en appendice duquel figurent trois lettres relatives au procès, dans l'édition de 1534. Analyse très détaillée de l'affaire de Metz dans: W. Ziegeler, *Möglichkeiten der Kritik am Hexen- und Zauberwesen im ausgehenden Mittelalter...*, Cologne – Vienne, 1973, p. 137-199, un des très rares livres qui abordent le problème du scepticisme face à la démonomanie au lieu de supposer a priori un large consensus du corps social, fondé sur le *Zeitgeist* ou, comme on dit maintenant, les mentalités.

La crédulité ne doit pas avoir motivé l'intervention de Trithème en faveur de la sainte: dans la lettre introduisant le traité, il avoue ne pas faire grand cas de la légende. S'il ne l'attaque pas, c'est pour ne pas scandaliser les simples[105]. La table des matières annonce un chapitre 14 consacré aux miracles de la sainte. Mais en tête du chapitre, nous trouvons un titre plus prudent: «Que la bienheureuse mère Anne rémunère ses fidèles abondamment, autant dans cette vie qu'au delà.»[106] Et l'auteur explique aussitôt pourquoi il ne parlera pas des miracles, «non qu'ils contiennent en eux-mêmes quelque élément d'erreur, mais parce que les modernes qui se croient savants, ne croient pas aux miracles pour la plupart, mais les dénigrent. Or je ne veux pas donner l'occasion de dénigrer...»[107]. Cette habile conduite entre les écueils de la crédulité et de l'incrédulité n'est donc pas un exposé de convictions personnelles. Il serait aussi vain de vouloir expliquer l'action de Trithème au service de sainte Anne par l'enthousiasme de sa piété que de trouver naïves les querelles qui agitaient il y a quelques années la Chine Populaire à propos de Confucius. Tout comme les hommes de la Révolution Culturelle, Trithème poursuit un but qu'il faut découvrir.

Plus souvent qu'une idole théophanique, sainte Anne est dans le traité une mère modèle, un parangon de vertu, ce qui prélude à la conception très humaine que Luther a des saints, sans avoir encore atteint le stade de la systématisation. Honorer sainte Anne se déduit de la nécessité d'honorer ses parents et grands-parents[108]. Elle est la «norme» des veuves, des continents et des vierges; c'était une femme qui ne

---

[105] Trithème, *De laubidus*, fol. Ai v.

[106] *Id.*, fol. Ciii r: *Quod beatissima mater Anna suos cultores multipliciter in hac vita pariter et in futura remunerat. Ca xiiii*, à la place de: *De multis miraculis sanctae Annae succintim, xiii*. Trithème aurait écrit un traité *De miraculis S. Annae*, mais nous n'en avons aucune trace (Arnold, *op. cit.*, p. 105). Il a vraisemblablement renoncé à le publier.

[107] Trithème, *De laudibus*, fol. Ciii r: *non quod falsitatis aliquid in se contineant, sed quod moderni homines qui sibi docti videntur plerique miraculis non credant sed detrahant. Nolum ergo dare occasionem detrahendi...*

[108] *Id.*. fol. Aii r.

bavardait pas dans la rue avec les voisins et n'allait pas danser. Elle réussit remarquablement l'éducation de sa fille. Le Christ qui respecte sa grand-mère ne refusera rien à son intercession. Par rang d'honneur, Anne vient immédiatement après la Vierge[109].

Cet aspect de l'ouvrage ne peut s'expliquer que par une volonté de promouvoir les liens familiaux. Trithème semble vouloir resserrer les réseaux affectifs qui sortiraient les veuves d'un isolement propice à l'accusation de sorcellerie, voire à la pratique de la sorcellerie. Sans parents, sans mari, la veuve recevrait un statut par l'affection de ses descendants, au lieu de devenir le gibier des dominicains[110]. A travers la place de sainte Anne dans l'histoire sacrée, c'est évidemment la place des vieilles femmes dans la société qui est en jeu.

Prenant le parti des grand-mères au point de faire passer Anne devant son beau-fils (cher jadis à Gerson) et son mari (à qui Arnold de Bosch veut faire rejoindre la popularité de sa femme), Trithème lance l'anathème sur les doctes. Il faut douter que le culte de sainte Anne soit un culte populaire à la Renaissance ; il faut par contre prendre acte du désir de Trithème d'en faire le culte populaire par excellence. Les savants traitent les miracles et les exemples des saints de délires, les révélations de songes de bonnes femmes ; ils iront en enfer puisqu'ils s'imaginent que la gloire mène à l'immortalité[111]. De telles attaques nous font souvenir que Trithème est fils de vigneron et ne se cache pas de son origine populaire. Tout cela s'écarte de la foi naïve, mais représente des prises de position sur la société auxquelles s'ajoutent, comme nous l'avons vu plus haut, la haine du moine pour les séculiers.

---

[109] *Id.*, fol. Bii r à Bv v.

[110] Il n'est pas prouvé que la persécution ait été dirigée essentiellement contre les femmes ou les vieilles femmes. L'important ici est que Trithème, comme les auteurs du *Malleus*, considère ces personnes comme particulièrement susceptibles de se livrer à la sorcellerie (cf. *Antipalus Maleficorum*, éd. J. Busäus, Cologne, 1624, p. 311).

[111] Trithème, *De laubidus*, fol. Av v.

Cependant, considérer le populisme et le féminisme de Trithème comme une parade à la chasse aux sorcières devrait entraîner une objection grave : l'*Antipalus maleficorum* et le *Liber octo quaestionum*, écrits en 1508, ne sont-ils pas parmi les plus funestes appels à la persécution des sorcières ? Un détour par ces textes devient donc nécessaire.

Le cas le plus simple est celui du *Liber octo quaestionum*, contenant les réponses à une consultation de l'empereur Maximilien sur la magie et relevant plus de la métaphysique que des connaissances pratiques. Il serait de peu d'utilité immédiate à l'inquisiteur. La première question concerne les rapports de la foi et de l'intellect ; la seconde traite de la justification par la foi et pose le problème du salut des Indiens d'Amérique. La troisième question, sur les miracles des infidèles, inclut certains des prodiges attribués aux sorciers, mais Trithème, insensible aux efforts des inquisiteurs pour établir la réalité du vol nocturne et du sabbat, répond que « tous les miracles des démons sont soit des fantasmes, soit l'œuvre de quelque activité naturelle »[112]. Après une quatrième question sur l'intelligence de l'Ecriture, la cinquième porte sur les sorcières. Trithème affirme, dans un sens néoplatonicien, la familiarité des hommes et des esprits. Les sorcières qui ont fait le pacte avec le diable doivent être exterminées selon l'adage biblique *maleficos non pateris vivere*[113], mais cette espèce est rare. La plupart des soi-disant invocateurs sont des imposteurs qui relèvent donc de la justice en tant que tels seulement (cette opinion, bien différente

---

[112] Trithème, *Liber octo quaestionum*, Mayence, 1601, p. 26 : *Omnia daemonorum miracula sunt phantasmata aut naturali quadem industria facta*. En contradiction avec le *Malleus*, Trithème se rapproche ici de Ulric Molitor, *De laniis*, Ulm, 1489 (bon exposé des thèses de Molitor par Ziegeler, *op. cit.*, p. 111 à 136), mais il n'est pas sûr qu'il s'en inspire précisément.

[113] *Liber octo quaestionum*, p. 50-51. Sur le sort de cet adage, voir l'analyse très précise de Paulus, *op. cit.*, p. 67-100 surtout. L'auteur pense que le retour à la lettre du texte biblique chez les protestants rendit impossible de tourner cette formule et fait l'apologie implicite de l'exégèse scolastique qui s'interpose entre le texte et l'application. Il semble oublier que, dans ce cas particulier, la plupart des théologiens catholiques de la période trouvèrent le sens littéral très satisfaisant.

de celle de Sprenger et d'Institoris, ne triomphe qu'à l'époque classique). Enfin, les fous et les superstitieux qui prétendent faire de la magie sans l'aide des démons ne relèvent même pas de la justice (l'auteur de la *Stéganographie* semble ainsi se mettre à l'abri). La sixième question concerne le pouvoir des sorcières. Trithème limite les cas de maléfices par deux raisonnements. Premièrement, il pose trois conditions nécessaires à leur existence: l'esprit furieux et dépravé du sorcier, la familiarité avec les démons et la permission divine. Deuxièmement, il distingue six sortes de démons selon le lieu de leur chute, les démons ignés, aériens, terrestres, aquatiques, souterrains et lucifuges, parmi lesquels seuls les aériens se prêtent vraiment à l'invocation. La septième question justifie la permission divine du maléfice et la huitième expose le caractère néanmoins permanent de la providence, sans lequel il n'y aurait aucune raison de croire en Dieu. Or, «sans le respect de Dieu, que deviendrait l'Etat, sinon une éternelle confusion»[114]. Nier la providence ne peut mener qu'au désespoir.

Le *Livre des huit questions* vaut donc mieux que la réputation qu'on lui a faite, car, sans s'opposer expressément à la chasse aux sorcières, il multiplie les conditions à satisfaire pour prouver le pacte diabolique. Voyons maintenant l'*Antipalus*, encore plus décrié[115], où Trithème répond cette fois à quatre questions de Joachim de Brandebourg.

Le premier livre porte sur les causes et la multitude des maléfices. Il y a quatre catégories de sorciers:

1) Les sorcières empoisonneuses qui ne font pas le pacte

2) Les incantateurs et incantatrices qui ne sont que superstitieux

3) Ceux qui pratiquent l'invocation des démons sans toutefois faire le pacte. Les nécromants appartiennent à cette catégorie et utilisent les livres de magie dont Trithème donne une bibliographie remarquablement exhaustive,

---

[114] *Liber octo quaestionum*, p. 84: *Pietate in Deum sublata, quid jam erit respublica, nisi confusio sempiterna*. Machiavel ne dit pas autre chose!

[115] Sur la réputation de ces livres, Arnold, *op. cit.*, p. 196 et ss.

ponctuée par des expressions de dédain répétitives qui font l'effet d'alibi. Non seulement il disculpe les livres de géomancie et de chiromancie, mais encore il conseille de garder tous les mauvais livres, bien sûr sans les lire, car un jour viendra où ils seront nécessaires pour vaincre les magiciens avec leurs propres armes

4) Les sorcières qui font le pacte.

Il n'est question ni du vol ni du sabbat, alors que c'est sur ces deux points que se fonde la procédure habituelle d'accusation. Les malfaiteurs de la troisième et de la quatrième catégories doivent cependant être confiés aux flammes, écrit Trithème dans une page de conclusion digne du *Malleus*, par laquelle il semble vouloir effacer l'impression d'ambiguïté que laisse son développement sur les mauvais livres. Mais après cet appel à l'inquisition, il s'écarte définitivement des préoccupations punitives pour se livrer à une œuvre plus positive: prévenir et guérir[116].

Le deuxième livre développe un point théologique que Sprenger et Institoris ne mentionnaient que par devoir, en se gardant d'insister[117], celui de la culpabilité du maléficié. Tandis que les juges, les bons chrétiens et ceux qu'un ange protège sont immunisés contre les maléfices, ceux qui vivent en état de péché mortel, les libidineux qui ne se soucient pas de Dieu et ceux qui négligent les bénédictions ecclésiastiques sont la proie des maléfices. Les préservatifs sont une conscience pure, la pénitence, la fermeté dans la foi chrétienne, la fréquentation des sacrements, les objets bénis

---

[116] Certain du caractère superstitieux de Trithème, Arnold se rend compte du rôle non punitif de son propos, mais l'explique par la tradition religieuse qui s'opposerait aux égarements de la justice civile (*op. cit.*, p. 199).

[117] Sprenger – Institoris, *op. cit.*, p. 226, à propos des seuls maléficiés sexuels. Voir aussi p. 270-276: «Où l'on montre que souvent à cause des péchés des sorcières des innocents sont frappés» et p. 362: l'illusion de la perte du membre est le seul maléfice à épargner les gens vertueux. Il est donc impossible de répéter avec Hansen (*Quellen*, p. 294) que: *Das Werk [Antipalus] steht durchaus auf dem Standpunkt des Malleus Maleficarum.*

par les exorcistes, l'assistance aux offices (les jours fériés seulement pour les travailleurs), le signe de croix et les prières les plus usuelles. On protégera les enfants en leur mettant au cou médailles et prières. Il se dégage donc de ce deuxième livre que pour éviter les maléfices, il suffit de vivre chrétiennement, que les maléficiés sont des pécheurs graves et que se plaindre d'une sorcière, c'est d'abord s'accuser soi-même.

Au troisième livre, Trithème propose de rétablir les anciennes coutumes de l'Eglise pour venir à bout des sortilèges. Leur abandon fut une erreur qui permit la progression des maléfices (explication très différente de celle du *Malleus* qui insiste sur la multiplication de nouvelles sorcières plus dangereuses)[118]. Les exorcismes doivent être pratiqués par des prêtres dignes qui ne s'en moquent pas (position où affleure un certain donatisme). Suit, tirée des vieux grimoires, une recette de bain avec emplâtres de boue, mêlée à toute une liturgie spéciale, d'un ritualisme méticuleux. L'exorcisme dure au minimum neuf jours et le prêtre ne doit pas se faire rémunérer. Avant de mettre en œuvre tout ce travail, il faut s'assurer le plus soigneusement possible qu'il ne s'agit pas d'une maladie naturelle, car on commet trop souvent l'erreur de chercher des maléfices partout. Et, s'il y a réellement maléfice, la cure spirituelle doit s'accompagner le plus souvent de la cure médicale. Apparemment, la recette de Trithème est une mascarade monstrueuse. De fait, rien de plus raisonnable qu'un cérémonial susceptible de frapper l'imagination, mené sous contrôle médical, et qui réintroduit le malade dans le monde de la vie religieuse sans traumatisme, par la pénitence et la prière. Afin de ne pas indisposer le malade, il faut tenir le bain tiède.

Au quatrième livre, l'abbé Trithème «tempère sa pudeur monacale» pour traiter des maléfices d'impuissance. Nouvelle insistance sur la vie peccamineuse des victimes: «Tous ceux que frappent de tels maléfices sont présumés en

---

[118] Sprenger – Institoris, *op. cit.*, p. 143. C'est la théorie commune de la plupart des adversaires du *Canon Episcopi*. Elle permet d'en écarter l'application sans pour autant contester le pseudo-Augustin.

état de péché mortel »[119]. La lutte contre le maléfice par le maléfice est rejetée selon saint Thomas et en accord avec le *Malleus*. Trithème développe ensuite la symptomatologie des maléfices d'impuissance et en vient aux remèdes ecclésiastiques. Il faut commencer par la pénitence, car la cause du maléfice est le péché, puis passer aux oraisons et exorcismes. Inutile de procéder s'il s'agit d'un prêtre maléficié ou d'un homme adultère; au contraire, leur infirmité les préservera de la tentation. Il ne faut soigner que les couples mariés et désireux de procréer. La cérémonie est celle de la messe, à laquelle s'ajoutent les prières et litanies ad hoc. Il faut à tout prix écarter les assistants et les officiants incrédules (une précaution encore observée aujourd'hui dans les milieux qui se piquent de magie). L'échec de l'exorcisme ne peut alors être dû qu'à la malignité du patient ou à une erreur technique. Suivent des rituels de plus en plus simplifiés pour les cas bénins, jusqu'à la seule récitation muette d'une formule pendant l'élévation de la messe ou, après consultation du confesseur, le pèlerinage. En somme, il est possible de se débarrasser d'un maléfice sans publicité. Trithème finit par indiquer de précieux remèdes non ecclésiastiques, qu'il couvre de son autorité.

Que retirer de tout cela? L'originalité de *l'Antipalus* n'est pas dans les prises de position explicites. Autant que possible, Trithème évite de contredire le *Malleus*, mais il ne le suit pas sur tous les points et déplace les accents. Sa plus grande innovation, par rapport à la nouvelle démonologie du XVe siècle, est de passer sous silence les thèmes du vol des sorcières et du sabbat autour desquels tourne l'interrogatoire dans les procès. Et justement, Trithème ne traite ni du procès, ni de la chasse aux sorcières, à la seule exception que nous avons mentionnée. L'ouvrage fut à ce point inutile qu'il ne connut qu'une faible diffusion manuscrite. Le seul exemplaire complet est conservé à Augsbourg et ne fut édité que deux fois au XVIIe siècle, par les soins de J. Busaeus qui censura les recettes non ecclésiastiques comme supersti-

---

[119] Trithème, *Antipalus*, p. 402: *Unde omnes isti, quibus talia contingunt maleficia, in peccato esse mortali praesumuntur.*

tieuses[120]. Le *Malleus*, en effet, s'opposait à toute recette humaine contre le maléfice et ne faisait que les concessions nécessaires pour ne pas contredire la loi civile sur ce point. Si le *Malleus* mentionne rapidement le lien entre péché et maléfice qui vient de Pierre de la Palude et en dernier ressort des *Décrétales*[121], Trithème fonde sa thérapie sur ce fait. La culpabilité du maléficié est contredite dans le *Malleus* par une série d'exemples incluant ceux de Job et de saint Paul; même le maléfice sexuel atteint les bons[122].

Sprenger et Institoris favorisent donc la conception du maléfice comme un fléau qui peut s'abattre de l'extérieur sur n'importe qui, tandis que Trithème tente d'intérioriser le problème, de le placer dans la vie du pécheur, de le résoudre dans la contrition de celui-ci et son retour à une vie religieuse bien réglée. En termes psychanalytiques, il veut résoudre la névrose individuelle dans l'obsessionnalité collective et bénigne du rituel. L'échec de l'*Antipalus* est celui d'un livre à contre-courant face à une campagne idéologique qui mettait l'accent sur l'altérité du mal et devait déboucher sur la systématisation de la chasse aux sorcières et son apogée à l'époque baroque. Loin que l'analyse des deux traités de Trithème rende vaine l'hypothèse d'un rapport entre le promotion du culte de sainte Anne et la lutte contre la chasse aux sorcières, elle tend à la consolider.

6. LE DOUBLE REJET

Si la promotion de sainte Anne réagit, au moins dans certains de ses aspects, à la propagande de la chasse aux sorcières, pourquoi Baldung ramène-t-il sans périphrases la sainte au rôle de sorcière? Et d'abord, que pensait-on de sainte Anne et des sorcières dans l'entourage de Baldung?

Kleinschmidt est bien obligé de constater que les pré-réformateurs alsaciens n'ont aucune sympathie pour la

---

[120] Augsbourg, 2° cod. 212. *Antipalus*, p. 426; l'éditeur avertit de ses coupures et de leurs raisons.

[121] Sprenger – Institoris, *op. cit.*, p. 226.

[122] *Id.*, p. 274 et 362.

sainte[123]. Celle-ci s'est en fait assez modestement implantée en Alsace. Le cimetière de Colmar possédait une chapelle Sainte-Anne dès le XIVe siècle[124], mais les dédicaces restent rares. Deux confréries Sainte-Anne sont confirmées en 1504, à Sélestat et à Colmar. La première compte 400 membres en 1517, mais a des ennuis avec le Magistrat dès l'année suivante[125]. La seconde, destinée à prier pour les pauvres âmes, disparaît en 1540 avec ses promoteurs, les franciscains[126]. La confrérie de Sélestat n'avait pas de chapelle dédiée à la sainte, juste un tableau sur l'autel de saint Jean Baptiste[127]. Les frères mineurs fondent à Strasbourg une confrérie dont Anne partage le patronage avec Joseph et Joachim en 1508[128]. Peut-être, faut-il mettre en rapport avec cette fondation la parution de la légende de la sainte à Strasbourg l'année suivante. En tout cas, les pré-réformateurs aiment en général mieux passer sainte Anne sous silence que l'attaquer. L. Pfleger a remarqué que Geiler évite toujours avec soin le sujet et réussit à faire tout un sermon sur la présentation de la Vierge au Temple en ne mentionnant qu'allusivement ses parents[129]. Requis par Arnold de Bosch d'écrire un poème sur Anne et Joachim, Sebastian Brant s'en acquitte en expliquant que Joachim fait plus de miracles que sa femme, ce qui traduit un certain agacement face à l'exaltation incontrôlée de cette dernière[130]. Wimpfeling ne sortit d'un silence comparable que pour attaquer le culte[131] et Beatus Rhenanus pour mentionner sèchement le pèlerinage de Düren[132]. Mathieu Zell, introduisant en 1523 la Réforme à Strasbourg, ne fut

---

[123] Kleinschmidt, *op. cit.*, p. 156.

[124] Pfleger, *op. cit.*, p. 242.

[125] *Id.*, p. 247-248 et P. Adam, *Histoire religieuse de Sélestat*, Sélestat, 1967, t. 1, p. 156.

[126] Pfleger, *loc. cit.*

[127] Adam, *loc. cit.*

[128] L. Pfleger, «Les origines du culte de saint Joseph en Alsace», in: *Bulletin ecclésiastique de Strasbourg*, t. 32 (1920), p. 78.

[129] Pfleger, «Le culte de sainte Anne», p. 275.

[130] Kleinschmidt, *op. cit.*, p. 156.

[131] Pfleger, «Le culte de sainte Anne», p. 246-247.

[132] B. Rhenanus, *Rerum germanicarum libri III*, Bâle, 1531, p. 174.

donc pas téméraire d'attaquer la dévotion à sainte Anne dans son premier sermon. Les protestations qu'il suscita restèrent sans effet[133].

En tournant la mère de la Vierge en dérision, Baldung fut lui aussi moins téméraire qu'on ne l'aurait cru d'abord. Sa gravure mit sans doute de bonne humeur plus d'un théologien et rien n'exclut qu'un Geiler, souvent facétieux, qu'un Brant, si volontiers satirique, n'ait suggéré le sujet.

Pour ce qui est de la sorcellerie, l'Alsace refuse l'innovation tout autant. Si le *Malleus* parut à Strasbourg en 1486-1487, ses auteurs n'arrivèrent pas à travailler dans la région[134]. L'évêque Albert de Bavière s'y opposait visiblement, de même que la ville de Strasbourg[135]. Lea n'a enregistré aucun procès de sorcellerie en Alsace avant 1570, à l'exception de celui d'une femme, à Haguenau en 1531, qui fut acquittée[136]. Hansen mentionne «la mort par le feu de nombreuses sorcières» dans l'évêché de Strasbourg entre 1515 et 1535, mais il s'agit d'une indication imprécise et douteuse fondée sur Stöber[137]. Par contre un homme fut noyé par la justice strasbourgeoise en 1451, pour avoir accusé une vieille femme de sorcellerie[138]. P. Dollinger remarque que la sorcellerie ne semble pas avoir été punie de mort avant le XVIIe siècle à Strasbourg[139]. Cette situation explique l'engouement *esthétique* pour la sorcellerie – et le diabolique en général – dont témoigne par exemple un cycle de sermons comme *Die Emeis* de Geiler et les œuvres de Baldung sur ces sujets. C'est parce qu'elle n'est pas trop prise au sérieux que la sorcellerie peut devenir objet de divertissement.

---

[133] Pfleger, «Le culte de sainte Anne», p. 275.

[134] Sprenger – Institoris, *op. cit.*, p. 118, 120 et 122.

[135] G. Radbruch, *Elegantiae juris criminalis*, 2e éd.. Bâle, 1950, p. 32.

[136] H. C. Lea, *Materials toward a History of Witchcraft*, Philadelphie, 1939, t. 3, p. 1208-1211.

[137] Hansen, *Quellen*, n° 215, p. 608.

[138] *Id.*, n° 72, p. 556.

[139] P. Dollinger, «La tolérance à Strasbourg au XVIe siècle», in: *Hommage à Lucien Febvre. Eventail de l'histoire vivante*, Paris, 1953, t. 2, p. 246.

Surtout, la corrélation entre la faible implantation du culte de sainte Anne et le refus de persécuter les sorcières confirme *a contrario* l'hypothèse de cet article. Si la diffusion du culte de sainte Anne doit contrecarrer la chasse aux sorcières, au risque de ridiculiser la sainte, c'est bien en Alsace où la sorcellerie est regardée avec une certaine bonhomie que ce culte a le moins de chances de triompher et que ses ridicules peuvent être le plus vivement dénoncés. Baldung n'est pas pour autant un moraliste qui attaquerait le culte des saints et des images, mais un artiste qui profite de ces pratiques pour produire des chefs-d'œuvre. Si la distance critique perce souvent dans ses œuvres, elle ne le conduit ni à la sobriété du goût, ni à la sévérité de la dévotion. Il préfère utiliser jusqu'au bout – et parfois jusqu'au rire – les possibilités expressives de la légende religieuse, comme dans d'autres œuvres celles du macabre et de l'érotisme, et profite de la relative impunité de l'image pour y formuler clairement ce que son époque pensait tout bas.

POST-SCRIPTUM (2002)

L'interprétation du geste de sainte Anne dans la gravure de Baldung m'a valu d'être pris à parti par Leo Steinberg dans son ouvrage sur la sexualité du Christ[140]. Selon lui, la sainte vérifierait l'humanité de Jésus Christ par ce geste. A son tour, cette thèse a soulevé l'ire des féministes, puisqu'elle assimile implicitement l'humanité au sexe masculin. Non sans raison, car si Anne vérifiait quelque chose, ce serait bien le sexe de l'Enfant[141].

Il n'y a pas lieu de reprendre ici la critique globale de l'ouvrage de Steinberg qui considérait la virilité du Christ comme une constante dogmatique et artistique, en faisant l'impasse sur les innombrables représentations asexuées de

---

[140] L. Steinberg, *La sexualité du Christ dans l'art de la Renaissance et son refoulement moderne*, Paris, 1987, p. 144 (1ère éd. New York, 1983).

[141] C. W. Bynum, «The Body of Christ in the Later Middle Ages: A Reply to Leo Steinberg», *Renaissance Quarterly*, t. 39 (1986), p. 399-439.

ce personnage dans l'art de la fin du Moyen Age[142]. Il a d'ailleurs nuancé sa position en rééditant l'ouvrage. En ce qui concerne l'interprétation de la gravure de Baldung, il est utile d'introduire ici quelques informations supplémentaires.

Une légende latine de sainte Anne fut publiée à Strasbourg dès 1501 chez Bartholomäus Kistler, puis traduite en allemand à une date incertaine et encore rééditée sous cette forme en 1509[143]. Le dernier chapitre de cette édition est augmenté et invite à venir vénérer la sainte en l'église des johannites *zu dem grünen werde* dont le livre est issu (p. 92 de la pagination moderne). A la page suivante, une prière mentionne l'autel de la sainte, fondé dans cette même église en 1501 précisément. Ce sont donc les johannites qui ont introduit le culte à Strasbourg et en ont fait la propagande à leur profit.

Dans la première partie de ce chapitre figurent, déjà avant la mise à jour de 1509, quelques miracles récents dus à un doigt de la sainte conservé à Cologne. La puissance de ce doigt est imputée au fait qu'il a touché la Vierge Marie et, comme il est pieux de le croire, la chair divine elle-même. Il est aussitôt précisé que sainte Anne fait obtenir la pureté et la chasteté de l'esprit et du corps, «non seulement aux laïcs, mais encore au clergé». Une nonne a pu garder sa virginité jusqu'à soixante ans grâce à sa dévotion à la sainte, mais elle devint ensuite oublieuse de sa patronne et son ingratitude lui valut de tomber dans la débauche et de périr de male mort. Il n'est pas dit expressément que le don de la chasteté soit provoqué par le doigt de la sainte, mais la consécution des idées le laisse supposer.

Compte tenu des vertus du doigt de sainte Anne que les johannites ont fait connaître aux Strasbourgeois, le geste de

---

[142] J'ai rendu compte de ce livre dans le supplément annuel de l'*Encyclopaedia Universalis*, *Universalia*, 1988, p. 506-508. La réédition récente de l'ouvrage de Steinberg (Chicago et Londres, 1996) répond à ce compte rendu dans de nouveaux appendices, en particulier p. 246 et ss., 329, 330 et ss.

[143] *Das ist ein hüpsche legende von der heiligen frawen sant Anna*, Strasbourg, 1509 (Strasbourg, Bibliothèque Nationale et Universitaire, R 100 491).

la *furca* appliqué de la main gauche sur les parties génitales du Christ ne saurait être anodin; il paraît encore plus improbable qu'il soit destiné à mettre en valeur la virilité de l'Enfant, comme le voudrait Steinberg. A supposer que le peintre ait réellement eu ce dessein, il faudrait admettre qu'il ne se rendait pas compte des plaisanteries que la gravure risquait de susciter. Mais si l'œuvre de Baldung brave plus d'une fois la décence, elle ne témoigne pas de la moindre naïveté.

Par ailleurs, Gert von der Osten a montré que la *Trinité de sainte Anne* de Washington appartenait à un autel des johannites dont elle constituait, avec la *Messe de saint Grégoire* de Cleveland et le *Saint Jean à Patmos* de Cologne, soit le retable, soit l'antependium[144]. Baldung semble avoir dessiné le portrait du margrave de Bade à l'occasion d'un séjour de Maximilien chez les johannites en 1511 et c'est peut-être à cette occasion qu'il se vit commander le tableau votif qui représente le margrave et sa famille en adoration devant la Trinité de sainte Anne. La gravure de Baldung est rigoureusement contemporaine de ces travaux. Le peintre ne pouvait ignorer la propagande en faveur de la sainte et l'agacement qu'elle suscitait chez des humanistes comme Wimpfeling.

---

[144] G. von der Osten, «Ein Altar des Hans Baldung Grien aus dem Jahr 1511 – und eine Frage nach veschollenen Werken des Malers», *Zeitschrift des deutschen Vereins für Kunstwissenschaft*, t. 21 (1977), p. 51-66; *Hans Baldung Grien. Gemälde und Dokumente*, Berlin, 1983, n° 12 et 13, p. 66 et ss.

III.

LA NAISSANCE DU CONCEPT DE CROYANCE (XIIe-XVII{e} SIÈCLES)

En cherchant quand et comment est apparu le concept moderne de croyance, l'historien répond à une double préoccupation : il s'agit à la fois d'interpréter correctement des mots comme *fides, credulitas,* créance ou *Glaube* dans les textes anciens, et de rectifier, s'il y a lieu, le vocabulaire qu'il utilise lui-même pour analyser les phénomènes religieux. Cette étude n'est pas simple, car elle lie l'interprétation du passé à la mise en cause de nos propres cadres conceptuels. Elle n'est pas non plus innocente, car elle récuse l'immobilité, ou même la continuité, des concepts et des attitudes à laquelle prétend la tradition religieuse.

La désignation des réalités matérielles du passé à l'aide d'un vocabulaire moderne ne pose pas de problèmes notables. Il est tout à fait légitime d'exprimer la hauteur de la cathédrale de Beauvais dans le système métrique et de reporter sur le passé les méthodes de la démographie. Mais lorsqu'il s'agit des « réalités » idéologiques, les choses se gâtent. Il est difficile de désigner un mouvement religieux comme hérétique, une pratique comme chrétienne ou superstitieuse, sans mêler son point de vue à celui des protagonistes. L'historien peut user de guillemets, ou bien reproduire ironiquement le point de vue de ceux qu'il étudie, mais il en vient alors à répéter les discours du passé au lieu de les expliquer. Dans la pratique universitaire actuelle règne un compromis instable : le nom d'hérétique convient à Jean Hus, mais serait indécent pour désigner Luther. Il est de plus en plus recommandé d'éviter le mot *superstition* et son abandon profite à *croyance populaire* qui n'est pas moins incertain. Mais déjà, la conception du populaire qui est impliquée ici fait naître de sérieuses objections[1]. De même, l'historien parle toujours plus de magie et tend à considérer comme magiques des phénomènes qui passaient naguère pour religieux, alors qu'il ne dispose d'aucune définition satisfaisante de la magie[2].

Le terme *croyance* fleurit dans la littérature historique sans rencontrer, à notre connaissance, plus d'objections que *religion*, par exemple. C'est une fois de plus hors de l'histoire que se joue le destin des concepts utilisés par l'historien. Déjà Hume prétendait ne pas savoir ce qu'était la croyance et on retrouve ce scepticisme chez Bertrand Russell. Wittgenstein revint plus d'une fois sur le problème dans ses cours et ses conversations, démontrant patiemment l'évanescence du concept. En 1972, l'ethnologue Rodney Neadham introduisit le débat dans le champ des sciences humaines, avec un livre étonnant: *Belief, Language and Experience*[3]. Son point de départ n'est pas une démarche théorique, mais une difficulté grave survenue sur le terrain ou, plus exactement, en réfléchissant après coup aux problèmes qu'il y rencontrait. Il s'agit en l'occurrence de l'impossibilité de traduire dans la langue des Penan de Bornéo

---

[1] Voir la mise au point récente de J.-C. Schmitt, «Les traditions folkloriques dans la culture médiévale. Quelques réflexions de méthode», in: *Archives de sciences sociales des religions*, t. 52 (1981), p. 5-20.

[2] L'article consacré par H. Hubert à la magie, dans le *Dictionnaire des antiquités grecques et romaines* de Ch. Daremberg et E. Saglio (Paris, 1877-1919), menait dans la bonne voie en présentant la différence entre magie et religion comme nominale: *Ainsi, c'est l'autorisation légale qui sépare le religieux du magique*. En revanche, il nous semble peu éclairant de présenter les rites religieux comme plus ou moins magiques, à la manière de K. Thomas (*Religion and the Decline of Magic*, New York, 1971). En quoi consisterait cette magie dont la religion se serait émancipée depuis le Moyen Age? On peut craindre que les usages considérés comme magiques soient ceux qui répugnent à la sensibilité moderne, les autres passant pour religieux.

[3] R. Neadham, *Belief, Language and Experience*, Oxford, 1972. Ce livre nous a été signalé par l'anthropologue R. T. Zuidema que nous remercions pour ses suggestions amicales et précieuses.

l'expression «je crois en Dieu» et de l'impossibilité de traduire en anglais leur manière d'exprimer la relation au divin[4]. Needham s'aperçut alors que les ethnologues ne possédaient aucune définition viable du mot «croyance» (*belief*) qui sert aussi bien à désigner une attitude individuelle et «intérieure» que des représentations collectives. Si le mot désigne des conceptions officielles, il sort de son emploi ordinaire et on ne sait plus comment appeler ce que les gens croient réellement, ce qu'ils pensent de l'orthodoxie. Si le mot désigne un «état psychique individuel», on tombe sur un problème déjà discuté par Wittgenstein: cet état psychique supposé est insaisissable et résiste à la définition.

Needham passe en revue avec soin les critères qui pourraient servir à définir la croyance et montre qu'aucun d'eux n'est satisfaisant. Il ne s'agit nécessairement ni d'une décision face à des possibles, comme en témoigne le fameux *Credo quia absurdum*, ni d'une décision face à quelque chose d'existant ou d'inexistant: on peut croire en l'Eglise catholique, mais aussi au Père Noël. La vivacité de l'impression n'est pas davantage un critère, car elle appartient tout autant à l'expérience esthétique, mais la rigueur du raisonnement non plus. Quant à savoir si l'on peut parler de croyances à propos d'expériences nécessaires («je crois que deux plus deux font quatre»), les avis sont partagés. Si la théologie catholique considère la croyance comme un acte volontaire, le philosophe allemand Lichtenberg s'est prononcé en sens contraire. Les catholiques tendent aujourd'hui à insister sur un rapport personnel à Jésus; mais comment distinguer ce rapport des rapports semblables que nous connaissons dans la vie courante? Chez Kant, la croyance est une manière de tenir quelque chose pour vrai, une conviction subjective; mais loin que *croire* se dise toujours d'une conviction, ce mot peut ne désigner qu'une très légère supposition. On ne saurait nier que le mot contient, dans le langage religieux, une forte valeur émotionnelle, alors que nous

---

[4] *Id.*, p. 1 et ss. Dans le développement qui suit, il ne faut pas perdre de vue que nous traduisons *to believe* par «croire», et *belief* par «croyance». L'analyse de Needham demanderait de légères modifications pour s'appliquer exactement au vocabulaire français.

ne connaissons pas l'existence d'un « sentiment de croyance ». La croyance ne peut se définir non plus comme risque, car elle ne se distinguerait plus guère de l'imprudence. Elle n'est pas non plus le guide de la conduite, parce que toutes les croyances n'entraînent pas des conduites et que toutes les conduites ne se règlent pas sur des croyances. Elle n'est pas nécessairement une disposition persistante : que se passe-t-il entre deux occurrences d'une même croyance chez un individu ? Peut-être, la croyance n'est-elle que l'affirmation de la croyance ? Mais alors, que dire des croyances de l'hypocrite ?

Neadham appelle plusieurs fois de ses vœux une recherche historique sur le concept de croyance, et c'est peut-être faute d'une telle recherche que son livre qui commence si bien finit à nos yeux si mal. L'enquête sur la valeur logique du mot, inspirée de Wittgenstein, mène fatalement à la conclusion qu'il est vide de sens et à quelques remarques charitables pour apaiser les collègues que cela pourrait choquer. Mais, selon Neadham, le mot n'est pas seul dans cette situation. Il reprend à Wittgenstein l'exemple du mot « jeu » (*play*). Qu'y a-t-il de commun entre les différents objets que nous désignons ainsi : jeu de cartes, Jeux Olympiques, jeu liturgique, etc. ? Dès lors, Neadham essaie de théoriser le caractère « prélogique » des classifications dont nous avons hérité et de celles des autres peuples à grands coups de Lévy-Bruhl.

On verra ce que nous pensons des « mentalités prélogiques » sur des exemples précis. Pour l'instant, remarquons simplement qu'en diluant le problème de la croyance dans celui, plus général, des structures logiques du langage, Neadham en laisse échapper la spécificité. En effet, la polysémie du mot *jeu*, par exemple, n'en rend pas l'usage difficile ou contradictoire ; en parlant d'un jeu de cartes, on ne craint pas un instant la confusion avec un jeu liturgique. Il n'y aurait un problème que si l'on cherchait une essence du jeu qui rendrait compte des différents usages du mot. Par contre, dans le cas de *croyance*, il ne s'agit pas tant de polysémie que de contradictions internes. Le mot ne désigne pas plusieurs choses alternativement, mais plusieurs choses contradictoires à la fois. Aucune occurrence du mot ne renvoie à un objet bien défini.

En conclure que l'expression est vide de sens n'avance à rien. Chez Wittgenstein, l'adjectif «vide de sens» (*sinnlos*) désigne la tautologie et la contradiction. Mais à ce compte, le langage courant, auquel le logicien substitue des systèmes formalisés pour éviter les contradictions larvées, serait presque toujours vide de sens. Il est plus raisonnable de s'en tenir à l'idée assez répandue chez les linguistes et chère à Wittgenstein, que le sens des mots, c'est leur utilisation[5]. Mais alors, la contradiction serait inhérente à l'usage du mot *croyance* et non pas occasionnelle. Or, si la logique peut servir à éviter les contradictions, l'histoire a plutôt comme vocation de les étudier.

Avec des préoccupations très différentes de celles de Neadham, le théologien Wilfred Cantwell Smith, professeur à Harvard, éprouve un malaise comparable face au concept de croyance, mais il ignore l'ouvrage de son prédécesseur immédiat[6]. Cela n'a rien d'étonnant: Neadham a bien remarqué qu'il ne s'établissait pas de savoir cumulé sur le chapitre de la croyance. Chacun repart de rien, dans l'ignorance des opinions déjà émises. L'intérêt de l'ouvrage de Smith vient du projet, neuf à notre connaissance, de chercher une explication historique au problème. Selon lui, le concept moderne de croyance n'existe ni dans la Bible, ni au Moyen Age. Il correspondrait au latin *opinio*, *opinor*, une catégorie «négligeable» dans la pensée médiévale, et non pas à *fides*, *credo*, vocabulaire désignant un engagement personnel. *Credo in Deum* signifierait «Je donne mon cœur à Dieu», ce qui présupposerait, bien sûr, l'existence de Dieu, mais ne serait en aucun cas une proposition sur cette existence. L'évolution de l'Occident depuis cette époque aurait entraîné un glissement de sens. Si *credo*, *to believe* et *belief* présupposaient la vérité de leur objet au Moyen Age, ils tendraient toujours plus à en présupposer la fausseté. Les dictionnaires récents donnent des exemples significatifs, à commencer par *the belief that*

---

[5] Wittgenstein développe cette idée dès le *Cahier bleu* (1933-1934). Il distingue alors radicalement le langage courant et l'«image» logique du monde, renonçant à chercher «une substance qui réponde à un substantif».

[6] W. C. Smith, *Belief and History*, Charlottesville, 1977.

the earth is flat. En même temps, *to believe* se construirait toujours plus avec une proposition, ce qui aurait amené Stuart Mill, en 1843, à réduire la croyance à l'expression propositionnelle *he believes that A is B*. Smith débouche ainsi sur une thèse qu'il proclame «radicale», «nouvelle» et «surprenante»: «l'idée que la croyance (*believing*) est une valeur religieuse importante se révèle une idée moderne» et, en somme, une erreur, voire une hérésie[7]. Le vrai concept central du christianisme est celui de foi.

Sur un point, notre étude confirmera celle de Smith: le vocabulaire de la croyance a évolué depuis le Moyen Age, pour exprimer plus facilement la notion de croyance fausse. Le reste de ses réflexions témoigne d'une absence complète de méthode et de connaissances historiques. A peu de choses près, l'auteur reprend sans s'en apercevoir une thèse qui était déjà celle de Melanchthon dans ses *Loci communes* de 1521 et qui fit depuis l'objet d'incessantes polémiques entre catholiques et protestants et entre les protestants eux-mêmes[8]. Smith consacre le tiers de son ouvrage à une exégèse bien connue de la πίστις biblique, sans égards pour les arguments *pro et contra* qu'elle suscite depuis des siècles. L'explication qu'il donne des mots *credo* et *fides* au Moyen Age repose sur une citation de saint Thomas, une autre de Chaucer, et sur les articles de la foi. Il faut n'avoir jamais lu un théologien médiéval pour imaginer que la construction *credo quod...* est secondaire au Moyen Age. Bien mieux, dans le passage dont Smith extrait une citation, saint Thomas démolit avec élégance la thèse de ceux qui veulent opposer la foi en une personne et celle qu'on accorde à une proposition[9].

Comme Smith, l'adversaire de saint Thomas prend à preuve l'absence de l'expression propositionnelle *je crois que...* dans les articles de foi. Le docteur angélique résout la

---

[7] *Id.*, p. V.

[8] Ph. Melanchthon, *Loci communes* (Corpus Reformatorum, t. 21, col. 159 et ss.). Cf. *Dictionnaire de théologie catholique*, éd. A. Vacant et E. Mangenot, Paris, 1903-1972, article: *foi*, t. 6, col. 57 et s.; *Realencyclopädie fur protestantische Theologie und Kirche*, Leipzig, 1876-1913, article: *Glaube*, t. 6, col. 670.

[9] Saint Thomas d'Aquin, *Summa theologica*, II^a II^{ae}, q. 1, a. 2.

contradiction en distinguant l'objet de la foi (Dieu, etc.) et la forme propositionnelle dans laquelle elle s'exprime. Pas plus que la science, dit-il, la foi n'a pour objet des propositions; mais comme la science, elle saisit son objet à l'aide de propositions. Les articles de foi n'énumèrent pas les dogmes chrétiens, mais les objets auxquels il faut croire. Comme la croyance selon Stuart Mill, la foi selon saint Thomas est réductible à des propositions, parce qu'elle est un phénomène cognitif. La facilité avec laquelle il règle le problème qui embarrasse Smith montre qu'au XIIIe siècle, les théologiens avaient l'entraînement logique nécessaire à la distinction des mots et des choses. Notons enfin que, si saint Thomas préfère garder au mot *fides* le sens de «foi chrétienne» tout en reconnaissant ailleurs qu'il peut en avoir d'autres[10], le mot *credo* ne partage pas cette situation privilégiée dans le latin scolastique.

Du livre de Neadham, nous retenons l'analyse logique précise du terme *croyance* dans son emploi moderne; de celui de Smith le projet historique, à condition d'en modifier le sens. Il ne s'agit pas de se créer dans l'histoire un paradis imaginaire – et artificiel – où les mots auraient miraculeusement gardé leur sens originaire. Inversement, l'historien ne gagne rien à chercher partout de l'illogique et du prélogique. Ce dont ni l'idéalisme religieux, ni le purisme logique ne veulent rendre compte, c'est de l'usage des concepts et de ses raisons.

Le point de départ de notre étude sera le vocabulaire théologique médiéval. Aucun mot latin n'y joue vraiment le rôle du français moderne *croyance* et ce nous exprimons par ce mot ne répond à rien dans la pensée des docteurs. Le concept autour duquel s'organise leur anthropologie religieuse est celui qu'exprime *fides* en latin scolastique. A partir du XIIIe siècle, ce concept s'articule toujours plus mal sur la réalité des pratiques sociales. On observe alors la lente construction du concept de croyance. Le phénomène se produit tantôt à l'intérieur du lexique existant, comme en latin, tantôt à l'aide d'une évolution lexicale, comme en français.

---

[10] *Dictionnaire de théologie catholique*, article: *croyance*, t. 3, col. 2364.

Nos observations porteront surtout sur ces deux langues. L'enquête s'arrête au XVIIe siècle, lorsque le vocabulaire moderne de la croyance est constitué pour l'essentiel.

1. LA *FIDES* MÉDIÉVALE

Pour désigner les phénomènes que nous rangeons sous le concept de croyance, la latin scolastique possède les mots *fides*, *credulitas*, *error* et *opinio*. L'élaboration théologique porte en premier lieu sur *fides* dont le sens détermine celui des autres mots. Le rapport entre l'usage courant des mots et l'élaboration philosophique des concepts est toujours difficile à préciser. Dans le cas de *fides*, les docteurs définissent un sens strict, tout en reconnaissant l'existence d'usages impropres à leurs yeux[11]. On observe donc un décalage entre le mot et le concept, mais qui tend à s'évanouir lorsque le théologien s'efforce de formaliser sa langue. Cela nous amène à distinguer l'ensemble des usages du mot et les définitions plus restreintes qui sont données du concept.

1. Le champ sémantique de *fides*

On remarque tout d'abord que le latin médiéval ne limite pas *fides* au champ religieux et que les auteurs aiment à souligner l'importance de la *fides* dans les rapports humains. Il s'agit alors de la confiance qu'on place en quelqu'un, de la conviction que les engagements pris se réaliseront, conformément au sens du mot en latin classique. Saint Augustin considère la foi ainsi conçue comme une nécessité sociale : *Fide de rebus humanis sublata, quam horrenda confusio sequeretur*. La *fides* est donc presque une institution, en tout cas la condition du fonctionnement des institutions. Sans elle, il n'y aurait plus d'amitié, ce qui entraînerait l'écroulement du crédit, de la parenté et de la reproduction[12].

---

[11] *Loc. cit.*

[12] Saint Augustin, *De fide rerum quae non videntur*, c. 2 (*Patrologie latine*, éd. J.-P. Migne, vol. 40, col. 173-174).

La position de saint Augustin montre la solidarité croissante du christianisme envers une société dont il devient l'idéologie officielle. Pourtant, la *fides* ne joue aucun rôle fondamental dans l'édifice institutionnel de l'Etat romain. Ce sont les rapports juridiques, et non la confiance, qui constituent l'*imperium*. Elle serait plutôt une institution privée que publique.

Au XIIe siècle, l'archevêque Baudouin de Canterbury reprend dans son *Liber de commendatione fidei* l'idée de saint Augustin, en lui donnant une singulière extension[13]. Tous les traités de la société humaine, écrit-il, exigent la sincérité de la *fides* pour subsister. Tout homme veut qu'on lui conserve sa *fides*, même celui qui la trahit. Les rapports entre amis, entre compagnons, entre maître et serviteur, chef et guerrier, mari et femme, entre toute personne et celle avec laquelle elle vit, exigent la *fides*, sans laquelle il n'y aurait ni gouvernement, ni administration, ni rapports amoureux, ni villes, ni foyers, aucune association humaine à quelque niveau que ce soit. Autrement dit, la totalité des rapports sociaux repose maintenant sur un lien privé. Les dictionnaires de latin médiéval confirment amplement le propos de Baudouin. Qu'il suffise d'énumérer les sens que Niermeyer donne à *fides*[14]:

1. fidélité, notamment la fidélité que le vassal doit à son seigneur
2. vasselage
3. serment de fidélité

---

[13] Baudouin de Canterbury, *Liber de commendatione fidei* (*P. L.*, vol. 204, col. 571): *Omnia foedera societatis humanae et amicitiae leges, ut sua stabilitate constare possint, fidei sinceritate firmantur et firmata servantur. Omnes homines fidem sibi servari volunt, etiam ii qui eam servare nolunt. Fidem exquirit amicus ab amico, socius a socio, dominus a servo, imperator a milite, maritus ab uxore, omnis qui vivit ab eo cum quo vivit. Sine fide nec gubernaculo rerum ministrari, nec hominum officia vel ministeria dispensari, nec amantium paria valent combinari, non regna, non civitates, non singularum domicilia familiarum, non quicumque coetus majores vel minores hominum socialiter viventium, sine fide possunt constare, et in statu suae felicitatis permanere.*

[14] J. F. Niermeyer, *Mediae latinitatis lexicon minus*, Leyde, 1954-1976.

4. promesse de sauvegarde, de sûreté
5. promesse solennelle, engagement
6. promesse de paiement
7. cautionnement
8. caution, celui qui se porte garant
9. serment judiciaire
10. serment quelconque
11. fidéicommis
12. foi chrétienne
13. doctrine religieuse
14. confession de foi, symbole doctrinal.

Seules les trois dernières rubriques portent l'astérisque qui, chez Niermeyer, atteste un usage antérieur au Moyen Age. L'accroissement du champ sémantique de *fides* entre le IVe et le XIIe siècle, correspond évidemment à l'importance croissante des rapports d'homme à homme aux dépens de l'ancienne notion d'Etat. *Fides* désigne en même temps l'essentiel du lien religieux et l'essentiel du lien social (le serment, la vassalité). Cela n'entraîne d'ailleurs aucune confusion: Isidore de Séville († 636) étudie les sens religieux et profane dans des livres distincts de ses *Etymologies*[15], tandis que Hugues de Saint-Victor (1096-1141) distingue une *fides* qui appartient aussi aux infidèles, car tout homme croit certaines choses sans les voir, de la *fides* qui est en Dieu[16]. Par contre, les sens religieux et profanes sont solidaires et les deux *fides* entretiennent un rapport analogique. Le concept religieux élaboré par les Pères servit de modèle aux institutions féodales et celles-ci donnèrent du lien religieux une image concrète, celle du rapport entre le « Seigneur » et les « fidèles », gagé sur le serment oral (*sacramentum*). De

---

[15] Isidore de Séville, *Etymologiarum sive originum libri XX*, éd. W. A. Lindsay, Oxford, 1911, 2 vol.; pour le sens profane: V, 24, 17 et pour le sens religieux: VIII, 2, 3-7.

[16] Hugues de Saint-Victor, *De sacramentis*, l. 1, pars X, c. 5 (*P. L.*, vol. 176, col. 333).

même, le rite féodal de l'*immixio manuum* devint le geste de la prière. Il y a donc lieu de parler, avec Alain Guerreau, d'un rapport d'équivalence générale entre le vocabulaire des institutions et le vocabulaire religieux[17]. Comme on va le voir, l'élaboration théologique du concept de *fides* tend à préserver, autant que possible, les conditions de cette équivalence.

2. L'élaboration théologique du concept

Le concept de *fides* évolue sans doute beaucoup jusqu'à la crise nominaliste, mais, d'un théologien à l'autre, les principaux éléments de définition restent stables. On peut donc faire état d'un consensus sur l'essentiel et négliger des divergences qui sont secondaires pour notre propos. La définition de la *fides* que donne Simon de Tournai à la fin du XIIe siècle est un bon point de départ: *Fides ergo, a qua fidelis dicitur, perceptio est veritatis rerum invisibilium ad salutem pertinentium*[18]. De plus, comme Simon dégage avec rigueur les implications de cette définition, son texte nous servira de guide.

Il apparaît d'abord que la *fides* concerne les choses invisibles, conformément à Hébreux 11, 3, toujours cité: *Est autem fides sperandarum substantia rerum, argumentum non apparentium*. A l'autorité de ce texte attribué à saint Paul s'ajoute celle de Grégoire le Grand: il n'y a aucun mérite à croire les choses évidentes[19].

On neutralise donc par l'exégèse le chapitre 14 de l'Evangile selon saint Jean, qui semble subordonner la *fides* au visible, à l'accomplissement de la promesse, et surtout l'épisode du doute de Thomas (Jean 20, 26-29): *Quia vidisti me, Thoma, credidisti...*[20]. Le disciple incrédule a cru autre

---

[17] A. Guerreau, *Le féodalisme. Un horizon théorique*, Paris, 1980, p. 183.

[18] Le texte est édité dans: G. Englhardt, *Die Entwicklung der dogmatischen Glaubenspsychologie in der mittelalterlichen Scholastik*, Munster/W., 1933, p. 403 et ss.

[19] Saint Grégoire, *XL homiliarum in Evangelia libri II*, II, 25 (*P. L.*, vol. 76, col. 1197): *Nec fides habet meritum, cui humana ratio praebet experimentum*. L'homélie porte sur Jean XX, 19-31.

[20] On reprend systématiquement la distinction proposée par Grégoire (*id.*, col. 1202): *Aliud vidit, aliud credidit*.

chose que ce qu'il a vu ; il a vu le Christ avec ses plaies, mais il a cru à sa divinité et à sa place près du Père, c'est-à-dire aux choses invisibles. Simon de Tournai établit en effet que la perception de la vérité par la *fides* se fait *ex signis probabiliter consequentibus* et *ex causis probabiliter praecedentibus*[21].

L'adhésion à l'invisible et la présomption que les signes sont gagés sur des choses lient étroitement les sens religieux et profanes de *fides*. L'institution féodale repose sur cette confiance dans les dispositions occultes du partenaire, dans la validité des signes qu'il en donne. Si le doute contaminait les engagements de fidélité, que deviendrait la société féodale? Ainsi s'introduit dans le système religieux une idée de crédulité encore constitutive de notre notion de croyance, et que nous projetons sans doute trop facilement sur l'ensemble des systèmes religieux.

Cela dit, la *fides* qui définit le fidèle n'est pas n'importe quelle crédulité ; elle ne concerne que les choses pertinentes au salut. Les opinions religieuses des uns et des autres ne sont pas mises sur le même plan ; ce ne sont pas des croyances vraies ou fausses, mais le contraire de *fides* est *infidelitas*, la croyance autre est une incroyance.

Concernant la partie de l'invisible qui est pertinente au salut, la *fides* est délimitée par les domaines de la science et de l'opinion. Comme il est d'usage depuis Hugues de Saint-Victor[22], Simon de Tournai place *fides* entre *scientia* et *opinio*. Il construit une typologie rigoureuse de ces trois comportements à partir de deux critères:

- le caractère probable ou nécessaire du lien entre les signes et les choses. Si ce lien est nécessaire, l'existence de l'objet est évidente;

- l'assentiment accordé à une proposition que l'on considère comme conforme à la réalité, en somme l'acceptation des signes comme valables pour une réalité.

---

[21] Englhardt, *loc. cit.*

[22] Hugues de Saint-Victor, *op. cit.*, l. 1, pars X, c. 2 (*P. L.*, vol. 176, col. 330); cf. Englhardt, *op. cit.*, p. 18.

On obtient donc le schéma suivant :

	assentiment	nécessité
scientia	+	+
fides	+	−
opinio	−	−

La science consiste à accepter l'évidence, la foi à croire sans évidence et l'opinion à évoquer, sans leur donner son assentiment, des propositions non évidentes. Cette dernière attitude convient pour les choses invisibles qui ne sont pas pertinentes pour le salut. Donner son assentiment mènerait alors vers l'hérésie qui est une *opinio* accompagnée de l'assentiment de la volonté.

Certitude relative à l'invisible, au probable, au non évident (on serait tenté de dire : à l'incertain), la *fides* est une catégorie épistémologique paradoxale que l'Antiquité ignorait. La *fides* du latin classique peut se tromper, être une *vana fides*, mais, contrairement à *opinio*, elle ne concerne pas le domaine épistémologique. Au contraire, la *fides* médiévale est l'adhésion à une vérité probable. Le probable étant ou bien vrai, ou bien faux, notre jugement ne porte que sur des choses vraies (nécessaires ou probables), ou des choses fausses (impossibles ou probables). La connaissance angélique peut porter sur le vrai et le faux, mais l'homme distingue le vrai, le probable et le faux. Comme le verbe *credere*, le jugement humain connaît trois valeurs de vérité, tandis que son objet se divise en vrai et faux. La *fides*, perception des choses invisibles, permet donc de remédier au caractère défectueux de la connaissance humaine, obscurcie par le péché. Il s'ensuit quelques conséquences importantes :

1. Le sujet connaissant ne peut accomplir ses tâches sans une adhésion au probable.

2. Cette adhésion au probable doit être limitée aux choses du salut. La confiance profane dans le hasard est répudiée, d'où l'attitude négative de la théologie envers la bonne fortune, la divination et le jeu.

3. La conception de la réalité en termes binaires de vrai et de faux, et de la connaissance en termes de modalités, butte

sur le redoutable problème de la connaissance divine, de la providence et des futurs contingents. Si le futur est entièrement connu et prévu par Dieu, l'univers est entièrement déterminé et l'homme privé de sa liberté. Il y a alors quelque inconséquence à rendre l'homme responsable du péché.

4. L'infériorité de la connaissance humaine peut s'articuler sur la réalité sociale du savoir. D'une part, la *fides* s'appuie sur l'autorité; d'autre part, ce qui est objet de science pour les uns doit être cru par les autres: *Quod ergo a docto scitur, a simplice creditur*, écrit Simon de Tournai. Le même rapport s'observe entre la science divine et l'imperfection humaine, entre l'autorité des Anciens et notre fidélité à leur enseignement, entre la vérité détenue par les docteurs et l'obéissance des simples. Ce rapport est précisément la *fides*.

Il s'agit là d'un point essentiel, car la *fides*, en tant que processus cognitif, aurait pu devenir proportionnelle aux connaissances probables de chacun. En fait, la *fides* est compatible avec l'ignorance, puisqu'elle supplée à la science. On pourrait à la limite «croire» des choses dont on ne possède pas la notion, car, selon Hugues de Saint-Victor, «celui qui croit un croyant est dit croire sans inconvénient»[23]. Au XIIIe siècle se mit en place l'opposition entre *fides explicita* et *fides implicita*, la foi des doctes et la foi des simples. On a récemment cherché ce que cela signifiait, non seulement dans les textes théoriques, mais encore dans la pratique médiévale de la catéchèse[24]. Il s'agissait, dans le meilleur des cas, d'obtenir des simples la récitation par cœur de l'*Ave Maria*, du *Pater noster* et du Credo. En y regardant de plus près, on s'aperçoit que la confession de foi, maintenue en latin dans les pays de langue romane, n'était pas censée

---

[23] *Id.*, c. 3 (*P. L.*, vol. 176, col. 331).

[24] P. M. Gy, «Evangélisation et sacrements au moyen âge», in: *Humanisme et foi chrétienne*, éd. Ch. Kannengiesser et Y. Marchasson, Paris, 1976, p. 565-572; J.-C. Schmitt, «Du bon usage du 'credo'», in: *Faire croire. Modalités de la diffusion et de la réception des messages religieux du XIIe au XVe siècle*, Rome, 1981, p. 337-361.

déboucher sur une compréhension, même minimale, du dogme, mais sur la capacité de se servir de ce latin incompréhensible à la manière d'une incantation. Les théologiens ne cachent pas leur méfiance envers les tentatives des laïcs pour s'instruire de la religion.

De la part des fidèles, croire consiste avant tout à ne pas chercher à savoir et à ne pas intervenir sur la scène doctrinale, ce qui apparaît clairement dans la *Somme théologique* de saint Thomas d'Aquin[25]. Parlant de l'*actus fidei interior*, il considère comme *fides implicita* le fait d'être prêt à donner raison à la Bible sur les points qu'on ignore, tandis que l'article suivant, *De exteriori actu fidei*, recommande aux laïcs la plus grande discrétion dans la confession publique de leur foi et décourage les comportements militants. On peut donc se demander si *fides* veut dire la même chose lorsqu'on parle des laïcs et des clercs, des simples et des doctes. En glosant la formule augustinienne *Credere est cum assentione cogitare*, les docteurs montrent que oui, car l'*assensio* supplée à la *cogitatio*. Hugues de Saint-Victor parle pour sa part de *cognitio* et d'*affectus*[26]. La *fides* des uns et des autres ne diffère que par le dosage de ces deux éléments : elle s'accroît tant par la science que par la dévotion. Le passage scripturaire qui permet de s'en assurer est Job 1 : *Boves arabant et asinae pascebantur juxta eos*. Les bœufs qui travaillent sont bien sûr les théologiens, auprès desquels paissent les ânes, c'est-à-dire le reste[27]. Le travail dont il s'agit est la *cogitatio*, on serait tenté de dire la rumination.

Dans un sens, le travail imaginaire des bœufs n'est autre que la *religio*, mot qui signifie d'abord «vie religieuse», «ordre religieux», voire «monastère». Nous nommons

---

[25] Saint Thomas d'Aquin, *Summa theologica*, II[a], II[ae], q. 2 et 3.

[26] Hugues de Saint-Victor, *op. cit.*, l. 1, pars X, c. 3 (*P. L.*, vol. 176, col. 331).

[27] Pierre de Poitiers, *Sententiae* (*P. L.*, vol. 211, col. 1093) : *Alii vero simpliciores credebant ista sub velamine, fidem habentes velatam, sicut est etiam hodie; quia quidam bestiales homines sunt, qui non sciunt distinguere articulos fidei, nec etiam nominare, qui tamen salvantur in fide majorum Ecclesiae. Unde Job: Boves arabant, et asinae pascebantur: per boves, majores; per asinas simplices intelligens.*

encore aujourd'hui «religieux» les *religiosi homines* du Moyen Age, les moines. La religion est alors le monopole des spécialistes du salut. Il reste aux simples l'obéissance, la fidélité, en somme l'acceptation du système social et religieux, la certitude que le Maître existe.

On s'en convaincra en examinant l'analyse de l'acte de foi que donne Pierre Lombard dans ses *Sentences*[28]. Trois étapes sont distinguées dans l'*actus fidei*:

1. *Credere Deo*, c'est-à-dire croire ce qu'il dit.
2. *Credere Deum*, croire qu'il est Dieu.
3. *Credere in Deum*, se donner à lui, s'incorporer à ses membres.

Tandis que les deux premières parties de l'acte de foi appartiennent aussi aux méchants et aux démons, la troisième est celle qui justifie et elle correspond à la formule du Credo, dont les deux premières sont absentes. Or cette formule suppose implicitement l'existence de Dieu, sa véracité et la validité de sa description. Sur ce point, on ne peut qu'être d'accord avec le théologien W. C. Smith: la *fides* médiévale est plus qu'une croyance. Au contraire, G. Englhardt, bien meilleur connaisseur de la théologie médiévale que Smith, reste pantois devant certaines argumentations et y voit des sophismes[29]. On trouve par exemple ce développement curieux dans un commentaire anonyme du *De Trinitate* de Boèce, au XIIe siècle[30]: «La *fides* est appelée l'argument du non-apparent, parce qu'elle se rapporte au non-apparent. Mais il est évident que la *fides* existe. Il est donc évident que le non-apparent existe. La *fides* est ainsi l'argument du non-apparent, c'est-à-dire de l'existence du

---

[28] Pierre Lombard, *Sententiarum libri IV*, l. III, dist. 23 (*P. L.*, vol. 192, col. 805 et ss.); cf. aussi saint Thomas, *Summa theologica*, II[a], II[ae], q. 2, a. 2.

[29] Englhardt, *op. cit.*, p. 31 et 63.

[30] *Inc.* In titulo (*P. L.*, vol. 95, col. 391): *Vel argumentum non apparentium quia fides est tantummodo non ex apparentibus. Sed constat, quod fides est. Ergo constat non apparentia esse: et ita fides argumentum non apparentium, i. quod non apparentia sint.*

non-apparent». Si nous traduisons *fides* par croyance, l'argument est moins qu'un sophisme: un non-sens. Mais si nous lui laissons le sens médiéval d'un rapport de fidélité, il est d'une justesse évidente, à supposer que la *fides* existe. Bien mieux, la fidélité qui s'exprime dans l'acte de foi, dans la génuflexion et dans le geste de la prière, implique un Dieu anthropomorphe, analogue au seigneur féodal. La négation de l'invisible et de Dieu passerait donc pour le refus de la *fides*; elle porterait sur les rites essentiels du système féodal et non sur de prétendues croyances.

On objectera peut-être qu'il serait possible de maintenir le rituel féodal sans accepter ses prolongements dans l'invisible. Mais, dans ce cas, les détenteurs de la *fides*, les puissants, deviendraient en quelque sorte «infidèles». La *fides* ne serait plus qu'un procédé de domination trop grossier pour être efficace. Il importe donc que les puissants et les producteurs de l'idéologie soient à leur tour les fidèles de quelqu'un, d'un Seigneur qui empêche le pouvoir de dégénérer en tyrannie et l'idéologie en bavardage arbitraire. Nous verrons le problème se poser en ces termes au XVIe siècle, après la disparition de la *fides* scolastique.

3. **Le statut logique de la *fides***

L'historien animiste qui assigne un «esprit» à une époque et qui peuple l'histoire de «mentalités», doit éprouver quelque désagrément, s'il nous lit. D'une part, il interprète sans doute notre description de la *fides* comme celle des «cadres mentaux» d'une époque; d'autre part, il s'étonne que ces «cadres mentaux» excluent précisément la «croyance», le matériau dont ils devraient être bâtis. Nous aimerions le convaincre qu'il n'est ni nécessaire, ni éclairant, de dire que les gens du Moyen Age croyaient ceci ou cela. Il suffit de remarquer que, s'ils étaient amenés à se prononcer sur les questions religieuses, l'institution leur imposait une règle du jeu, un vocabulaire rigoureusement codifié. Ce vocabulaire nous semble avoir été mis au point par les logiciens.

Lorsqu'on déduit de la *fides* l'existence de son objet, on passe de propositions vraies sur un système religieux à l'assertion de l'existence de Dieu d'une manière qui peut sembler absurde. Personne ne déduirait de la proposition « le dragon est un serpent qui crache des flammes » l'existence de dragons. De fait, cette proposition est fausse en logique aristotélicienne, précisément parce que le dragon n'existe pas. La copule *est* implique l'existence du sujet, de sorte que toute proposition du type « A est B » contient implicitement la proposition « A est », « A existe ».

Le raisonnement logique d'Aristote porte sur des substances corporelles dont l'existence est évidente ou sur des universaux qui sont les classes de telles substances. Au IIIe siècle de notre ère, Porphyre donne une première typologie des substances, connue sous le nom d'« arbre de Porphyre »[31], que Boèce remanie au début du VIe siècle, en divisant les substances en corporelles et incorporelles[32]. C'est reconnaître implicitement l'existence de substances incorporelles et donc invisibles, susceptibles de donner un objet à la *fides*.

Nous allons voir que le système ainsi réformé amène plus que la simple possibilité de l'existence de Dieu. Si nous distinguons d'une part l'assertion qu'un objet existe, d'autre part l'évidence d'une proposition relative à cet objet, nous obtenons quatre cas:

	assertion	évidence
scientia	+	+
fides	+	−
?	−	+
opinio	−	−

On retrouve ainsi un schéma d'implication qui se dissimulait dans la typologie de Simon de Tournai. La science consiste en propositions évidentes sur des objets existants, la foi en des propositions non évidentes sur des objets dont l'existence est affirmée, l'opinion en des propositions non évidentes sur des

---

[31] Porphyre, *Isagoge*, éd. A. Busse, Berlin, 1887 (Commentaria in Aristotelem graeca, vol IV), p. 4.

[32] Boèce, *In Porpyrium Dialogi* (*P. L.*, vol. 64, col. 39 et ss.); *Commentaria in Porphyrium* (*id.*, col. 101 et ss.).

objets dont l'existence n'est pas affirmée. Il reste le cas des propositions évidentes sur des objets dont l'existence n'est pas affirmée, c'est-à-dire le cas du dragon qui crache des flammes. De telles propositions constitueraient un savoir sur l'inexistant si leur validité était reconnue, mais elles sont réputées fausses. L'existence est ainsi impliquée par l'évidence et il y a un excès d'existence par rapport à l'évidence. Il existe des choses qui ne sont pas évidentes, les objets de la *fides*, mais il n'y a pas d'évidences relatives aux choses qui n'existent pas. Il n'y a donc pas de place pour une activité critique qui porterait sur l'imaginaire ou sur l'idéologie. Les fantaisies mythologiques relèvent au Moyen Age du poète et du mythographe; les présupposés logiques du théologien l'empêchent de les évoquer. Nous verrons plus loin que, lorsqu'il est forcé de le faire dans la lutte contre les superstitions, il fait craquer le vocabulaire de la *fides* et annonce celui de la croyance.

Il existe ainsi des entités invisibles qu'il appartient au théologien de connaître, malgré l'absence d'évidences sensibles. Il utilise à cet effet les moyens à sa disposition, c'est-à-dire des moyens non scientifiques. Il raisonne donc sur le probable, sur l'analogie et sur l'autorité:

– La probabilité, comme nous l'avons vu, est celle d'un rapport entre les signes et les choses: *ex signis probabiliter consequentibus, ex causis probabiliter praecedentibus*. Le plus souvent, les preuves de l'existence de Dieu ne sont données que comme une forte probabilité, ainsi chez saint Thomas. En effet, si l'on considérait comme évident un argument tel que celui de saint Anselme, on ferait du système religieux une science et la *fides* ne servirait plus à rien. Mais il importait plus de légitimer le concept central du féodalisme que de prouver l'existence de Dieu, de telle sorte qu'on n'attendit pas Kant pour dénoncer la pieuse maladresse de saint Anselme[33].

– L'importance de l'analogie dans la pensée médiévale est bien connue, mais on oublie généralement de dire qu'elle n'est pas considérée par les docteurs comme une

---

[33] Cf. E. Gilson, *La philosophie au moyen âge*, rééd., Paris, 1976, vol. 1, p. 246.

démarche scientifique. On raisonne par analogie faute de mieux, ou pour convaincre. Boèce classe l'analogie, sous le nom de *paradigme*, dans les raisonnements autres que le syllogisme et il qualifie son effet de *fides ex similibus*[34]. La description de l'univers invisible sur le modèle de l'univers social est un exemple caractéristique de ce procédé.

- Faute de critères scientifiques pour les choses invisibles, on confère aux auteurs jugés catholiques le privilège exorbitant de l'autorité, d'où l'exigence bien connue de les concilier.

Dans tout cela, il n'y a rien d'illogique ou de prélogique. Si nous utilisions les mêmes présupposés, nous ne pourrions pas raisonner autrement. Or, jusqu'à nouvel ordre, le choix des règles de logique et des critères d'existence des objets n'est pas un problème logique, mais métalogique. Du reste, toute pensée fait appel à des raisonnements probables, y compris la nôtre. Il suffit de ne pas leur accorder une validité logique qu'ils ne possèdent pas, ce que le Moyen Age se gardait bien de faire. Avec Bochenski, nous pensons que la problématique logique est une à travers l'histoire[35]. Mais un système logique ne sert à quelque chose que s'il représente quelque chose, que s'il est, selon l'expression de Wittgenstein, l'«image» d'un univers. Il apparaît alors comme normal que la naissance du féodalisme se soit accompagnée d'une manipulation des données métalogiques qui permit au système logique de représenter le nouvel univers, en remplaçant le couple *scientia / opinio* par la triade *scientia / fides / opinio*. De même, l'agonie du féodalisme s'accompagnera de la ridiculisation des logiciens médiévaux et, d'ailleurs, d'un effondrement des connaissances logiques[36].

---

[34] Boèce, *Priorum analyticorum Aristotelis interpretatio*, II, 24 (*P. L.*, vol. 64, col. 709).

[35] J. M. Bochenski, *Formale Logik*, Munich, 1956, p. 17 et s.

[36] Deux précisions méthodologiques:
- En parlant de système logique, nous n'entendons pas une logique qui se distinguerait d'autres logiques, mais l'assignation à la logique, par des procédés métalogiques, d'un domaine de représentation.
- Nous disons bien que le système logique représente le système

4. La preuve a contrario

Si la pensée d'une époque s'insérait dans des « cadres mentaux », il ne serait pas possible qu'un homme du Moyen Age ait démoli le système de la *fides*. Saint Bernard et Guillaume de Saint-Thierry ont reproché ce crime à Abélard[37]. Tandis que les libres-penseurs du XIXe siècle lui en firent gloire, les pieux médiévistes du XXe préfèrent l'innocenter. Abélard suscita l'émotion de ses adversaires en définissant la *fides* comme une *existimatio*, mais ils n'auraient pas compris ce qu'il voulait dire. Le mot *existimatio* est en effet susceptible d'un sens très fort, bien différent de celui d'« estimation », et ne suppose pas nécessairement le doute[38].

Pour savoir ce que voulait dire Abélard, il ne suffit pas d'énumérer les sens possibles d'*existimatio*; il faut prendre celui qui est compatible avec son système logique. Or, une surprise nous attend ici: Abélard admet, dans sa *Dialectica*, le raisonnement sur les objets inexistants. Plus exactement, il enlève à la copule *est* sa valeur existentielle, de telle sorte qu'une expression comme *chimaera est opinabilis* devient valide[39]. S'il est possible de raisonner sur de tels objets, l'évi-

---

social et nous n'attribuons en aucun cas cette tâche à l'idéologie qui servirait plutôt à le dissimuler. La confusion est fréquente et conduit droit à la *Spiegeltheorie*.

[37] Saint Bernard, *Tractatus de erroribus Abaelardi* (*P. L.*, vol. 182, col. 1053-1072), en particulier le chapitre 4 sur la définition de la foi; Guillaume de Saint-Thierry, *Disputationes adversus Abaelardum* (*P. L.*, vol. 180, col. 249-328).

[38] Pierre Abélard, *Epitome theologiae christianae* (*P. L.*, vol. 178, col. 1695). Sur *existimatio*, on se reportera en dernier lieu à: P. Michaud-Quantin, *Etudes sur le vocabulaire philosophique du Moyen Age*, Rome, 1971 (Lessico intellettuale europeo, 5).

[39] Pierre Abélard, *Dialectica*, éd. L. M. de Rijk, Assen, 1956, p. 135 et ss. Dans sa présentation, par ailleurs excellente, De Rijk nous semble avoir mal interprété le problème de la copule (p. XL et ss.). Il tente en effet de comprendre le texte incomplet de la *Dialectica* à l'aide d'ouvrages antérieurs d'Abélard, comme la *Logica ingredientibus*, qui, de surcroît, s'adressait aux débutants. C'est oublier qu'un penseur peut évoluer. Dans la *Logica ingredientibus*, Abélard considère encore que la copule *est* sous-entend le prédicat *ens*, ce qu'il dément formellement dans la *Dialectica*, où il s'aperçoit que cela mènerait à une régression à l'infini du type: *Socrates est ens ens* (*op. cit.*, p. 162).

dence n'implique plus l'existence: il y a des évidences relatives à l'inexistant. Face à la *fides* qui confère l'existence à ce qui n'est pas évident, une autre attitude peut s'introduire: la critique qui montre l'inexistence de certaines entités.

Du coup, le sens du mot *fides* change chez Abélard. Il désigne ou bien une conviction fondée sur la science, ou bien une opinion probable dont il faut se méfier. Le développement qu'il consacre à l'opinion probable peut certes s'autoriser de Boèce, mais on note quelques nuances qui sont dévastatrices pour la théologie[40]. « Toute personne se trompe, écrit-il, qui reçoit comme vraie une conséquence probable.» Il arrive assez facilement qu'on prête foi au conséquent (*fidem consequentis capit*) sans accepter la consécution ou l'inférence. Une jeune fille qu'on rencontre la nuit en train de converser en secret avec un jeune homme se verra ainsi attribuer une liaison. Ce qui ne suffit pas à l'inférence suffit amplement à la foi. Mais ce procédé réclame la discrétion du dialecticien. On peut s'en servir pour prêcher les convaincus, mais il faut éviter cette démarche dans la quête de la vérité (*in inquisitione veritatis, in investigatione veri ac falsi*), car elle mène à des sophismes.

Dans le prologue du traité sur les hypothétiques, Abélard se trahit encore un peu plus en essayant de se défendre: « Si vraiment ils prétendent que la logique milite contre la *fides*, alors ils confessent que celle-ci n'est en aucun cas une science. La science est en effet la compréhension de la vérité des choses, dont la sagesse, en quoi consiste la *fides*, est une espèce »[41]. Ou bien la *fides* a comme objet la vérité et c'est une science, ou bien elle est en désaccord avec la logique et elle s'oppose alors à la vérité. Abélard oblige ainsi la *fides* a s'intégrer dans le camp de la science ou dans celui de l'opinion. Il lui ôte la place spécifique que ses contemporains lui attribuent. Saint Bernard et Guillaume de Saint-Thierry avaient donc parfaitement raison d'enrager. Il est aussi vain

---

[40] Abélard, *op. cit.*, p. 277-278.

[41] *Id.*, p. 469: *Si vero adversus Fidem militare artem concedant, eam procul dubio non esse scientiam confitentur. Est enim scientia veritatis rerum comprehensio, cuius species est sapientia, in qua Fides consistit.*

de nier le problème en constatant que la « foi » d'Abélard paraîtrait convenable au XXe siècle que de présenter le philosophe comme un précurseur de la laïcité. Si la *fides* du XIIe siècle est plus qu'une « opinion » religieuse, Abélard représente vraiment une menace pour l'ordre féodal et saint Bernard fait un peu moins figure d'hystérique.

2. LA DESTRUCTION DE LA *FIDES* MÉDIÉVALE

Le concept de *fides* n'a donc rien d'irrationnel, mais il s'inscrit dans un système logique cohérent, apte à représenter un univers social particulier. Lorsque cet univers se modifie, le concept en vient à fonctionner en contradiction avec la réalité, puis à distance de la réalité. Il présupposait en effet que le lien social essentiel soit la fidélité, que les attitudes religieuses puissent s'interpréter en termes de *fides* et d'*infidelitas*, que la chrétienté soit unie.

Considérée comme lien social et comme phénomène religieux, la *fides* était coexistante à la féodalité. Sur les marges se trouvait l'*infidelitas* en particulier celle des musulmans. En revanche, la *perfidia* des juifs faisait partie du système, puisqu'ils témoignaient malgré eux pour celui qu'ils auraient trahi. Les problèmes commencent avec le développement des villes, fondé sur de nouvelles institutions, et celui du pouvoir royal qui, sans abolir les institutions féodales (il s'appuie au contraire sur elles), tend à les subvertir progressivement. Le retour au droit romain à partir du XIIe siècle, lié au redéploiement de l'écriture, donne au pouvoir des caractères nouveaux. Qu'il s'agisse de l'économie ou de la politique, le document écrit permet à la société de fonctionner hors des rapports de fidélité[42]. Il n'est besoin ni de fidélité, ni même de confiance, pour obéir aux lois ou pour exécuter un contrat: il suffit de craindre la force publique. Voici donc

---

[42] Ceux-ci ne restent essentiels que dans la sphère privée. Encore faudrait-il s'interroger sur les raisons qui poussent la littérature satirique, à partir du XIIIe siècle, à faire de l'infidélité conjugale son thème de prédilection.

démentie l'affirmation de saint Augustin: si l'on ôte la *fides* aux relations humaines, il ne s'ensuit pas nécessairement une horrible confusion.

1. L'échec de l'Inquisition

Ce changement des pratiques sociales met en cause l'interprétation des attitudes religieuses en termes de *fides* là où on s'y attendrait le moins, dans la répression de l'*infidelitas*. Tant que le lien religieux est conçu comme une sorte de fidélité vassalique, il est nécessaire et suffisant que la population s'engage publiquement dans ce lien et on croira sans trop de preuves ce qu'elle affirme. Seul le refus public et scandaleux d'un article de foi justifie le recours à la force, le reste relève de la «confession» des péchés. Mais l'outil répressif se modernise au début du XIIIe siècle, emprunte les méthodes du droit romain et devient l'Inquisition. Bien que sa fonction supposée soit de prévenir plutôt que de punir, ses méthodes sont incompatibles avec la définition traditionnelle de la *fides*. Car il s'agit maintenant d'établir une vérité objective par des preuves. Lorsqu'une personne est soupçonnée d'hérésie, on ne peut plus se contenter de lui imposer un serment et une obéissance extérieure, car, si cette personne est vraiment «sans foi», son serment n'a pas de valeur. D'où la nécessité de lui enlever la personnalité juridique, d'instruire le procès à son insu et de recourir éventuellement à la torture, comme on le faisait à Rome avec les esclaves. Il ne s'agit donc plus vraiment d'obtenir la fidélité, mais de prouver après coup l'infidélité opiniâtre.

La pratique de l'interrogatoire donne à l'infidélité la forme de l'erreur dogmatique, ce qui a quelque chose d'arbitraire dans une société qui n'est pas catéchisée. Une fois l'erreur établie, l'hérétique est transformé en monstre: on lui fait confesser la bestialité, l'adoration du diable, etc. L'Inquisition est donc une arme trop absolue pour s'utiliser contre les menues déviations de la *fides*, surtout contre les plus massivement répandues. Aussi se désintéresse-t-elle, jusqu'au XVe siècle, du problème des superstitions. Plus exactement, les inquisiteurs ne consentent à s'en occuper que lorsqu'ils ne peuvent pas faire autrement et ils se conduisent alors en prédicateurs, plutôt qu'en tortionnaires[43]. L'Inquisition est encore plus désarmée devant un phénomène qui commence au XIIIe siècle et qui se développe pendant toute la fin du Moyen Age, la piété laïque, ou plutôt la mainmise des laïcs sur la piété, dans la mesure où ils ne tiennent pas à se dresser contre l'Eglise. D'où, par exemple, l'interminable affaire des béghards et des béguines qu'on ne peut ni accepter, ni exterminer.

Enfin, l'Inquisition échoue devant l'éclatement de la chrétienté. Comme la *fides* est un lien politique et religieux, sa défense demande la collaboration de l'Eglise et du bras séculier. En l'occurrence, la rigueur de l'Inquisition suppose un Etat fort. En 1233, Conrad de Marburg qui tentait de l'introduire en Allemagne disparaît dans un attentat[44]. Mais, lorsqu'un tel Etat existe, il l'utilise à son profit. En France, elle est dévoyée par Philippe le Bel, puis passe au XIVe siècle sous la coupe du Parlement[45]. A l'époque des schismes, il aurait été suicidaire pour tout le monde de vouloir rétablir l'unité de la *fides* par de tels moyens. L'Inquisition en vient, dès la première moitié du XIVe siècle, à explorer l'univers de la magie, puis elle se tourne vers la sorcellerie et l'immoralité au XVe siècle. En revanche, elle n'interviendra pas face à Luther[46].

2. La crise nominaliste

La dérive de l'Inquisition accompagne la mise en question discrète, mais inexorable, des liens qui unissaient la *fides* en Dieu et les institutions. L'influence des Arabes est ici décisive et elle s'exerce pleinement lorsque les institutions féodales, qu'ils ignoraient, cèdent du terrain devant la renais-

---

[43] Les interventions d'Etienne de Bourbon, que nous connaissons par ses *exempla*, sont un bon exemple de cette attitude. Cf. Etienne de Bourbon, *Anecdotes historiques, légendes et apologues*, éd. A. Lecoy de la Marche, Paris, 1877; J.-C. Schmitt, *Le saint lévrier. Guinefort, guérisseur d'enfants depuis le XIIIe siècle*, Paris, 1979.

[44] N. Cohn, *Europe's Inner Demons*, New York, 1975, p. 28.

[45] H. C. Lea, *A History of the Inquisition of the Middle Ages*, reprint, New York, 1955, vol. 2, p. 130 et ss.

[46] *Id.*, p. 425.

sance de l'Etat. Avec sa vision anthropomorphique de Dieu, le XIIe siècle avait échappé aux conséquences religieuses du problème des futurs contingents. On trouve chez Boèce un compromis entre le libre-arbitre et la providence qui est à peu près le modèle de ceux qui suivront[47]. On prétend, écrit-il en substance, que l'univers doit être entièrement déterminé pour que puisse s'exercer la providence divine, car seul le nécessaire est objet de savoir. Mais, si Dieu considérait le monde comme entièrement déterminé, il se tromperait, car la contingence existe. Sa providence consiste donc à savoir que certaines choses se produiront de manière contingente. Même Abélard propose une solution de ce type : Dieu prévoit que les choses n'arrivent pas par nécessité ; elles peuvent se produire autrement qu'il ne l'avait précédemment prévu, sans qu'il se trompe pour autant[48]. C'est évidemment leur anthropomorphisme qui permet ces dérobades aux Occidentaux, tandis que les Arabes doivent faire face au problème dès le XIe siècle, avec Avicenne[49]. Il s'agit en gros de trouver une solution qui permette le libre-arbitre (sans lequel il n'y aurait plus de responsabilité ni de comportement punissable)[50], la providence et la prévision du futur (sans laquelle il n'y aurait ni prophéties, ni science). La notion de toute-puissance divine complique le problème en rendant illusoire la métaphore du lien d'homme à homme. Un nécessitarisme conséquent sauverait la providence, mais transformerait Dieu en automate sans initiatives, tandis qu'un contingentisme conséquent le présenterait comme un despote capricieux et imprévoyant.

La discussion sur les futurs contingents mène à un second problème, qui intéresse les Arabes depuis le Xe siècle, celui de l'essence et de l'existence. Car, pour autant qu'une chose entre dans l'univers d'une manière contingente, son existence ne peut être assimilée à son essence sans que cette essence devienne à son tour contingente. Si les essences

---

[47] Boèce, *In librum de interpretatione. Editio secunda*, l. III (*P. L.*, vol. 64, col. 495 et ss.).

[48] Pierre Abélard, *Dialectica*, p. 217 et ss.

[49] Exposé très clair dans : Gilson, *op. cit.*, vol. 1, p. 344 et ss.

[50] Comme l'affirme explicitement Boèce, *loc. cit.*, col. 506 et 509.

étaient contingentes, il n'y aurait plus de connaissance scientifique. Aussi voit-on s'introduire dans la philosophie des essences sans existence, à partir d'Alfarabi († 950). Pour les logiciens médiévaux, il s'agissait d'un cadeau empoisonné qui obligeait à réviser tout le problème de l'existence logique.

Ce travail fut exécuté par les logiciens au milieu du XIIIe siècle. Avec Guillaume de Shyreswood et Pierre d'Espagne, la logique médiévale se dote d'une sémantique remarquable et parvient à définir la validité logique indépendamment des états de choses. On distingue entre l'appellation « l'emploi d'un terme pour une chose existante »[51], et la supposition, le fait qu'un signe « pris pour quelque chose peut être combiné avec d'autres signes du langage dans une proposition »[52]. La supposition ne dérive donc pas, comme le montre Moody, d'un rapport entre le signe et la chose, mais de la possibilité de combiner le signe avec d'autres signes. La logique est ainsi devenue nominaliste à partir de Pierre d'Espagne, que les docteurs soient réalistes ou nominalistes dans les problèmes philosophiques[53]. On assiste ainsi à un premier clivage, entre la logique et l'ontologie qui peuvent évoluer indépendamment.

Un second clivage apparaît, sous l'influence d'Aristote, entre le domaine religieux et le domaine scientifique. Pour Albert le Grand comme pour saint Thomas, la science du grand philosophe païen se suffit à elle-même[54]. Il reste qu'elle est conciliable avec la vérité religieuse, ce que les averroïstes s'empressent de démentir. Enfin, le nominalisme réconcilie ontologie et logique, laissant à la seule théologie le soin de situer, par rapport à cet ensemble, une vérité religieuse qui échappe à la raison humaine. Cette évolution se manifeste, à partir du XIIIe siècle, par la substitution à un uni-

---

[51] Bochenski, *op. cit.*, p. 202.

[52] E. A. Moody, *Truth and Consequence in Medieval Logic*, Amsterdam, 1953, p. 20.

[53] Moody, *op. cit.*, p. 1 et ss.; l'auteur dénonce la confusion de Gilson et d'autres historiens qui s'étonnent que tout le monde soit ockhamiste en logique, faute de distinguer la logique formelle de l'ontologie.

[54] Gilson, *op. cit.*, vol. 2, p. 507-508.

vers partiellement visible, partiellement invisible, d'un univers naturel et d'un univers surnaturel qui auraient leurs lois propres. Il va de soi que la *fides* se trouve confinée dans l'approche du surnaturel.

On a beaucoup insisté sur la libération de l'activité scientifique par ces clivages[55]. Il se peut bien que l'affaire Galilée eût été impossible à la fin du Moyen Age et que les clivages favorisaient l'autonomie de la science. Mais on oublie facilement que la *fides* est à son tour libérée des contraintes de la raison humaine, ce qui ne nous paraît pas sans rapports avec l'exubérance qui s'empare des conceptions religieuses. Enfin, la *fides* cessant d'être un fondement du savoir tout comme elle cesse d'être un fondement de la société, un nouveau problème apparaît, celui des fondements de la *fides*, qui n'existait par précédemment[56].

Il ne peut être question d'examiner une à une les théories qui fondent la *fides* à la fin du Moyen Age. On se contentera d'énumérer les principales et de montrer qu'elles posent autant de problèmes qu'elles n'en résolvent. Les fondements de la *fides* sont tantôt surnaturels, rationnels, volontaires et psychologiques, sans que ces quatre possibilités s'excluent: on assiste plutôt à de savants dosages. Les fondements surnaturels sont bien sûr toujours admis: personne ne nie que la foi soit un don de Dieu. Il est moins sûr qu'il faille comprendre ce don de Dieu comme identique à l'une ou l'autre des autres causes, ou comme un facteur spécifique. La distinction entre la grâce et les fondements psychologiques de la *fides*, par exemple, ne devient claire que très progressivement[57].

La solution qui consiste à faire de la *fides* surnaturelle une illumination de l'âme apparaît chez Guillaume d'Auxerre[58] et se développe chez les mystiques, mais elle ne devient jamais le courant dominant, car elle présente des dangers. Elle porte en germe des attitudes prophétiques qui se retour-

---

[55] *Id.*, p. 460; Gilson reprend les thèses de P. Duhem.
[56] Cf. A. Lang, *Die Wege der Glaubensbegründung bei den Scholastikern des 14. Jahrhunderts*, Munster/W., 1931, p. 3 et ss.
[57] Englhardt, *op. cit.*, p. 2-3.
[58] *Id.*, p. 166 et ss.

nent souvent contre l'autorité de l'Eglise militante, la volonté d'obéir à Dieu et non à ses représentants plus ou moins autorisés. L'illuminisme se développe dans les milieux laïcs dès le début du XIVe siècle. Marguerite Porete, brûlée en 1310, nous a laissé un *Miroir des simples âmes*, où l'illuminisme permet de dévaloriser l'Eglise militante ou, comme elle dit, «Eglise la petite»[59]. Malgré plus de prudence, Jeanne d'Arc fut entraînée par ses voix à opposer la communion des saints à l'Eglise visible.

Les fondements rationnels de la *fides* peuvent se diviser en crédibilité interne et externe. Pour des raisons que nous avons vues plus haut, la crédibilité interne ne peut dépasser une forte probabilité, celle qu'on attribue éventuellement aux preuves de l'existence de Dieu. Les théologiens qui s'opposaient au rationalisme du XIIe siècle avaient mis l'accent sur l'impossibilité d'atteindre par la raison le contenu de la *fides* et cette attitude se prolonge au XIIIe siècle[60]. Pour saint Thomas, il est suffisant que la vérité surnaturelle ne contredise pas la raison. Mais les nominalistes enlèvent toute probabilité particulière au contenu de la foi dans un univers contingent. Pour Guillaume d'Ockham, Dieu aurait aussi bien pu s'incarner sous la forme d'un âne, vouloir qu'on le haïsse, promouvoir le vol et l'adultère[61]. Robert Holcot fait un pas de plus en admettant la possibilité d'un Dieu menteur et il sera suivi dans cette voie par Adam Wodeham, Pierre d'Ailly, Gabriel Biel[62] et finalement par Luther[63].

La crédibilité externe de la *fides* n'est pas plus évidente. Certains la placent très haut, ainsi Duns Scot qui, considérant le contenu comme inaccessible à la raison et ne tenant nullement à favoriser l'illuminisme, insiste sur une révélation qui est suffisamment contenue dans l'Ecriture et dont la réalisation des prophéties, la concordance des textes et l'autorité

---

[59] Ce traité est publié dans: R. Guarnieri, «Il movimento del libro spirito, testi e documenti», in: *Archivio italiano per la storia della pietà*, t. 4 (1965), p. 351-708.
[60] Lang, *op. cit.*, p. 5 et ss.
[61] Gilson, *op. cit.*, vol. 2, p. 652.
[62] Lang, *op. cit.*, p. 146.
[63] Cf. J. Wirth, *Luther. Etude d'histoire religieuse*, Genève, 1981, p. 104.

des écrivains prouvent la véracité. Certes, nous possédons une *fides infusa*, mais nous n'en avons aucune évidence directe et c'est l'Ecriture qui nous conduit à y croire[64]. Mais l'attribution d'une grande certitude à la crédibilité externe mène aux mêmes conséquences que l'insistance sur la rationalité du contenu. On rend la *fides* indirectement évidente et donc sans mérite, tout en s'interdisant la compréhension de l'*infidelitas*. Holcot, par exemple, parvient à une contradiction, peut-être naïve, peut-être cynique, en tout cas dangereuse[65]. Il rejette à la fois le volontarisme d'Ockham et la crédibilité interne, au profit de la crédibilité externe : miracles, témoignage des gens de bien, etc. « Si l'on demande à un croyant la cause de sa foi, il ne peut en donner d'autres que celle-ci : qu'il croit ainsi, parce qu'il apparaît que les choses sont telles qu'elle le dit ». Il lui faut donc expliquer l'existence d'infidèles par des déterminations autres que rationnelles : les influences astrologiques et l'éducation religieuse, ce qui l'amène à un psychologisme qui se retourne contre la *fides* : « On dit que ceux dont Mercure dispose la complexion sont aptes à croire facilement au surnaturel ». L'aveu des déterminations contingentes et naturelles de la *fides* ne posait aucun problème tant qu'il n'était pas nécessaire de la fonder. Englhardt va jusqu'à penser que la psychologie de la foi, avant le XIIIe siècle, était exclusivement celle de la foi inculquée, qu'on appellera plus tard *fides suasa* : un *habitus*, un comportement acquis difficile à modifier[66]. Dès qu'il s'agit de fonder la *fides*, sa réduction à l'*habitus* devient catastrophique.

Faut-il opposer le volontarisme d'Ockham au psychologisme dans lequel tombe Holcot ? Qu'on réduise la *fides* à ses déterminations matérielles ou qu'on en fasse une décision arbitraire, on lui enlève tout fondement à proprement parler. De fait, l'existence d'un fondement surnaturel est admise, mais, comme il faut éviter l'illuminisme, le don surnaturel de Dieu est présenté comme imperceptible et inconscient ; il se

---

[64] Lang, *op. cit.*, p. 74 et ss.
[65] *Id.*, p. 159 et ss.
[66] Englhardt, *op. cit.*, p. 118 et ss.

combine avec la volonté de l'homme, libre ou déterminée. Il reste à comprendre comment un Dieu tout-puissant aurait besoin de la volonté humaine pour exercer sa grâce. La grâce, ne dépendrait-elle donc en rien de la volonté humaine et des vertus? C'est bien ce que Marguerite Porete, les libertins spirituels et, jusqu'à un certain point, Wiclif, Hus, puis Luther ont dit. Prendre une telle position, c'est mettre en question les œuvres, inventer une économie du salut qui se révèle contradictoire avec les besoins économiques de l'Eglise. Celle-ci rejette donc dans l'hérésie ceux qui professent la genèse surnaturelle de la foi au détriment des œuvres. A moins de considérer les compromis comme des solutions, il faut admettre que le problème des fondements de la *fides* était devenu insoluble.

3. Les conséquences sur le vocabulaire

Dans ces conditions, le mot *fides* évolue rapidement, non pas vers le sens moderne de «foi», mais vers celui de «croyance». On se refuse encore à distinguer la foi, don gratuit de Dieu, d'une croyance qui serait alors purement subjective, mais le mot *fides* s'étend à ces deux acceptions que seule une confusion volontaire réunit encore, à partir du moment où les relations de l'homme à Dieu cessent d'être pensées en termes de fidélité vassalique. Il s'agit désormais de concilier l'idée d'un souverain tout-puissant, dispensateur de sa grâce, et celle d'un sujet, impuissant devant ce Dieu, mais libre de refuser cette grâce et capable de satisfaire partiellement par ses mérites. L'Eglise sert de médiateur et prescrit avec une étonnante précision les œuvres qui raccourcissent le séjour au purgatoire, au point qu'on peut se demander qui – de Dieu ou du pape – libère de ce séjour. Mais un rapport à Dieu qui passe par une Eglise divisée et malade, peut-il encore valoir comme rapport à la vérité? La *fides* est-elle vraiment plus qu'une croyance?

L'érosion du vocabulaire de la foi est particulièrement nette chez Jean Gerson, car le chancelier de l'université de Paris subit d'autant plus les problèmes religieux de son temps qu'il est engagé dans la pastorale. Le contact des laïcs imprègne son latin de gallicismes. Lorsqu'il n'affronte pas ses adversaires dans un tribunal dont il serait le procureur, il ne peut leur imposer le vocabulaire. Du reste, ses adversaires ne se réduisent pas à une hérésie organisée, aux contours bien tracés.

La première conséquence de cette situation est l'apparition, à côté d'*error* et d'*opinio*, de nouveaux concepts pour définir les déviations religieuses. Gerson fait un emploi fréquent de *fabula* et de *fabulosus* qui supposent le passage de la réfutation à la critique. Face à une *opinio*, l'inquisiteur essaie de persuader. Si l'*opinio* est *vehemens*, il est amené à organiser un autodafé, un «acte de foi». Mais il n'y a pas de *fabula vehemens*; croire en une fable n'est pas l'acte coupable d'une volonté libre qui serait à même de répudier son erreur. A propos des observations superstitieuses, Gerson se livre à ce que nous appelons une critique, en expliquant les causes de la déviation: «La septième cause de cette corruption du jugement rationnel provient de la première enfance; ce sont les récits de mères et de nourrices sottes. Elles prennent en effet plaisir à raconter des fables extraordinaires (*fabulas admirabiles*) et l'âge enfantin qui en est nourri ne s'en débarrasse plus, car ce qu'une tête apprend jeune, elle le professe avec l'âge.»[67]

Fabula possède ici un sens de notre notion de croyance qui n'appartient ni à *error*, ni à *opinio*, celui d'une opinion héritée dont l'éducation et le milieu sont les causes. Le mot ne vient évidemment pas du vocabulaire anti-hérétique et surtout, il n'appartient pas en propre à la critique des superstitions. Gerson se plaint qu'on se moque des théologiens, lorsqu'ils se prononcent en faveur de l'existence des démons, *quasi fabulosa sit eorum responsio*[68]. Sa position n'est pas facile; il veut faire admettre que les démons ne sont pas des fables, mais que les observations magiques des médecins sont, sauf exceptions, *fabulosas*[69].

Il commente en fait la décision émise en 1398 par la Sorbonne sur les arts magiques. L'article douze dénonce

---

[67] J. Gerson, *Œuvres complètes*, éd. Mgr. Glorieux, Tournai – Rome, 1960-1973, t. 10, p. 120 (*Contra superstitiosam dierum observantiam*).

[68] *Id.*, p. 78 (*De erroribus circa artem magicam*).

[69] *Id.*, p. 82.

comme *error* l'opinion que les pratiques douteuses des chrétiens excusent celles des autres. Les théologiens sont donc confrontés à la constatation redoutable que les rites « magiques » et les pratiques pieuses sont des actes de même espèce. Gerson doit ainsi concéder de mauvaise grâce que « les mêmes choses se produisent et sont tolérées par l'Eglise dans certains pèlerinages, dans le culte des images, les cierges ou les cires, l'eau bénite et les exorcismes... Franchement, nous ne pouvons nier que bien des choses ont été introduites chez les chrétiens simples sous l'apparence de religion, dont l'omission serait plus sainte ; mais on les tolère, car on ne peut les abolir complètement »[70]. En fait, ce ne sont pas quelques abus, mais la religion même qui est en cause, car la Sorbonne doit condamner à l'article treize de sa décision une opinion autrement révoltante : « Que les saints prophètes et d'autres eurent leurs prophéties par de tels arts, firent des miracles et expulsèrent les démons ainsi. »

Gerson se débat donc dans un dilemme : ou bien le diabolique est fabuleux et l'Eglise doit renoncer à certaines de ses pratiques, ou bien il est réel et il faut exterminer les *vetulae sortilegae, gallicae vieilles sorcières*[71], ce que l'Eglise commencera à faire dans les années 1420, après avoir hésité. Il maintient que leurs agissements se font *ex sola hominum phantasione et melancolica imaginatione*.

L'Eglise ne peut donc plus se présenter de manière conséquente comme la ligne de partage entre la vérité et l'erreur, entre *fides* et *opinio*. Elle contient la superstition en son sein. Il s'ensuit que le caractère essentiel du concept de *fides* disparaît : le rapport à la vérité. Le mot peut se dire du vrai et du faux. Gerson utilise le balancement : *sicut enim vera fides... ita falsa fides*, en opposant les conceptions religieuses aux conceptions magiques. *Fides* ne suffit plus à garantir la vérité et on trouve la formule : *Tradit vera fides quod...*[72] qui n'est plus redondante. *Credulitas*, dont nous reparlerons, a subi le

---

[70] *Id.*, p. 83.
[71] *Id.*, p. 63 (*Contra superstitiosam...*).
[72] *Id.*, p. 78 (*De erroribus...*).

même sort: *Esset rursus periculum in falsae credulitatis inductione*[73].

Fides a perdu son rapport privilégié à la vérité, parce que ce rapport n'était plus garanti par les pratiques sociales et par une hiérarchie homogène. Il y a le Schisme et l'impossibilité pour un pouvoir doctrinal fort d'imposer son arbitrage dans les conflits entre les ordres religieux, entre ceux-ci et les séculiers. Notons aussi que Gerson déteste les moines, le mot n'est pas trop fort. Ce n'est pas uniquement le préjugé d'un séculier, mais une tendance générale. Dans ce contexte, les dominicains et les franciscains n'apparaissent plus eux-mêmes comme les gardiens d'une *fides* univoque. Du moins gardent-ils le privilège d'être des *homines religiosi*, mais il leur est contesté. Dans sa réfutation de Matthieu Graben, Gerson met en question l'emploi du mot *religio*: *Sola religio christiana est proprie, vere et autonomastice dicenda religio*[74]. *Religio* veut dire ici «vie religieuse» et n'oppose pas la religion chrétienne à une autre religion du monde, mais aux *religiones factitiae*, aux types artificiels de vie religieuse, ceux des moines.

Il n'est pas possible d'attribuer ces changements de vocabulaire à la seule humeur de Gerson. Ils traduisent plutôt l'intrusion des laïcs dans les affaires religieuses, que Gerson subit sans doute plus qu'il ne la favorise. Ses écrits sur les laïcs sont prudents, sinon conservateurs. Il ne veut pas qu'ils se mêlent du mystère eucharistique et désire qu'ils méditent sur la Vierge Marie pendant l'offertoire de la messe[75]. En forçant à peine, on pourrait dire que les théologiens médiévaux demandaient au laïc une foi implicite qui consistait à se soumettre au clergé lorsque l'occasion se présentait d'intervenir sur la scène religieuse. Voilà pour la foi profonde des bâtisseurs de cathédrales! Mais les laïcs reprirent à leur compte le discours religieux en le modifiant, face à une Inquisition tou-

---

[73] *Id.*, p. 63 (*De necessaria communione laicorum sub utraque specie*).

[74] *Id.*, p. 70 (*Contra conclusiones Matthaei Graben*).

[75] *Id.*, p. 322 (*Comment on se doit maintenir à la Messe*): *Quant on va à l'offrande, vous devez offrir à Nostre Dame doulces prières et doulx désirs; et doit on dire: Belle doulce dame vous estes dame de la cour de paradis; si vous plaise faire ma besoigne, car je ne la scay faire.*

jours fatale, mais débordée. Voilà la scène sur laquelle interviendra Luther.

3. L'HUMANISME, LA RÉFORME ET LA REDÉFINITION DE LA FOI

Notre propos n'est pas de réexaminer les rapports entre l'humanisme et la Réforme. Mais, sur un point au moins, ces mouvements sont entièrement solidaires: le refus d'assumer l'héritage des scolastiques. Le lien étroit qui unissait la philosophie à la spéculation logique apparaît aux novateurs comme condamnable dans la forme (la formalisation du langage entraîne un épouvantable jargon) et dans le fond (la pensée se perd en vaines subtilités et se détourne de la réalité). La philologie et la rhétorique prennent donc la place qui était naguère réservée à la logique[76]: elles garantissent désormais la validité des termes utilisés et ce sont elles qui auront à répondre de l'usage correct du mot *fides*. La mise en cause de la logique des «sophistes» est radicale et s'étend à ses plus belles réussites. La critique humaniste a calomnié un extraordinaire développement de la logique formelle pour lui substituer des manuels sommaires et fautifs[77]. Dans ces conditions, la belle construction logique de la *fides* cède la place aux concepts équivoques que nous utilisons encore.

Le rejet de la pensée médiévale se manifeste par une modification totale du langage: retour à un latin classique ou patristique qui exclut les néologismes, puis réhabilitation des langues vulgaires. Le travestissement antique de la pensée (paganisme ou christianisme primitif) met à distance l'univers féodal, en instaurant un dialogue apparemment anachronique entre les écoles de l'Antiquité (stoïcisme, scepticisme, épicurisme) ou les courants chrétiens des premiers siècles (retour à Tertullien, à Origène, etc.). Les conceptions médiévales de la *fides* deviennent simplement ridicules. Rabelais se gausse d'un vocabulaire de la foi qui ne signifie plus rien,

---

[76] Voir à ce sujet l'ouvrage remarquable de H. B. Gerl, *Rhetorik als Philosophie*, Munich, 1974.

[77] Bochenski, *op. cit.*, p. 297 et ss.

en prétendant faire croire, selon les méthodes scolastiques, à la nativité miraculeuse de Gargantua: *Si ne le croyez, je ne m'en soucie, mais un homme de bien, un homme de bon sens, croit tousjours ce qu'on luy dict et qu'il trouve par escript. Ne dict pas Salomon*, Proverbiorum, 14: Innocens credit omni verbo, *etc., et sainct Paul* Prima Corinthio., 13: Charitas omnia credit? *Pourquoi ne le croyriez-vous? Pour ce (dictes-vous) qu'il n'y a nulle apparence. Je vous dicz que pour ceste seule cause vous le debvez croyre en foy parfaicte. Car les Sorbonistes disent que foy est arguement des choses de nulle apparence*[78]. On ne pouvait indiquer plus clairement la nécessité de redéfinir la foi sur le plan épistémologique, de la redéfinir et non de la liquider, si l'on veut maintenir le vocabulaire politique de la foi.

1. Faut-il exclure la *fides* du politique?

Là où la dislocation du système féodal est la plus avancée, à Florence en particulier, l'absence de signification du concept de foi en matière politique devient avouable. Machiavel en tire froidement les conséquences dans un chapitre du *Prince*, dont le titre est une antiphrase: *Comment les princes doivent garder leur foi*[79]. On y lit que: *Le prince ne peut garder sa foi si cette observance lui tourne à rebours et que les causes qui l'ont réduit à promettre soient éteintes.* Machiavel insiste cependant sur la nécessité de paraître *toute miséricorde, toute fidélité, toute intégrité, toute religion. Et n'y a chose plus nécessaire que de sembler posséder cette dernière qualité.* Le prince est donc conduit à une duplicité qui signifie une contradiction entre la réalité politique et le système religieux, lequel reste utile au fonctionnement du pouvoir. On observe donc une dissociation occulte du politique et du religieux. Dans d'autres contextes, l'éclatement de la *fides* politico-religieuse s'énonce de manière non moins nette, mais plus rassurante.

---

[78] Rabelais, *Gargantua*, ch. 6.
[79] Machiavel, *Le Prince*, ch. 18 (*Œuvres complètes*, éd. E. Barincou, Paris, 1952, p. 341-343).

Il est intéressant d'examiner de ce point de vue la redéfinition de la foi chez Luther. Elle se produit en plusieurs étapes dont la première est le débat sur la justification. Ici, Luther oppose la foi et les œuvres humaines de manière à attaquer les dévotions. Sans aucun doute, les indulgences et, plus généralement, l'exploitation des fidèles par le clergé constituent sa cible préférée. Mais on oublie facilement un autre aspect de la polémique, la lutte contre ce qu'il est convenu d'appeler la piété laïque[80]. L'accaparement du symbolisme religieux par les confréries et les corporations est pour lui une forme d'idolâtrie, au même titre que les pèlerinages, par exemple. Au moment de son entrée en scène, Luther met en cause le secteur socio-religieux dans son ensemble et lui oppose la foi.

Dans un second stade, l'opposition de la foi et des œuvres se mue insensiblement en opposition de la foi et de la loi. L'élaboration du concept de loi réagit alors sur celle de son pendant. Le biblicisme qui servait à ruiner l'autorité de la tradition s'alliait au dédoublement de la loi dans les milieux révolutionnaires ou simplement progressistes. La loi de Dieu était plus ou moins identifiée aux textes de Moïse pour s'opposer aux institutions des hommes, ce qui apparaît clairement dans la querelle des images ou dans la revendication du droit divin par les paysans. La réaction de Luther fut d'assimiler autant que possible la loi à la loi humaine, en relativisant la loi mosaïque. L'interdiction des images, par exemple, valait pour les juifs, chez qui la tentation de les adorer était réelle, mais elle n'a plus de sens dans le monde moderne. On ne peut donc pas opposer une loi divine aux lois humaines. La foi n'engendre pas la loi, mais l'obéissance à la loi, laquelle ne justifie pas, mais punit. Comme chez Machiavel, le prince devient un mal nécessaire : il renonce aux avantages et aux inconvénients d'une fonction religieuse positive. La foi se présente désormais comme extra-mondaine et ses rapports avec le politique sont fondés sur l'obéissance, pour autant que le prince reconnaisse la religion. L'articulation du politique et du religieux ne disparaît pas. Il serait très inexact

---

[80] Wirth, *Luther*, p. 42 et ss.

de parler d'une laïcisation du pouvoir. Mais ce n'est plus la *fides* qui constitue l'articulation des domaines. C'est l'appartenance de l'homme charnel au diable et à la mort, la soumission du pécheur à la loi[81].

En France, où le pouvoir royal parvint à se développer en faisant évoluer le système féodal, la solution de Machiavel ne s'imposa pas plus que celle de Luther. L'influence du premier fut tardive et se manifesta surtout par un anti-machiavélisme plus ou moins sincère[82]. Lorsque Philippe de Commynes fait sa théorie du prince, il utilise un vocabulaire politico-religieux plus traditionnel, bien qu'il ne soit ni un attardé, ni un niais. Il assure que les mauvais princes *seront punis pour n'avoir riens voulu croire, et pource qu'ils n'auront eu ferme foy et croyance ès commandemens de Dieu*[83]. Si le machiavélisme s'autorise de la nécessité de créer un pouvoir fort pour unir l'Italie et la faire évoluer vers un régime démocratique, l'existence en France du pouvoir le plus absolu qu'on puisse concevoir rend difficilement supportable la perfidie du souverain, ce que Commynes démontre en analysant le cynisme maladroit de Louis XI et ses conséquences négatives. Il faut donc que le prince soit pieux. Les exactions des grands, Commynes en est persuadé, viennent de ce qu'ils n'ont pas *vraye et bonne foy. Qui croiroit fermement les peines d'enfer estre telles que véritablement elles sont* n'agirait pas comme ils le font[84]. Il faut un Seigneur pour le prince, tandis que la moralité des sujets est devenue un problème secondaire: l'Etat est assez fort pour les contraindre. La crédulité religieuse du prince devient un thème essentiel, qu'on retrouve chez Jean Bodin à la fin du siècle[85]. L'éducation religieuse du prince doit être soignée, conformément à Aristote, et même à

---

[81] *Id.*, p. 73 et ss.

[82] Les premières traductions remontent à 1544-1548. A partir de 1572, l'indifférence fait place à une très mauvaise réputation. Cf. G. Cardascia, «Machiavel et Jean Bodin», in: *Bibliothèque d'Humanisme et Renaissance*, t. 3 (1943), p. 129-167.

[83] Ph. de Commynes, *Mémoires*, V, 18-19 (*Historiens et chroniqueurs du Moyen Age*, éd. A. Pauphilet, Paris, 1958, p. 1232).

[84] *Id.*, p. 1231.

[85] J. Bodin, *La méthode de l'histoire*, éd. P. Mesnard, Paris, 1951, p. 424.

Polybe et à Epicure, *qui faisaient pourtant profession de mépriser l'influence divine.* En régime absolutiste, la *fides* ne peut donc pas abandonner complètement le champ politique. A travers l'éducation du prince, elle s'y maintient sous la forme d'une crédulité délibérément provoquée.

2. La *fides* perd sa spécificité épistémologique

La situation épistémologique du concept de *fides* évolue avec sa situation politique. Dans les deux cas, une problématique humaniste remplace celle de la scolastique tardive, lorsque cette dernière n'a pas, comme en France et en Espagne, le soutien du pouvoir absolutiste. La scolastique reconnaissait une opposition entre la foi et la raison et justifiait ainsi l'existence d'un secteur religieux puissant, à l'abri de la critique rationnelle. Le cloisonnement des problèmes était assuré par celui des disciplines universitaires et par un professionnalisme strict. Le purisme logique écartait de la science les spéculations sur le probable, d'où l'impression de modernité que nous font les physiciens du XIVe siècle, tandis qu'un Paracelse nous semble parfaitement «médiéval». Il faut attendre Descartes pour que les modèles mathématiques et mécanistes remplacent le modèle logique et rendent à la science un aspect objectif et universel.

Le refus de la formalisation ne rend pas la pensée de la Renaissance plus irrationnelle que celle de Kant ou de Hegel, dont les connaissances logiques n'étaient pas sensiblement différentes[86]. Par contre, il met en pièces les garde-fou que s'imposait le Moyen Age. On renonce aux critères logiques subtils dont la disputation vérifiait le bon usage et qui devaient assurer au discours une validité universelle. La Renaissance se contente d'une logique laxiste et va parfois jusqu'à mettre en doute la validité des syllogismes les plus élémentaires[87]. Plus rien n'assure donc une place spécifique à la science, à la foi et à l'opinion.

---

[86] Rappelons que Kant considérait la logique comme une science «close et achevée» depuis Aristote et que la «logique» développée par Hegel ne se prête pas à la formalisation.

[87] Un bon exemple chez Montaigne, dans l'*Apologie de Raymond Sebond* (*Essais*, II, 12; éd. A. Thibaudet, Paris, 1950, p. 589). Il se sert du

La science prend des allures mystiques: c'est le triomphe de l'occultisme et de la magie. Il est donc à peu près impossible de distinguer la problématique scientifique de la problématique religieuse. Cela vaut pour le courant néo-platonicien, de Ficin à Campanella, en passant par Agrippa et Giordano Bruno, et surtout dans des domaines comme la démonologie et la philologie biblique, où toute prise de position scientifique est une prise de position religieuse et inversement. L'osmose entre science et religion ne reste pas le privilège des novateurs. Les averroïstes prétendent la refuser par principe, mais leurs arguments servent de toute manière la cause libertine, tandis que les adversaires de l'humanisme sont forcés d'entrer dans le jeu. Le conservatisme catholique, celui de la Sorbonne en particulier, se replie sur l'aristotélisme thomiste, ce qui mènera à de sérieux conflits face à l'essor scientifique du XVIIe siècle.

L'occultisme pose le principe que la vérité est mystérieuse, cachée, et ne peut faire l'objet que d'une révélation. Il va sans dire que le scepticisme, voire le fidéisme, partent exactement du même principe et qu'une pensée qui se désintéresse des critères formels de la vérité oscille nécessairement entre ces courants. Montaigne a bien conscience du socle épistémologique qui leur est commun: *Voylà comment, des trois generales sectes de Philosophie* [académiciens, pyrrhoniens et dogmatiques], *les deux font expresse profession de dubitation et d'ignorance; et, en celle des dogmatistes, qui est troisièsme, il est aysé à descouvrir que la plus part n'ont pris le visage de l'asseurance que pour avoir meilleure mine*[88]. Mieux, occultisme et scepticisme se rencontrent chez les mêmes individus, l'exemple le plus connu étant celui d'Henri Cornelius Agrippa (1486-1535)[89].

---

paradoxe du menteur pour mettre en doute la validité de toute espèce de déduction. Descartes nous semble faire preuve d'une méfiance comparable, lorsqu'il évite de présenter sous la forme d'une déduction le rapport entre la pensée et l'existence, entre *je pense* et *je suis*.

[88] Montaigne, *Essais*, II, 12; *op. cit.*, p. 564.

[89] Il ne peut être question d'opposer la doctrine du *De occulta philosophia* au scepticisme du *De vanitate scientiarum* comme les deux stades d'une évolution. Le second fut écrit en 1526, tandis que le premier, rédigé en 1510, fut remanié et finalement publié en 1531. Cf.

Tout comme l'occultisme, le scepticisme entretient une ambiguïté entre le sacré et le profane, en s'opposant à des doctrines situées sur ces deux plans à la fois, car la vieille distinction entre le domaine scientifique de l'évidence et le domaine religieux du non-apparent ne fonctionne plus. Nicolas de Cuse, Erasme, Agrippa et encore Montaigne présentent le scepticisme comme une attitude chrétienne avec ce résultat paradoxal que la foi se prétend ignorante. On pourrait alors se demander qui cherche à dévaloriser le savoir et qui considère la foi comme une ânerie, mais il est plus utile à notre propos de remarquer que ces attitudes mènent en même temps à parler au nom d'une inspiration religieuse et à développer une critique acerbe des attitudes religieuses.

Le système épistémologique que composent l'occultisme et le scepticisme est incompréhensible et semble absurde, si l'on perd de vue sa fonction essentielle. En éloignant la pensée d'une norme objective et stable tout en plaçant sur le même plan la science et la religion, il permit une intense manipulation religieuse dont la civilisation européenne sortit transformée: l'adaptation locale des pratiques religieuses à des évolutions sociales inégales, la création de religions nationales et la redéfinition du catholicisme au Concile de Trente. Chacun de ces événements supposait une critique très vive des opinions reçues, chez des hommes qui étaient par ailleurs obligés à se prévaloir d'une inspiration surnaturelle. De ce point de vue, il y a peu de différences entre le mage, le sceptique et le réformateur.

3. **La foi évangélique**

L'évangélisme ne peut être compris hors de ce contexte. Certains de ses représentants se rangent parmi les occultistes, comme Lefèvre d'Etaples, ou parmi les sceptiques, comme Erasme. Mais il propose une solution originale: une foi rénovée qui se situerait à l'abri de la critique, au delà du problème épistémologique. Dans la préface du *Nouveau Testament* (septembre 1522), Luther présente l'Evangile comme une

---

P. Zambelli, «Cornelio Agrippa nelle fonti e negli studi recenti», in: *Rinascimento*, 2ᵉ s., t. 8 (1968), p. 169-199.

parole vivante et libératrice, non pas comme un dogme[90]. L'accent mis sur la personne du Christ et sur le message de la résurrection tend à décourager la spéculation théologique au profit de la prédication, de l'adaptation et de la diffusion de la Bonne Nouvelle. On retrouve chez Calvin cette opposition envers une conception dogmatique de l'Evangile: *Car une grande partie du monde par le nom de la Foy n'entend autre chose, sinon une credulité vulgaire, par laquelle l'homme assentist à ce qui est narré en l'Evangile*[91]. Mais la redéfinition de la *fides* dans un sens évangélique est surtout l'œuvre de Melanchthon, si fortement marqué par Erasme. Dès 1521, ses *Loci communes* présentent l'argument décisif, en lançant la querelle sur le sens du grec πίστις, qui est la forme moderne du débat[92]. En s'appuyant sur la littérature classique, il fait passer au premier plan la confiance (*fiducia*) en Dieu et attribue un rôle secondaire à la connaissance intellectuelle. Si saint Paul désigne comme foi un lien affectif et personnel avec le Christ, on comprend mieux l'opposition de la foi à la loi écrite des docteurs, de sorte que l'acharnement des théologiens à commenter les textes cesse d'apparaître comme nécessaire au salut. Les traditionalistes répliquèrent dès le XVIe siècle en énumérant les emplois classiques de *fides* susceptibles d'une interprétation dans le sens cognitif de «croyance», ce qui demandait une certaine mauvaise foi et firent de même pour πίστις, ce qui paraît plus justifié[93]. Depuis, la discussion s'est inlassablement répétée sans qu'on puisse y percevoir un progrès.

L'exégèse melanchthonienne présentait des avantages immenses pour le camp luthérien. La redéfinition de la foi sur le plan surnaturel, comme don de Dieu, s'harmonisait mieux avec cette conception affective du phénomène qu'avec la conception cognitive thomiste: si la foi était considérée comme une activité de l'intellect, il serait assez

---

[90] Wirth, *Luther*, p. 45-46.

[91] J. Calvin, *Institution chrétienne*, III, 2, 1; éd. J.-D. Benoît, Paris, 1957-1963, t. 3, p. 14.

[92] Cf. note 8.

[93] On trouve les principaux arguments dans l'article cité du *Dictionnaire de théologie catholique*.

difficile de l'imputer à la seule grâce divine. De plus, elle s'adaptait aux courants épistémologiques contemporains: elle était plus compatible avec le couple occultisme / scepticisme qu'une conception dogmatique de la foi, qui en ferait une énumération d'articles.

En remontant au delà de la tradition médiévale, Melanchthon se montrait habile philologue, mais il laissait s'ouvrir une lacune dans le vocabulaire théologique: comment désigner l'adhésion au dogme qui n'est pas nécessairement une confiance mystique, mais sans laquelle il serait difficile de fonder une ecclésiologie? Et aussi, quel statut accorder à cette adhésion dans le système religieux? Faut-il séparer la foi, confiance en Dieu et phénomène surnaturel, de l'appartenance confessionnelle exigée par la loi et que manifeste la soumission au dogme, la «crédulité vulgaire» dont parle Calvin? Le problème se posait avec acuité au lendemain de la Guerre des Paysans, lorsque l'évangélisme se muait en confession, se donnait une ecclésiologie et reprenait à l'ancienne Eglise la pratique des visitations paroissiales. Comme nous l'avons montré ailleurs, Luther était parfaitement conscient d'une opposition entre la foi (*Glaube*) «demandée et exigée par la loi et qui est notre œuvre» et la foi «demandée par l'Evangile et se rapportant au Christ, et qui est l'œuvre de Dieu, selon Jean 6», mais il se refusa à dédoubler le concept[94]. Aujourd'hui encore, l'allemand ne connaît que le mot *Glaube* pour désigner ce que le français appelle *foi* et *croyance*, l'anglais *faith* et *belief*. Qu'elle se manifeste ou non par une modification du vocabulaire, nous pouvons maintenant observer l'irruption du concept de croyance.

4. LE VOCABULAIRE DE LA TOLÉRANCE

Dans le vocabulaire théologique médiéval, *fides* ne peut servir de supplétif à *credere* que pour certains emplois du

---

[94] Wirth, *Luther*, p. 76.

verbe. Nous avons vu que ce substantif se dit du vrai et du non-apparent, ce qui l'empêche, en principe du moins, de désigner la croyance fausse et l'assentiment devant l'évidence. Le fait de croire quelque chose de non évident qui n'est pas conforme à la foi chrétienne se désigne en général comme *infidelitas*. Bien entendu, ce concept privatif ne permet aucune distinction: il englobe l'athéisme, l'hérésie, l'appartenance à une autre religion, le paganisme et la superstition[95]. De plus, il suggère une interprétation psychologique différente de l'adhésion à la vraie et à la fausse religion. Ce vocabulaire peut sembler bizarre, mais il s'accorde avec l'intolérance fondamentale du système envers les autres religions et les hérésies. Il existe cependant des comportements religieux qu'il désigne extrêmement mal, ceux que les clercs considèrent comme inacceptables chez les chrétiens mais qu'ils se refusent à envisager comme une opposition volontaire et responsable envers le dogme, en somme les traces de paganisme, la superstition, les «croyances populaires».

L'Eglise n'a en effet aucune raison de se montrer trop intransigeante sur ces phénomènes. Possédant le monopole de l'écrit, elle peut les condamner à une vie souterraine ou, au contraire, les intégrer progressivement, comme ce fut le cas pour les revenants et le vol nocturne des sorcières. Elle accueillit en fait les récits merveilleux et les traditions locales avec complaisance, de sorte qu'ils devinrent constitutifs de ses mythes et de ses rites: vies de saints, pèlerinages, calendrier des fêtes. Une attitude trop rigide envers les superstitions aurait donc amené l'Eglise à se condamner elle-même. On pressent le danger en lisant Gerson, tandis que les réformateurs firent de la dénonciation des superstitions l'une de leurs armes favorites. Il n'était donc ni possible, ni souhaitable pour l'Eglise d'assimiler ces comportements à une incroyance que sa définition vouerait à l'extermination.

---

[95] Cf. Saint Thomas, *Summa theologica*, II[a], II[ae], q. 10 (*De infidelitate in commune*).

1. *Credulitas*

L'élaboration théologique de *fides* laisse un second concept dans une certaine indifférenciation, celui de *credulitas*. La tradition écrite lui donne une grande plasticité. En latin classique, il désigne un défaut, mais la patristique renverse le jugement de valeur et le mot devient tantôt synonyme de *fides*, tantôt plus ou moins complémentaire. On trouve chez Isidore de Séville: *fides est credulitas qua Deum confitemur*, tandis que Pierre Chrysologue propose la formule: *Credulitatem parturit fides, confessionem credulitas nutrit*[96]. Le latin médiéval hésite entre ces différents usages. Au XIe siècle, Burchard de Worms dénonce une superstition en ces termes: *Credidisti aut particeps fuisti illius incredulitatis...*[97]. Le fait de croire ce qu'il ne faut pas est ainsi désigné comme «incrédulité», ce qui paraît moins extravagant si l'on compare la tournure à l'usage que le moyen allemand fait de *Unglaube* pour désigner la croyance fausse plutôt que l'incroyance. On signale d'ailleurs la variante *credulitas* dans le texte de Burchard[98], et c'est ce dernier mot qu'utilise au XIIIe siècle Guillaume d'Auvergne pour parler des superstitions, tout en lui conservant parfois le sens de foi chrétienne. Il arrive même à Guillaume d'utiliser le mot dans les deux sens à l'intérieur d'une même phrase: «Il t'est manifeste que cette *credulitas*, par laquelle l'abondance temporelle est crue le fait de quelqu'un d'autre que du Créateur Très Bon, n'est pas innocente du crime d'idolâtrie. En effet, l'honneur et la gloire du Créateur, ce pourquoi il est honoré par les hommes, consiste principalement en la *fides* et en la *credulitas*, par lesquelles il est cru l'auteur unique de tous biens et leur seul très généreux dispensateur»[99]. Englhardt a remarqué que l'usage

---

[96] Isidore de Séville, *Differentiarum libri II*, I, 486 (*P. L.*, vol. 83, col. 58); Pierre Chrysologue, *Sermo LX* (*P. L.*, vol. 52, col. 366).

[97] Burchard de Worms, *Decretorum libri XX*, l. XIX (*P. L.*, vol. 140, col. 963).

[98] S. Rietzler, *Geschichte der Hexenprozesse in Bayern*, Stuttgart, 1896, p. 26; il va sans dire que le texte capital de Burchard de Worms mériterait une édition critique.

[99] Guillaume d'Auvergne, *De universo*, pars III, c. 24 (*Opera omnia*, Paris, 1674, reprint Francfort/M., 1963, t. 1, p. 1066): *Manifestum*

de *credulitas* par Guillaume d'Auvergne est encore exceptionnel[100]. Il nous paraît légitime de le mettre en relation avec son intérêt pour le problème des superstitions. En tout cas, l'exemple déjà cité de Gerson: *in falsae credulitatis inductione*, confirme que le mot s'orientait au cours du Moyen Age vers la désignation de l'acte de croire, sans connotations positives ou négatives et quel que soit son objet.

Cette évolution est contrecarrée par un retour au sens classique, fortement péjoratif, qu'on observe clairement dans la langue vulgaire. On trouve dès 1393 l'emploi de *crédule* dans le sens de «qui croit trop facilement», tandis que *crédulité* apparaît au XIIe siècle avec la même nuance[101]. Le français *crédulité* et le latin *credulitas*, sur lequel il réagit probablement n'auraient sans doute fini par désigner couramment un phénomène psychologique commun aux différentes religions qu'en l'assimilant à un défaut.

2. *Cuider*

L'usage épisodique du français *cuider* dans le même but témoigne d'une attitude critique inacceptable. Le mot vient du latin *cogitare*, mais désigne normalement une opinion sans fondement[102]. Son champ sémantique est facilement péjoratif. On trouve vers 1414 *fol cuidement* et, substantivé, le *cuider* peut signifier la présomption. L'application de ce terme aux opinions religieuses caractérise les libertins spirituels du XVIe siècle que combattit Calvin[103]. Selon le violent

---

etiam est tibi, quia non vacet a scelere idolatriae credulitas illa, qua temporalis abundantia ab alio, quam a creatore optimo praestari creditur; hic enim praecipuus honor est, et gloria creatoris, quo ab hominibus honoratur, fides, atque credulitas, qua omnium bonorum unicus auctor, et largitor largissimus solus creditur.

[100] Englhardt, *op. cit.*, p. 287 et s.

[101] W. von Wartburg, *Französisches Etymologisches Wörterbuch* (*F. E. W.*), 1928-1969; F. Godefroy, *Dictionnaire de l'ancienne langue française*, Paris, 1880-1902 (voir le complément pour *crédulité*).

[102] Outre les dictionnaires cités à la note précédente, on consultera: E. Huguet, *Mots disparus ou vieillis depuis le XVIe siècle*, Paris, 1935, p. 84.

[103] J. Calvin, *Contre la secte phantastique et furieuse des libertins qui se nomment spirituels* (*Corpus Reformatorum*, t. 35, col. 145-252); cf.

pamphlet qu'il leur consacra, *ilz prennent le diable, le monde, le péché pour une imagination qui n'est rien [...] Pour ceste cause ilz comprennent toutes ces choses en un mot: assavoir cuider*[104]. Ils prêchent une foi entièrement distincte de la croyance, car: *Jesus Christ par sa mort a aboly le cuider, et par ce moyen nous a restitué la vie, qui est de cognoistre que nous ne mourrons pas*[105]. La croyance est donc le péché aboli par la croix: *Touchant du péché, ilz ne disent pas seulement que ce soit privation du bien: mais ce leur est un cuider qui s'esvanouist et est aboly quand on n'en faict plus de cas*[106]. Bien entendu, la dévalorisation de la religion instituée comme *cuider*, comme opinion, n'avait aucune chance de s'imposer. Elle amène au contraire Calvin à tirer la foi du côté de la science, comme les occultistes: *Nostre foy ne doit point estre incertaine, elle ne doit pas estre une opinion ou un cuider, mais il faut qu'elle comporte science avec soy*[107]. D'autre part, venant de *cogitare*, le mot *cuider* désigne plutôt l'opinion individuelle et raisonnée (même si elle est fausse), que les comportements religieux émotionnels des groupes qui s'affrontent. Or ce sont ces comportements qu'il s'agit de comprendre, de justifier ou de dénoncer. Le mot périt donc rapidement et on le trouve chez Montaigne, bien près de sa fin: *Abbattons ce cuider, premier fondement de la tyrannie du maling esprit. Deus superbis resistit*[108].

3. Créance et croyance

Pour désigner les opinions religieuses sans leur donner les connotations surnaturelles et les implications sociales des mots *fides* et *foi*, il restait au français *créance*, issu du latin

---

J. Wirth, «'Libertins' et 'épicuriens': aspects de l'irréligion au XVIe siècle», in: *Bibliothèque d'Humanisme et Renaissance*, t. 39 (1977), p. 601-627 [réédité dans ce recueil].

[104] Calvin, *Contre la secte*, col. 181.
[105] *Id.*, col. 221.
[106] *Id.*, col. 181.
[107] J. Calvin, *Sermon sur le Deutéronome* (*Corpus Reformatorum*, t. 32, col. 144).
[108] Montaigne, *Essais*, II, 12; *op. cit.*, p. 493.

vulgaire *credentia*[109]. Il est attesté dès le XIIe siècle dans le sens de « foi religieuse »[110]. Contrairement à *foi*, ce mot n'a aucune fonction dans le vocabulaire de la féodalité, mais il possède le sens économique que nous connaissons encore et qui seul a survécu. Il permet donc de désigner le comportement religieux sans impliquer la fidélité féodale. Dès le XIIe siècle, on rencontre *creant*, « qui a la foi religieuse », bien distinct de *fidèle* au sens féodal[111]. Le vocabulaire du XIIIe siècle donne *descroire* et *mescroire* qui correspondent respectivement à « ne pas croire en Dieu » et « refuser de croire (Dieu, la doctrine) »[112]. Le second de ces mots évoque *mecreant*, « qui appartient à une autre religion, infidèle », qu'on trouve dans la *Chanson de Roland*.

A la fin du Moyen Age et à la Renaissance, *creance* garde, face à *cuider*, un sens très favorable. Il se dit de la vraie religion et on trouve le mot dans le sens de « Credo » : *dire sa creance*[113]. Il ne désigne jamais de spéculations douteuses. Tout comme *fides*, il implique la confiance et la bonne foi, à cause de son sens profane. Il évolue cependant

---

[109] *Id*. Le problème est assez différent en anglais et en allemand. Mais, avec des antécédents différents, les mots anglais *faith* et *belief* finissent par former à peu près le même couple que *foi* et *créance*, tandis que l'allemand *Glaube*, terme fortement religieux, n'a pas de doublet. Il ne possède pas le sens profane d'« opinion », ni celui de *fides* au sens féodal, réservé à *Treue*, ce qui lui permet d'occuper le champ religieux plus exclusivement que *fides*. Les formations négatives *unbelief*, *Unglaube* ont la même ambiguïté que le latin *infidelitas* et *incredulitas*, ou le français *mescroire*. Au XVe siècle s'introduit *Aberglaube*, puis *Afterglaube*, moins durable. L'emploi de ces mots n'est pas très distinct. Si *Aberglaube* est concurrencé par *Unglaube* et *Missglaube* comme traduction de *superstitio*, il est à son tour traduit par *toverye*, « sorcellerie », dans le *Narrenschiff* de Sebastian Brant édité à Lübeck en 1497. Cf. *Trübners Deutsches Wörterbuch*, éd. A. Götze, Berlin, 1939 ; Ph. Dietz, *Wörterbuch zu Dr. Martin Luthers Schriften*, Leipzig, 1870. L'article *Aberglaube* de Hoffmann-Krayer dans le *Handwörterbuch des deutschen Aberglaubens* de H. Bächtold-Stäubli (Berlin, 1927-1942, t. 1, col. 64-87) est inutilisable, de même que l'article correspondant dans les dictionnaires théologiques.

[110] *F. E. W.*

[111] *Id.*

[112] *Id.*

[113] Godefroy, *op. cit.*

vers un affaiblissement, traduisant de plus en plus mal le concept de foi surnaturelle.

Un passage de Rabelais pourrait suggérer que le mot possède approximativement le sens de «confession»; *Ce n'est de maintenant que les gens réduictz à la créance évangélicque sont persécutéz*[114]. Mais le contexte historique de l'évangélisme exclut la traduction de *créance* par «confession». Il s'agit de la foi qu'enseigne l'Evangile et qui s'oppose ici à la mécréance et aux abus, plutôt qu'à une *créance* autre qu'évangélique. Par contre, chez Montaigne, un changement considérable a eu lieu: il est désormais question de *créances* rivales. Le mot en vient à signifier approximativement «confession» dans l'*Apologie de Raymond Sebond*: *Les nouvelletez de Luther commençoient d'entrer en credit et esbranler en beaucoup de lieux nostre ancienne creance*[115]. Il ne fait guère de doute qu'*ancienne creance* s'oppose implicitement à *nouvelles creances*. On serait tenté d'expliquer cet usage par la position idéologique de Montaigne, ou par celle des Politiques en général, mais nous le trouvons aussi bien chez Agrippa d'Aubigné qui ne passe pas pour un apôtre de la tolérance: *J'achevay en disant que j'entrerois en la creance de l'Eglise Romaine quand luy et ses compagnons m'y pourroient faire voir une miette de salut*[116].

L'assimilation totale de *créance* à «confession» serait cependant inexacte, car la confession se limite à une assertion religieuse faite publiquement: on a la confession qu'on confesse et il n'existe pas d'autre critère d'appartenance confessionnelle. La *créance* est bien une confession de foi, car *dire sa créance*, c'est réciter les articles de la foi. Mais elle est aussi un acte psychologique intime, une arrière-pensée qui peut contredire les déclarations publiques et qui fait l'objet de soupçons. Un personnage de la *Satire Ménippée* avoue cyniquement: *Mais, depuis que j'eu signé la saincte Ligue et la loy fondamentale de cest Estat, accompagnée des doublons et de l'esperance du chapeau rouge, personne n'a plus douté de ma*

---

[114] Rabelais, *Gargantua*, ch. 58.
[115] Montaigne, *Essais*, II, 12; *op. cit.*, p. 482.
[116] Agrippa d'Aubigné, *Lettres de piété ou de théologie*, 7 (*Œuvres*, éd. E. Reaume et F. de Caussade, Paris, 1873-1892, t. 1, p. 391).

creance et ne s'est enquis plus avant de ma conscience et de mes comportements[117]. En tant que phénomène psychologique, la *créance* est susceptible d'une réduction à l'imagination, à l'illusion : *Les prescheurs sçavent que l'emotion qui leur vient en parlant, les anime vers la creance*, note Montaigne[118]. Il remarque ensuite qu'un avocat bien payé croit à la cause qu'il défend. Mieux encore, il peut arriver qu'on affronte le bûcher pour une opinion qu'on ne défendrait que du bout des doigts face à ses amis. Le mot *créance* occupe maintenant un champ considérable qui va de la foi surnaturelle à un égarement psychologique réductible à ses déterminations.

L'ambiguïté du mot est sans doute excessive, mais *croyance* s'introduit pour occuper un territoire encore plus vaste, en signifiant à la fois *créance* et *cuider*. Le *Französisches Etymologisches Wörterbuch* de Wartburg fait apparaître le mot en 1611 et ne lui donne le sens de «foi religieuse» qu'à partir de Corneille. En fait, le *Complément* du dictionnaire de Godefroy cite Nicole Oresme, vers 1370 : *Ils eurent telle croiance par un signe ou argument qui n'est pas suffisant.* Mais ce néologisme possède ici le sens strictement philosophique de «tenir pour vrai». C'est au contraire dans le champ religieux qu'on voit se diffuser *croyance* autour de 1570, au moment où *cuider* tend à disparaître. Le mot absorbe les significations positives de *créance*, déjà affaiblies par l'usage, et la mauvaise réputation du *cuider*. Mais, comme l'allemand *Glaube* et contrairement à l'anglais *belief*, il se limite progressivement à la désignation d'un comportement religieux. *Croire qu'il fera beau demain* n'entraîne pas *la croyance qu'il fera beau demain*.

Le contexte dans lequel apparaît le mot *croyance* est intéressant : on le trouve par exemple dans la traduction française, faite à Genève en 1579, du *De praestigiis daemonum* de Jean Wier, écrit en 1563[119]. On sait que Wier écrivit son

---

[117] *Satire Ménippée*, éd. Ch. Marcilly, Paris, s. d., p. 114.
[118] Montaigne, *Essais*, II, 12 ; *op. cit.*, p. 637.
[119] J. Wier, *De Praestigiis daemonum* (*Opera omnia*, Amsterdam, 1660) ; trad. fr. : *Histoires, disputes et discours des illusions et impostures des diables...*, Genève, 1579 (rééd. Paris, 1885 et reprint New York, 1976, 2 vol.).

livre contre la chasse aux sorcières qui commençait alors à prendre des proportions et une cruauté inouïes. Cet homme d'une piété luthérienne très caractéristique, mais tempérée par la tolérance religieuse, cherche à présenter la sorcellerie comme une illusion due à un système religieux dépravé, sans pour autant choquer les catholiques, voire ses propres coreligionnaires, et manquer ainsi la cible. En latin, il se sert de *fides* dans tous les sens religieux possibles, lui donnant à la fois l'extension de l'allemand *Glaube* et la possibilité, comme chez Gerson, d'un sens négatif. Lorsqu'il s'agit de distinguer et de valoriser la foi surnaturelle, il utilise parfois *fiducia*, mais la distinction n'est pas systématique. Le traducteur semble considérer *croyance* comme le mot français qui possède le sens très large de *fides*.

Quelques exemples significatifs. Wier trouve impossible que des vieilles femmes soient assez perverses pour cuire et manger les petits enfants et présente ce mets comme: *omnemque exuperans fidem condimentum*[120]. Le traducteur propose: *ceste cuisson meschante et plusque tragique, laquelle surpasse toute croyance*. Dans les deux cas, l'idée n'est pas uniquement qu'il faut être stupide pour y croire, mais aussi que la foi religieuse ne s'étend pas au refus des lois de la nature, idée chère à l'auteur. De même, l'expression *lubricae fidei*, rendue par *de légère croyance*, se dit des gens d'une foi mal assurée qui, selon Wier, entraîne la crédulité[121]. Curieusement, le traducteur donne: *par la foy qu'ils ont [...] superstitieusement meslée*, pour *ex fide superstitiose adhibita*, où *fides* vaut pour une croyance peu recommandable[122]. En revanche, il utilise «croyance» pour rendre une sentence ironique à propos des loups-garous: *...cum summa religione et singulari fiducia, tanquam veracem observant*[123]. En français: *plusieurs personnages gens de bien, et de grande estime m'ont objecté souventesfois en parlant de ceste matiere et l'observent religieusement et avec une singuliere*

---

[120] Wier, *op. cit.*, p. 172; trad., t. 1, p. 291.
[121] *Id.*, p. 177; trad., t. 1, p. 298.
[122] *Id.*, p. 402; trad., t. 2, p. 94.
[123] *Id.*, p. 494; trad., t. 2, p. 262.

croyance. Si le vocabulaire de Wier est assez flou, celui de son traducteur l'est encore plus. Nous sommes tentés de croire que cette imprécision était nécessaire à un propos dont un emploi rigoureux des mots aurait accentué le caractère subversif. *Croyance* veut à peu près tout dire et c'est au lecteur de décider si les objections faites à la croyance ne touchent qu'un phénomène trop humain ou au contraire le fondement surnaturel du phénomène religieux. Il n'en va guère autrement du mot *foi* qui n'arrive pas encore à occuper une place privilégiée face à *croyance*.

Il est impossible d'accuser Wier de faire un usage anormal du vocabulaire. En traduction française, le *Theatrum universum* de Jean Bodin, l'adversaire mortel de Wier, contient le projet de contraindre les sceptiques *comme en la torture, par des demonstrations, à se despouiller de leur simple croyance, pour se vestir de la cognoissance de ce qu'ils ignoroyent, et se ranger à la science, laquelle ne peut compatir avec l'opinion et credulité*[124]. On reconnaît ici, comme chez Calvin, le dilemme caractéristique de la Renaissance entre *scientia* et *opinio*. Fortement marqué par l'occultisme, parfois aussi très proche de Calvin, Bodin ne laisse aucune place à un comportement intermédiaire. Le mot latin qu'il utilise pour «croyance» est *assensio* qui évoque en la condamnant une définition thomiste de la *fides*: *cogitare cum assentione*. Il nous paraît improbable que les mots *croyance* et *assensio* excluent le sens de «foi» dans ce contexte. Mais l'ambiguïté du vocabulaire laisse toujours une porte de sortie, la possibilité de dire qu'on parle d'autre chose. On en arrive ainsi aux vers célèbres de Corneille:

> *Peut-être qu'après tout ces croyances publiques*
> *Ne sont qu'inventions de sages politiques,*
> *Pour contenir un peuple ou bien pour l'émouvoir*
> *Et dessus sa faiblesse affermir son pouvoir*[125].

---

[124] J. Bodin, *Le théâtre de la nature universelle*, Lyon, 1597, p. 738; *Universae naturae theatrum*, Lyon, 1596, p. 512.

[125] P. Corneille, *Polyeucte*, variante supprimée au vers 1434.

Il s'agit bien entendu des croyances païennes, mais les quatre vers disparaissent dès la seconde édition de *Polyeucte*. L'allusion à Machiavel qui, lui, parlait bien du christianisme, était trop évidente.

Le vocabulaire hésite ainsi à séparer foi et croyance, comme les libertins spirituels le faisaient avec leur *cuider*. Les réformateurs avaient renoncé à s'engager dans cette voie, car elle mettait en péril l'autorité. Il s'ensuit que toute mise en question de la croyance, comme acte épistémologique, met en question la foi religieuse. C. B. Brush qui cherche à réhabiliter de ce point de vue le « christianisme » de Montaigne, se plaint que le mot anglais *skepticism* soit aujourd'hui presque synonyme d'« athéisme »[126]. Mais les efforts de Montaigne pour se justifier, pour mettre le scepticisme sur le compte de la foi, montrent que le problème n'est pas nouveau.

4. Un faux concept

Au début de l'ère moderne s'est donc constituée une notion de croyance extrêmement large et contradictoire. Il s'agit à la fois d'une conviction intérieure de l'individu, de l'adhésion publique à une orthodoxie, d'un don de Dieu et de n'importe quelle superstition. Au même moment, un autre concept a du mal à se préciser : celui de religion. Le mot reste synonyme de « piété » et s'emploie peu au pluriel. L'expression : *ceux de la religion*, désigne les huguenots. On parle donc de diverses *créances*, plutôt que de diverses religions ou confessions. De sorte que l'adhésion religieuse, souvent cynique ou forcée, se désigne comme conviction. Un tel vocabulaire nous paraît destiné à protéger les individus ; il renonce aux distinctions indiscrètes. Mais il entraîne une conséquence embarrassante : l'absence de conceptualisation rigoureuse des phénomènes religieux.

Il serait absurde de voir là l'absence de je ne sais quel « outillage mental ». Ce n'est pas l'impossibilité abstraite de penser un objet, mais d'excellentes raisons de le taire.

---

[126] C. B. Brush, *Montaigne and Bayle. Variations on the Theme of Skepticism*, La Haye, 1966, p. 5.

Lorsqu'on possède les techniques de la dissimulation, on possède les moyens de la déceler. Guy Patin, lui-même un personnage fort ambigu, ne croit pas à la sincérité de Bodin dans sa *Démonomanie*: *La Démonomanie des Sorciers de Bodin ne vaut rien du tout. Il ne fit ce livre qu'afin qu'on crût qu'il y croyait, d'autant que, pour quelques opinions un peu libres, il fut soupçonné d'athéisme, parce qu'il favorisa les huguenots*[127]. Tandis que Montaigne voit une alternative entre le cynisme et la bêtise dans le comportement de ses contemporains: *Les uns font accroire au monde qu'ils croyent ce qu'ils ne croyent pas. Les autres, en plus grand nombre, se le font accroire à eux mesmes, ne sçachants pas penetrer que c'est que croire*[128]. Cette sentence provocante met à nu les contradictions du vocabulaire. Le premier terme, faire croire qu'on croit, ne pose aucun problème: tout le monde sait distinguer l'hypocrisie de la croyance sincère, du moins en théorie. Mais le second terme, faire croire à soi-même qu'on croit, laisse supposer une différence entre croire et croire qu'on croit. Dans ce cas, que veut dire *croire*? Il s'agirait, pour Montaigne, d'une attitude ferme et invariable, bien différente de l'entêtement versatile. Ce ne peut être la *fides* thomiste, ce rapport à la vérité dont il ne pardonne pas à ses contemporains de se prévaloir. En fin de compte, la croyance authentique semble être, selon Montaigne, une acceptation lucide des traditions religieuses de son pays, dégagée du redoublement par la conviction (croire qu'on croit). D'où ce passage sur les philosophes: *Aucunes choses, ils les ont escrites pour le besoin de la societé publique, comme leurs religions* [éd. antérieures: *car il n'est pas deffendu de faire nostre profit de la mensonge mesme, s'il est besoing*]; *et a esté raisonnable, pour cette consideration, que les communes opinions ils n'ayent voulu les espelucher au vif aux fins de n'engendrer du trouble en l'obeïssance des loix et coustumes de leur pays*[129].

---

[127] Cité dans: R. Chauviré, *Jean Bodin, auteur de la «République»*, Paris, 1914, p. 71, note 3.

[128] Montaigne, *Essais*, II, 12; *op. cit.*, p. 486.

[129] *Id.*, p. 570.

Il s'agit donc bien des *croyances publiques* de Corneille et il nous est difficile d'appliquer, comme le fait Montaigne, le mot *croire* à leur acceptation désabusée. Si l'on objecte qu'il ne parle que des religions païennes, il faut alors se demander pourquoi il renonça à les traiter de mensonges. Finalement, son opinion est faite qu'à trop sonder le problème de la croyance, il n'advient que des ennuis. C'est le sens de l'essai II, 1, *De l'inconstance de nos actions*. Tout comme l'œuvre de Montaigne, le comportement humain est si capricieux qu'on se trompe toujours en voulant le connaître. Ceux qui y prétendent *vont rengeant et interpretant toutes les actions d'un personnage, et, s'ils ne les peuvent assez tordre, les vont renvoyant à la dissimulation*. On ne peut en fait nous juger ni sur notre comportement extérieur, ni sur notre comportement intérieur : *Ce n'est pas tour de rassis entendement de nous juger simplement par nos actions du dehors ; il faut sonder jusqu'au dedans, et voir par quels ressors se donne le bransle ; mais, d'autant que c'est une hasardeuse et haute entreprinse, je voudrois que moins de gens s'en meslassent*[130].

Bien entendu, la pensée de Montaigne ne doit pas servir d'explication au vocabulaire de son temps, mais elle montre assez à quelle nécessité obéit le flou conceptuel. Motivation de nos actes, la croyance est une réalité mystérieuse dont personne ne peut rendre compte. Montaigne en tire une leçon de modération : nos croyances ne sont pas assez fondées pour justifier des massacres et nous n'avons pas à juger celles des autres.

Cela nous mène très loin de la foi évangélique, confiance personnelle dans le Christ. En cette seconde moitié du siècle, l'Evangile paie ses excès séditieux. On voit se développer un fort courant théocentrique qui peut mener jusqu'au théisme. Montaigne évite de parler du Christ ; Bodin rêve d'une religion primitive et universelle dont le judaïsme serait le reflet le moins infidèle, le moins corrompu par les novateurs. Mais on a souvent souligné le théocentrisme d'un théologien aussi orthodoxe que Bérulle, dans le demi-siècle suivant. A ce

---

[130] *Id.*, II, 1, p. 368 et 374.

refus de l'évangélisme correspond une conception passive de la croyance qui en est la négation : obéir aux lois de son pays, en respecter les traditions, suivre la coutume. Il faut surtout faire cesser l'innovation. On retrouve ainsi l'aspect de la *fides* médiévale qui consistait à ne pas intervenir sur la scène religieuse et à se soumettre au clergé, mais dans une diversité confessionnelle qui implique aussi sûrement l'erreur que l'unité de la chrétienté, réelle puis supposée, impliquait la vérité. La croyance apparaît donc comme une opinion douteuse, mais socialement indispensable et respectable.

5. Foi et croyance

Il reste à voir comment s'introduit, lentement, la distinction entre *foi* et *croyance*, qui réserve au mot *foi* le sens d'une vérité religieuse transcendantale dont se prévaut le locuteur face aux *croyances* des autres. Calvin opposait la foi à la *crédulité vulgaire* et au *cuider* de par son origine divine et sa positivité scientifique (*il faut qu'elle comporte science avec soy*). Ce dernier critère devient excessif dans la seconde moitié du siècle, à cause des progrès du scepticisme. Valorisant une obéissance résignée envers la coutume, une acceptation de l'état de fait, le scepticisme s'étend même aux milieux catholiques, comme en témoigne la réception favorable des *Essais* de Montaigne[131].

On trouve cependant chez Wier une formule qui semble reprendre l'idée de Calvin : *Credulitatem requirit superstitio, quemadmodum fidem vera religio.* Mais il vaut la peine de regarder de plus près ce qu'il veut dire. Cette formule frappante appartient à un paragraphe entièrement recopié de la *Philosophie occulte* d'Agrippa (III, 4)[132]. Le contexte montre

---

[131] R. H. Popkin, *The History of Scepticism from Erasmus to Descartes*, Assen, 1964, p. 66 et ss.

[132] Wier, *op. cit.*, p. 402-403 ; trad., t. 2, p. 96 : *Quantum autem valeat constans credulitas apud vulgus, prope innotuit. Credulitatem requirit superstitio, quemadmodum fidem vera religio. Tantum potest obfirmata credulitas, ut etiam miracula operari creatur in opinionibus et actionibus falsis. Quilibet enim in sua religione, etiam falsa, modo firmissime credat veram spiritum suum ea ipsa credulitatis ratione elevat, donec assimiletur spiritibus illis, qui ejusdem religionis duces sunt et principes: eaque videatur operari, quae natura et ratio non discernunt.*

que Wier et Agrippa disent le contraire de ce qu'on pourrait imaginer. Au lieu de faire une véritable différence entre «foi» et «crédulité», ils considèrent que les deux phénomènes sont de même nature[133]. Comme la *fides*, la *credulitas* endurcie fait des miracles et quiconque croit fermement en la vérité de sa religion, fût-elle fausse, élève son esprit jusqu'à s'assimiler aux esprits qui gouvernent cette religion et à partager leurs pouvoirs surnaturels. Agrippa se sert de l'idée pour justifier le paganisme ou du moins pour en modérer la condamnation, tout en donnant comme exemples de paganisme les pratiques de l'Eglise: excommunication des vers et des sauterelles, baptême des cloches et des images. Quant à Wier, il place ce texte à la suite d'une violente attaque contre les reliques, inspirée de Pomponazzi et faisant la part belle aux «miracles» dus à la force de l'imagination: *Parquoy Pomponatius ne craint point de dire que la guerison qui avient par la reverence portée aux reliques des sainctes, ne laisseroit pas d'avenir des os d'un chien, si l'on avoit telle et semblable opinion et imagination comme l'on a des reliques des sainctes.*

Le but d'Agrippa n'était évidemment pas de mettre la foi à l'abri d'une assimilation à la croyance en général. De toutes manières, cela n'aurait pu se faire qu'en élaborant le concept de foi dans le sens d'une complète spécificité. Il y a quelques tentatives en ce sens chez Wier, lorsqu'il essaie d'introduire *fiducia*, mais nous avons vu que cet usage n'était pas systématique.

La spécialisation des mots *foi*, *créance* et *croyance* n'est pas plus évidente chez Montaigne. Cependant, le couple d'opposition *foi / croyance* commence à fonctionner. La foi est parfois quelque chose de plus que la simple croyance, mais il serait difficile de préciser quoi, en dehors du fait qu'il s'agit d'un don de Dieu: *Si nous le croyons* [Dieu], *je ne dy pas par foy, mais d'une simple croyance, voire (et je le dis à nostre grande confusion) si nous le croyons et cognoissions comme une autre histoire, comme l'un de nos compaignons,*

---

[133] On note avec intérêt que l'ambiguïté de *credulitas* n'a pas disparu: le traducteur de Wier rend ce mot par «incrédulité».

nous l'aimerions au dessus de toutes autres choses, pour l'infinie bonté et beauté qui reluit en luy[134].

Il revient à Pascal d'avoir systématisé la distinction qui était en germe chez Montaigne, avec un vocabulaire d'une rigueur géométrique où *foi* et *créance* s'opposent dans le même rapport que le sacré et le profane, la grandeur et la misère de l'homme. Lorsque Montaigne oppose *foi* et *croyance*, ce n'est peut-être qu'une précaution et une concession au lecteur qui pourrait s'offenser de la critique de la croyance, s'il la comprenait comme une critique de la foi religieuse. Mais Pascal érige en système la transcendance de la foi par rapport au phénomène psychologique de la croyance. Du coup, il reprend à Montaigne toute la critique de la croyance et, comme elle ne s'applique plus à la foi, il peut en durcir les traits et la transcrire dans une langue impérieuse et insolente. Si Montaigne se contentait de déplorer le caractère trop humain de la croyance, Pascal retourne le problème dans un passage bien connu, en proposant un bon usage de l'« abêtissement » à coup d'eau bénite et de messes :

> *Naturellement même cela vous fera croire et vous abêtira.*
> *– Mais c'est ce que je crains.*
> *– Et pourquoi? Qu'avez-vous à perdre?*[135]

Face à la *créance* qui en est la condition nécessaire et non suffisante, la *foi* n'apparaît plus que comme pur don de Dieu qui distingue la vraie religion des autres[136]. Mais le sens est encore plus restreint, car la plupart des chrétiens n'ont pas vraiment la foi[137]. La foi ne caractérise donc pas l'Eglise visible; elle réside dans le cœur de l'homme, dans la sphère privée où la raison ne pénètre pas[138]. Elle est devenue une affaire privée, ce qui fait système, chez Pascal, avec la tolé-

---

[134] Montaigne, *Essais*, II, 12; *op. cit.*, p. 488.

[135] Pascal, *Pensées*, éd. Ph. Sellier, Paris, 1976, p. 357, n° 680.

[136] *Id.*, p. 666, n° 338.

[137] *Id.*, p. 118, n° 210.

[138] D'où la récurrence, dans les *Pensées* d'une sorte de devise : *Inclina cor meum, Deus* (Ps. 118, 36). Voir surtout, p. 359, n° 680.

rance religieuse et le refus de la tyrannie qui ne peut régir que des croyances publiques. Il s'agit donc d'une expérience indicible, incommunicable, à l'abri du discours critique et de la manipulation: l'apologiste n'agit que sur la *créance*. Certes, Pascal n'a pas inventé la mystique, le spiritualisme, le Dieu caché et les églises invisibles. Mais ce qui importe ici, c'est qu'il en imprègne le vocabulaire. Il ne s'agit pas d'une théologie parmi d'autres, mais d'un de ces livres qui fixent l'usage français des mots.

On peut s'en rendre compte en examinant le vocabulaire de Bossuet qui, contrairement à celui de Pascal, n'est plus le nôtre: *Parmi les choses qu'on ne sait pas, il y en a qu'on croit sur le témoignage d'autrui, c'est ce qu'on appelle la foi* [...] *Lorsqu'on croit quelque chose sur le témoignage d'autrui, ou c'est Dieu qu'on croit, et alors c'est la foi divine, ou c'est l'homme, et alors c'est la foi humaine*[139]. Cela sent son latin clérical (*fides divina, fides humana*), mais ne convient même plus aux théologiens. Le *Dictionnaire de théologie catholique* rejette cette définition comme «inopportune» et préfère opposer, selon l'usage, *foi* et *croyance* dont le même auteur (S. Harent) fait deux articles distincts. Malgré les tendances du dictionnaire, le traitement du problème n'est rien moins que thomiste. Il ne serait pas décent de se référer à Pascal, mais on construit sur les mêmes bases implicites en renonçant aux habitudes scolastiques: *Si, à la suite du grand docteur* [saint Thomas] *on applique à la foi divine elle-même cet axiome:* Fides est supra opinionem et infra scientiam, *on rencontre une difficulté que nous n'avons pas à résoudre ici; nous traiterons de la croyance en général, et non de la foi surnaturelle en particulier. Voir FOI*[140].

Nous ne prétendons ni que Pascal soit un théologien orthodoxe, ni que le savant dictionnaire soit janséniste. C'est bien parce qu'il en va autrement que leur rencontre intéresse l'histoire du vocabulaire et montre qu'il s'est stabilisé. L'article *foi* du dictionnaire traite essentiellement de la

---

[139] P. Bossuet, *La connaissance de Dieu*, I, 14, cité dans le *Dictionnaire de théologie catholique*, t. 3, col. 2306.

[140] *Dictionnaire de théologie catholique*, t. 3, col. 2364.

genèse de la foi surnaturelle, tandis que l'article *croyance* culmine dans l'analyse et la justification du conditionnement religieux. Le problème est pris à son niveau le plus pragmatique et l'auteur termine par un vibrant plaidoyer en faveur de l'éducation religieuse forcée, menaçant les dirigeants laïques qui n'auraient pas compris l'impossibilité de gouverner les hommes et de maintenir la propriété privée sans leur inculquer la croyance. A l'inverse du vocabulaire, l'analyse diffère entièrement de celle de Pascal qui méprisait les demi-habiles et la tyrannie.

La stabilisation du vocabulaire de la croyance n'est sans doute pas absolue et on pourrait observer bien des déplacements d'accent du XVIIe siècle à nos jours. Cela ne remettrait probablement pas en cause le cadre que nous avons tracé. Signalons en tout cas trois problèmes que nous écartons de cette étude:

- L'utilisation du singulier *croyance* pour désigner l'acte de croire, par opposition au pluriel qui se dit des représentations religieuses. L'examen de ce problème mènerait vers des considérations sur la structure des langues romanes qui ne sont pas de notre compétence.

- Le vocabulaire des langues étrangères, et surtout de l'allemand moderne qui désigne les réalités religieuses avec un lexique très différent du nôtre.

- Les discussions philosophiques sur la croyance en général depuis le XIXe siècle, le mot *croyance* traduisant alors le concept kantien de *Fürwahrhalten*. Visant à la rigueur épistémologique, elles ne semblent pas avoir eu d'incidences sur la désignation des phénomènes religieux.

5. CONCLUSION

Le vocabulaire de la croyance n'a plus beaucoup changé de Pascal à nos jours. *Créance*, qui pouvait encore se dire de ses propres opinions, disparaît progressivement jusqu'au XIXe siècle et *foi*, qui s'est maintenu, se dit de sa propre religion ou, par politesse, de celle de son interlocuteur. Les étapes qui ont conduit à ce vocabulaire sont si complexes qu'il ne nous paraît pas inutile de les rappeler sommairement.

La scolastique médiévale ne possédait pas la notion de croyance. Son vocabulaire tournait autour de *fides* qu'il serait abusif d'assimiler au français moderne *foi*. La *fides* était à la fois le lien social essentiel, la fidélité vassalique, et la première des obligations religieuses, tandis que la philosophie admirablement formalisée des docteurs lui conférait une place spécifique et un rôle indispensable dans le système des connaissances. A mesure que la fidélité vassalique perd son caractère fondamental, la *fides* cesse d'être une évidence immédiate et on commence à lui chercher des fondements, tandis que l'usage du mot s'élargit et cesse d'obéir à des définitions rigoureuses. Pour sauver le concept et, en même temps, une grande part du système religieux, l'évangélisme le redéfinit sur le plan surnaturel, le dépouille d'implications sociales désormais désuètes et le laisse flotter par rapport au système épistémologique, dans lequel il ne joue plus aucun rôle spécifique entre *science* et *opinion*. Un discours sur le phénomène humain de la croyance se développe alors dans la place laissée libre, sans engendrer toutefois un vocabulaire précis et satisfaisant. On parvient ainsi à un dédoublement lexical qui permet d'opposer un discours sur ses propres convictions religieuses ou parareligieuses désignées comme *foi* (foi en Dieu, dans le progrès, etc.) et un discours sur les *croyances* qui sont l'apanage de ceux dont on parle[141]. Pour autant qu'une religion s'admet comme un ensemble de croyances, elle prétend être aussi quelque chose de plus: une foi.

Il est en effet difficile de parler au nom de ses *croyances* car, depuis Montaigne et Pascal, ce mot désigne le contraire de la pensée, la soumission à la force de l'imagination, aux déterminismes sociaux, aux conditionnements de l'éducation. Ce serait se disqualifier comme sujet. Mais on voit se développer chez l'apologiste et le déniaisé un discours sur les croyances des autres, lesquels apparaissent alors comme per-

---

[141] Comme l'a remarqué Smith (*op. cit.*, p. 52 et ss.).

pétuellement mystifiés, qu'il s'agisse de les entretenir dans cet état ou qu'on s'offre à les libérer de leurs superstitions. Ce vocabulaire est solidaire d'une conception pragmatique de l'idéologie en termes de sujet et d'objet. On prétend pouvoir nier la pensée de l'autre avec une condescendance ou un cynisme également naïfs, en renvoyant à de prétendues croyances la résistance qu'elle oppose.

Le vocabulaire de la croyance possède certes de réels avantages. Il est celui de la tolérance, une situation qui dure depuis quatre siècles: l'impossibilité pour une religion de s'imposer et l'impossibilité de détruire le système religieux. Il permet un discours dépourvu d'exactitude, mais pacifié, chez des «élites» qui dialoguent en écartant la conviction vulgaire et dont les personnages de l'*Heptaplomeres* de Bodin sont comme le prototype. Aujourd'hui même, un colloque sur la religion médiévale où, avec un vocabulaire vraiment conséquent, l'un traiterait d'hérésie ce qu'un autre baptiserait vérité et un troisième illusion, serait absolument impraticable. En contestant la notion de croyance, Neadham a vu le danger et s'excuse sans cesse. En attendant, de prétendues croyances s'accumulent dans les cerveaux sans défense des vivants et des morts qui font l'objet de ces savantes considérations.

Ce discours s'inscrit sans aucun doute dans des rapports de domination et d'exploitation. Les croyances appartiennent au peuple, aux primitifs, aux colonisés, à «ceux qui vivent encore au Moyen Age» et l'historien ne fait que projeter ces rapports sur son «territoire». Le système de domination médiéval reposait sur une religion commune au dominant et au dominé et destinée à régler leurs rapports. Même lorsqu'on voyait un abîme entre les comportements religieux des laïcs et des clercs, il importait de les désigner comme une *fides* identique. La tendance s'inverse à l'époque moderne, lorsque des groupes aristocratiques ou bourgeois cherchent à développer une spiritualité originale (jansénisme, piétisme, etc.) ou à se déniaiser. Dans les deux cas, ils se placent au-dessus d'une croyance vulgaire qu'ils peuvent regarder avec sympathie ou avec dédain, mais qui ne saurait s'affirmer comme rationnelle. La foi et la raison confèrent le droit de parler, la croyance celui de se taire.

Depuis deux siècles, les croyances cessent progressivement d'être le lot des citoyens français qui jouissent d'une protection légale contre la diffamation. Le sociologue trouve d'autres mots pour analyser leur comportement, tandis que l'anthropologue et l'historien distribuent généreusement les croyances aux populations qu'ils étudient.

Certaines de ces croyances ont été déposées par la nature dans le cœur de l'homme, comme la fameuse peur devant l'inconnu qui pousserait les sauvages à adorer les forces de la nature. D'autres sont des survivances, dues à la longue durée des mentalités, surtout chez les paysans. D'autres enfin sont insinuées dans des cerveaux malléables par des élites acculturantes. Dans chacun de ces cas, on présuppose une invraisemblance psychologique : il y aurait des comportements passifs de l'intellect qui s'imprégnerait des symbolismes existants et les accepterait comme ils viennent[142]. Quant à la faculté d'engendrer du symbolisme, de «faire croire», elle reviendrait soit à la nature (éventuellement à Dieu), soit à la tradition (ce qui renvoie le problème à des époques antérieures et mystérieuses), soit aux «élites», dont le comportement s'explique à son tour par les mentalités.

Le pendant de ce discours sur les croyances, c'est l'impossibilité, pour l'historien, de mettre en cause l'idéologie de sa propre société et la «raison» contingente dont il est le porte-parole. Toute difficulté d'interprétation face au comportement d'une population renvoie à l'irrationalité de celle-ci, à ses attitudes prélogiques. L'historien n'a ainsi aucune chance de soumettre à une critique vérifiable ses propres conceptions dont le bien-fondé finit toujours par prévaloir. On reconnaît ici ce que les anthropologues anglo-saxons appellent un *self confirming system*.

Au contraire, le présupposé que le fait humain est rationnel, que les populations dont on écrit l'histoire sont en possession de leur propre rationalité et non les jouets de la croyance, soumet l'historien aux exigences d'une démarche critique. La rigueur logique qu'il saisit dans des pensées dif-

---

[142] Contre l'absurdité d'une telle conception, on consultera l'excellent petit livre de D. Sperber, *Du symbolisme en général*, Paris, 1974.

férentes devient le critère auquel se mesure la fécondité de sa propre démarche. En essayant de retracer l'histoire du concept de croyance, nous pensons avoir plaidé la cause d'une histoire critique qui associe la compréhension du passé à la réflexion sur nos propres présupposés épistémologiques. Les nôtres, en tout cas, n'en sont pas sortis indemnes. Cette démarche présente, par la force des choses, un caractère polémique: elle met sans arrêt en cause la situation de l'historien. Mais elle possède un point commun important avec la démarche scientifique: le caractère expérimental. Car, si le passé ne se prête point à l'expérimentation, les implications de nos conceptions de l'histoire sont au contraire vérifiables.

IV.

CONTRE LA THÈSE
DE L'ACCULTURATION

Le sociologue français Lucien Lévy-Bruhl publia en 1910 *Les fonctions mentales dans les sociétés inférieures* et en 1922 *La mentalité primitive*. Le concept de mentalité qu'introduisaient ces livres fut assez rapidement critiqué, en particulier par Marcel Mauss[1]. Dès 1931, Lévy-Bruhl regretta cette expression vague et équivoque, ainsi que celle de primitif, non moins malheureuse. Ses carnets, publiés en 1949, montrent qu'il finit par reconnaître lui-même l'identité des structures mentales dans l'ensemble des sociétés connues. Cependant, le mal était fait: les anthropologues devinrent certes plus prudents, mais les historiens se ruèrent sur le mot à la mode. Un demi-siècle plus tard, il reste caractéristique de la prétendue Nouvelle Histoire.

A partir de 1965, les historiens français empruntèrent, d'abord timidement, un autre grand mot aux anthropologues, celui d'acculturation, et je crains qu'il ne fasse une carrière aussi brillante et discutable que celui de mentalité.

Le terme «acculturation» apparaît dans la littérature anthropologique américaine vers 1880[2]. Il désigne de

---

[1] M. Mauss, *Œuvres*, Paris, 1968-1969, vol. 2, p. 125 et ss. Ce texte date de 1923.
[2] Sur l'histoire du mot, on consultera: G. Gurvitch, éd., *Traité de sociologie*, Paris, 1958-1960, vol. 2, p. 451 et ss. (chapitre rédigé par G. Balandier); R. Bastide, Art. «acculturation», in: *Encyclopaedia Universalis*, t. 1, p. 102 et ss.; A. Dupront, «De l'acculturation», in: *XIIe Congrès international des sciences historiques*, Vienne, 1965, Rapports, vol. 1, p. 7-36; N. Wachtel, «L'acculturation», in: *Faire l'histoire*, éd. J. Le Goff, P. Nora, Paris, 1974, vol. 1, p. 124-146;

manière imprécise des phénomènes de contact et d'emprunt culturels. S'il est normal qu'on utilise un néologisme pour désigner un phénomène encore mal défini, il est moins normal que l'usage du mot se développe sans se préciser de manière satisfaisante. En 1904, le *Century Dictionary and Encyclopaedia* définit l'acculturation comme « le processus d'adoption et d'assimilation d'éléments culturels étrangers ». Cette définition serait acceptable si l'on étudiait, sous le nom d'acculturation, des phénomènes d'emprunt bien délimités, comme l'introduction en Europe du tabac ou du café, mais ce n'est pas de cela qu'il s'agit. Le concept sert au contraire à rendre compte des changements culturels observés dans les populations dites primitives en contact avec les Blancs. Il faut un certain aveuglement pour décrire l'« acculturation » des Indiens d'Amérique en termes d'échange culturel.

En 1936, Redfield, Linton et Herskovits dressèrent un mémorandum pour relancer les études d'acculturation et proposèrent une nouvelle définition du concept: « ensemble des phénomènes qui résultent de ce que des groupes d'individus de cultures différentes entrent en contact, continu et direct, avec les changements qui surviennent dans les *patterns* culturels originaux de l'un ou des deux groupes. »[3] L'expression « groupes d'individus » est révélatrice: elle exclut toute tentative de distinction entre les changements qui affectent, par exemple, le personnel d'une ambassade, des travailleurs immigrés, ou une ethnie en voie d'extermination.

Dans les années 1950, une réaction se produisit enfin en Europe contre cette problématique, face aux réalités très différentes que mettaient en évidence les luttes de décolonisation. Gluckmann en Angleterre, Balandier en France, mais aussi un homme politique comme Franz Fanon, qui milita au F.L.N. et devint Algérien, firent passer au premier plan la

---

E. M'Bokolo, Art. « acculturation », in: *La nouvelle histoire*, éd. J. Le Goff, R. Chartier, J. Revel, Paris, 1978, p. 21 et ss.

[3] R. Redfield, R. Linton, M. J. Herskovits, « Memorandum for the Study of Acculturation », in: *American Anthropologist*, t. 38 (1936), p. 149-152. On consultera également: M. J. Herskovits, *Acculturation: the Study of Culture Contact*, New York, 1938; R. Beals, « Acculturation », in: *Anthropology Today. An Encyclopedic Inventory*, Chicago – New York, 1965, p. 621-641 (1ère éd. 1953).

situation politique, économique et sociale dans laquelle se produisent les changements, c'est-à-dire la colonisation[4]. Le concept d'acculturation passe ainsi au second plan. Certains, comme Balandier, préfèrent ne plus l'utiliser; d'autres, comme Bastide, l'utilisent prudemment.

Pendant que s'opérait ce redressement, le mot «acculturation» pénétrait le public et parvenait aux oreilles des historiens. Le Comité des historiens français inscrivit le thème au programme du Congrès International des Sciences Historiques à Vienne, en 1965[5]. Alfonse Dupront introduisit la série d'exposés en insistant sur l'histoire du mot et sur ses applications possibles par l'historien. Bien que son texte manifestât plus d'enthousiasme que de méfiance, il ne lui vint pas un instant à l'idée de qualifier d'acculturation l'évolution interne d'une société.

Aujourd'hui, l'existence d'une acculturation des «masses» occidentales par leurs «élites» est en train de devenir un lieu commun, patronné par des historiens français de renom, essentiellement Pierre Chaunu, Jean Delumeau et Robert Muchembled. Les masses populaires acculturées seraient d'abord les paysans, puis, jusqu'à un certain point, les populations urbaines. Par élites, il faut entendre les intellectuels et les milieux dirigeants. Parlant d'une disparition de la «magie» ecclésiastique au début de l'époque moderne, Muchembled considère que «cette mutation provenait évidemment de l'activité des élites intellectuelles et religieuses, c'est-à-dire des couches supérieures de la société»[6]. De son coté, Chaunu insiste sur le rôle des réformateurs et leur attribue des entreprises plus ou moins acculturantes[7]. Delumeau

---

[4] G. Balandier, *Sociologie actuelle de l'Afrique Noire*, Paris, 1963 (1ère édition: 1955); F. Fanon, *L'An V de la Révolution algérienne*, Paris, 1959; id., *Les damnés de la terre*, Paris, 1961. Je n'ai pu consulter: M. Gluckmann, «Analysis of a Social Situation in Modern Zululand», in: *Bantu Studies*, t. 14 (1960).

[5] Cf. note 2.

[6] M.-S. Dupont-Bouchat, W. Frijhoff, R. Muchembled, *Prophètes et sorciers dans les Pays-Bas. XVIe-XVIIIe siècles*, Paris, 1978, p. 29.

[7] P. Chaunu, *Le temps des réformes. Histoire religieuse et système de civilisation*, Paris, 1975.

parle d'une «nouvelle et croissante volonté d'acculturation qui habita les élites» au début de l'époque moderne. Selon lui, «on chercha, par la manière forte, à faire entrer dans le cadre religieux et moral d'une chrétienté austère des populations trop souvent réfractaires à cet ordre rigoureux». Il explique le «mise au pas générale» par une «grande peur culturelle» et un «manque de sécurité ontologique»[8].

Cette manière de voir ne nous semble pas venir du culturalisme. Bien loin de définir la culture comme manifestation globale d'une société, ces historiens tendent plutôt à y voir le comportement d'un groupe d'individus, en tant qu'il se distingue d'un autre groupe d'individus. Je dis «groupe d'individus», car je ne sais pas si les élites en question correspondent à une classe sociale pour ces auteurs. L'élite agit sur les masses pour les acculturer en utilisant l'éducation, c'est-à-dire l'enseignement et la prédication, mais aussi la répression, c'est-à-dire l'interdiction des manifestations de la culture populaire et le châtiment. Concrètement, cette acculturation porterait sur la vie sexuelle, les pratiques magiques et religieuses, les fêtes et le langage.

Sur le phénomène, les jugements varient. Il éveille sans doute plus d'antipathie chez Muchembled, qui semble militer pour des formes d'évolution culturelle moins mutilantes, que chez Chaunu. Dans *La peur en Occident*, Delumeau cherche explicitement à cerner les responsabilités de l'Eglise. En revanche, ces recherches partent d'un présupposé commun: les élites posséderaient une culture savante, héritée peut-être du Moyen Age, et chercheraient à l'imposer au reste de la société. Selon Muchembled, «deux mondes très dissemblables, très éloignés mentalement l'un de l'autre, se rejoignaient, se pénétraient, avec tous les traumatismes qui en résultaient»[9]. Ce point de vue me paraît particulièrement discutable lorsqu'il s'agit d'expliquer la disparition de phénomènes entièrement transsociaux, comme la «magie» ecclésiastique et les fêtes. Ces phénomènes supposent en effet, pour exister, la participation des différents groupes

---

[8] J. Delumeau, *La peur en Occident*, Paris, 1978, p. 400 et 414.

[9] R. Muchembled, *La sorcière au village (XVe-XVIIe siècle)*, Paris, 1979, p. 220.

sociaux. On peut difficilement considérer les bénédictions ecclésiastiques ou les danses liturgiques comme des manifestations d'une culture populaire séparée de la culture cléricale. Pour qu'elles disparaissent, il faut et il suffit que l'un des groupes refuse le contact, ce qui est très précisément le contraire d'une acculturation.

Cela dit, la thèse de l'acculturation ne suppose pas toujours un point zéro imaginaire où deux cultures séparées s'ignoreraient à l'intérieur de la même société. On peut en effet penser que les élites s'évadent plus tôt des traditions ancestrales, prennent un point de vue critique sur ces traditions, puis l'imposent. Cela n'est pas entièrement faux, puisqu'on désigne alors comme élites ceux qui réagissent le plus vite, de même qu'on considère comme tireur d'élite celui qui dégaine généralement le premier. Parfois aussi, les élites dépassent la cible, veulent acculturer trop d'un coup et doivent alors affronter la résistance des mentalités populaires et des pesanteurs sociologiques. On reconnaît ici les réformateurs acculturants de Chaunu. Le problème est alors de savoir s'il y eut de tels antagonismes entre une élite de réformateurs en avance sur leur temps et des masses traumatisées, ce qui nous amène à regarder de plus près dans quelles conditions se déroula le changement religieux. J'ai choisi pour cela deux exemples, tirés l'un de Muchembled, l'autre de Chaunu, car c'est chez ces deux auteurs que la thèse de l'acculturation se présente de la manière la plus élaborée et la plus systématique.

Dans *Culture populaire et culture des élites*, Muchembled décrit la culture populaire de la fin du Moyen Age en France et étudie sa disparition progressive[10]. Ce qu'il appelle «culture populaire» pourrait d'ailleurs s'appeler tout simplement «culture», car les pratiques sexuelles, médicales, magiques, religieuses et festives qu'il décrit concernent le plus souvent la totalité de la société, avec, bien sûr, des différences d'accent. La plus importante de ces différences pourrait être celle de la culture rurale et urbaine; cette opposition

---

[10] R. Muchembled., *Culture populaire et culture des élites dans la France moderne*, Paris, 1978.

est peut-être pertinente, sur le plan des fêtes notamment. On peut, si l'on veut, accepter l'expression de culture populaire, si l'on entend par là une culture à laquelle participent les classes sociales dominées.

Les difficultés commencent lorsqu'on étudie la disparition de cette culture. Des élites enlèveraient progressivement au peuple ses festivités, sa magie et sa religion; les deux agents principaux de cette acculturation seraient l'Eglise et l'Etat. Mais on voit assez mal quelles classes sociales agiraient sous le couvert de ces institutions, ou plutôt, quels rapports sociaux provoquent les changements. Il y a là un flou qui peut entraîner des méprises. Je voudrais en donner un exemple.

Pour illustrer l'action des prédicateurs contre la culture populaire, Muchembled emprunte au chroniqueur Enguerrand de Monstrelet l'histoire du carme Thomas Conecte qui parcourrait les Flandres en 1428-1429[11]. Comme nous ne connaissons pas beaucoup de prédicateurs «acculturants» en Flandres au XVe siècle, l'exemple mérite attention. A première vue, le cas est clair: Conecte fustige les costumes excentriques, l'immoralité et le jeu. Mais regardons de plus près le texte de Monstrelet.

Lorsque le carme venait dans une ville, son accueil triomphal était organisé par les autorités, ce qui pourrait en effet suggérer le caractère anti-populaire de sa prédication. *Les nobles, bourgeois et autres notables personnes des villes où il estoit*, dit Monstrelet, *lui faisoient faire ès plus beaux lieux* [...] *ung grand eschafault de bois bien planchié*. Pourtant, il ne prêche pas contre le menu peuple, bien au contraire. Sa première cible, ce sont les parures excentriques des dames de la bonne société; il poursuit d'une haine fanatique les hennins, ces hautes coiffes à la mode qui sont assorties d'une traîne. Non content de les blâmer, il excite les enfants à tirer sur les traînes pour provoquer l'écroulement des coiffes. On imagine la drôlerie et finalement le caractère festif d'une telle prédication. Ridiculisées par ces mauvais traitements,

---

[11] E. de Monstrelet, *Chronique*, éd. L. Douët d'Arcq, Paris, 1857-1862, vol. 4, p. 302-306, vol. 5, p. 43-44 (Société de l'histoire de France. Publications, vol. 105 et 108).

mais cependant désireuses d'assister à la fête, les dames adoptaient, pour l'occasion, les coiffes austères des béguines, *à l'exemple du lymeçon*, dit Monstrelet, *lequel, quand on passe près de luy, retrait ses cornes*. Bien sûr, lorsque Conecte s'en allait, les cornes repoussaient. Après la prédication, le carme faisait aussi brûler les jeux de société sur des bûchers, ce qui rappelle l'action de Savonarole à la fin du siècle. La comparaison, comme nous le verrons, n'est pas forcée.

Dirigée contre les classes dominantes, la prédication de Conecte n'est pas impopulaire du tout. *Par les blasphèmes qu'il disoit communément, en espécial contre les nobles et gens d'Eglise, il acquist grand amour et renommée de tout le peuple par tous les pays où il aloit, et estoit d'yceulx moult honnouré et exaulçié.* Il s'agirait donc plutôt d'un tribun populaire qui, toujours selon Monstrelet, *fist plusieurs prédications à la louange du menu peuple*. Les dirigeants laïcs ne font rien contre lui, mais le reçoivent somptueusement, peut-être pour éviter l'émeute. Par contre, les gens d'Eglise le détestent.

Muchembled omet la fin de l'histoire. En 1432, Conecte se rendit à Rome. Le pape l'invita en vain à prêcher devant lui et ses réticences entraînèrent son arrestation. Il fut livré aux cardinaux qui le déclarèrent hérétique et l'envoyèrent au bûcher. Si l'on veut absolument présenter les changements culturels de la période en termes d'acculturation, alors il faut admettre que le carme, allié des masses populaires, cherchait à acculturer les élites ecclésiastiques et la noblesse.

L'exemple est significatif, car il permet de situer les thèmes de la controverse religieuse. Plus exactement, la prédication de Conecte, telle que la décrit Monstrelet, présente un thème qu'on ne rencontre que par intermittence: la polémique somptuaire, un thème à peu près général: la polémique anticléricale, et il lui manque un trait essentiel des hérésies de la période, les attaques contre la « magie » ecclésiastique, ou, si l'on préfère, contre les prétentions de l'Eglise à une efficacité surnaturelle.

La lutte contre les pratiques somptuaires des nobles et du patriciat est pratiquement absente de l'hérésie dans les Pays-

Bas du XVe siècle[12]. Pourtant, un coup d'œil sur la peinture montre que, tout au long du siècle, les costumes inspirés par la cour disparaissent, tout particulièrement les hennins qui sont remplacés par des coiffes blanches, élégantes mais pudiques. Vers 1500, chez Quentin Matsys par exemple, les hennins sont devenus un élément caricatural dans des tableaux comme la *Comtesse laide* de la National Gallery à Londres. En prêchant contre les hennins, Conecte ne risquait sans doute pas grand-chose. Il avait pour lui le menu peuple et très vraisemblablement la bourgeoisie, tandis que les autorités ecclésiastiques restaient en dehors du conflit.

La lutte contre les jeux de société me semble entrer dans le même mouvement anti-nobiliaire. Les jeux, comme les danses, ne sont pas l'apanage des nobles, bien entendu, mais ils sont liés symboliquement au mode de vie noble, comme dans les gravures d'Israel van Meckenem à la fin du siècle. Les autres classes sociales sont prêtes à des conversions puritaines, au moins momentanées, pour instruire le procès de la noblesse. Cela explique les autodafés qu'inspira le fifre de Niklashausen, dans un contexte révolutionnaire, et le succès de Savonarole à Florence, avec des techniques identiques à celles de Conecte, comme l'utilisation des enfants pour faire la police.

Le second grand thème de Thomas Conecte est l'anticléricalisme. Il est lié au premier par l'exaltation de la pauvreté et de l'imitation du Christ: le carme fait son entrée dans les villes sur un âne, accompagné de ses disciples; il refuse les rémunérations en argent, ce qui semble être un reproche indirect envers les prêtres simoniaques. Il lui est aussi lié par le puritanisme: le seul grief anticlérical explicite, dans le récit de Monstrelet, concerne le concubinage des prêtres. Tout comme la condamnation du mode de vie nobiliaire, celle de l'immoralité des prêtres passe par des exhibitions de puritanisme. Connecte fait tendre une corde entre ses auditeurs des deux sexes pour éviter tout contact pendant le sermon.

---

[12] Cf. P. Fredericq, *Corpus Inquisitionis Neerlandicae*, Gand et La Haye, 1889-1906.

Si l'on parcourt le *Corpus Inquisitionis Neerlandicae* de Fredericq, il apparaît que l'anticléricalisme, représenté par les attaques contre la simonie et l'immoralité du clergé, constitue un thème essentiel[13]. J'ai extrait du *Corpus* quarante et un cas entre 1400 et 1520 où la nature de l'hérésie apparaît clairement[14]. Vingt et un de ces cas comportent des attaques contre les prêtres, presque toujours contre le clergé séculier. En fait, il faut se demander si la quasi-totalité des hérétiques ne sont pas d'abord anticléricaux, car les erreurs sur le sacrement, la confession, les indulgences ou les reliques mettent forcément en cause les pouvoirs et les prétentions des prêtres.

Les attaques contre les curés sont monnaie courante dans la prédication des frères mineurs, des augustins et des carmes. Ceux-ci savent qu'ils séduisent le peuple par une telle attitude et cherchent par ce moyen à se substituer aux séculiers dans la distribution du Sacrement et de la confession. Ici encore, il serait vraiment paradoxal de parler d'un thème acculturant. Par contre, ce type de prédication peut dégénérer en contestation des pratiques spirituelles. On discerne en effet trois étapes qui mènent de l'anticléricalisme à l'erreur doctrinale la plus grave :

1. Attaquer la simonie et le concubinage des prêtres n'est pas à proprement parler hérétique. Les inquisiteurs considèrent cela comme *injuriosus* ou *seditiosus*.

2. Prêcher que le sacrement distribué par un prêtre en état de péché mortel n'a pas de valeur. Cette fois, on tombe dans l'erreur doctrinale.

3. Nier complètement l'efficacité des sacrements, de l'intercession des saints, des pèlerinages ou des indulgences.

---

[13] *Op. cit.* Les trois premiers volumes couvrent la période que nous étudions.

[14] Il s'agit des numéros suivants : t. 1 : 248, 249, 261-264, 266, 271, 272, 276, 279, 289, 292, 297, 299, 300, 304, 330, 332-335, 336-343, 345, 349, 350, 352, 353, 354, 356, 357-358, 359, 363, 366, 371, 396, 398, 400, 401, 408 ; t. 2 : 120, 122, 127, 132, 139-140, 181, 184-185 ; t. 3 : 45, 48-49, 106.

C'est cela qui constitue la lutte contre la « magie » ecclésiastique.

Sur quarante et un cas, vingt-trois peuvent se ranger dans cette troisième catégorie. Des ecclésiastiques sont impliqués dans sept d'entre eux. Dans quatre cas sont impliqués des laïcs dont la profession est précisée, essentiellement des artisans. On peut supposer que la plupart des hérétiques dont le statut n'est pas précisé appartiennent au menu peuple.

Il ne nous paraît donc pas abusif d'assimiler la lutte contre la « magie » ecclésiastique à l'hérésie. Inversement, les autorités religieuses ne poursuivent guère les excès de la prétendue piété populaire[15]; je ne compte que quatre cas où l'erreur doctrinale n'a pas d'effet sécularisant. Il s'agit d'un visionnaire à qui apparaît une âme du purgatoire, d'un moine qui prétend que le Christ a transsubstantié saint Jean, d'un universitaire qui attaque l'autorité d'Aristote sur les futurs contingents et d'un franciscain millénariste[16].

Il faut donc constater que les prétendues élites ecclésiastiques, au lieu d'acculturer, se défendent contre la mise en cause de leurs fonctions et de leurs pratiques. Sans être le monopole des classes populaires, cette mise en cause y est bien représentée. On désignera comme on voudra cette évolution qui mène à la crise religieuse du XVIe siècle, mais il serait difficile de lui trouver un nom qui convienne plus mal que celui d'acculturation. Utiliser ce mot reviendrait à désigner ainsi toute évolution se produisant dans une culture.

Dans *Le temps des Réformes*, Pierre Chaunu esquisse une interprétation sociologique de l'implantation du protestantisme[17]. Il distingue trois facteurs prédisposant à la Réforme : l'éloignement de Rome, une forte alphabétisation et le morcellement du pouvoir politique. Cela l'amène à penser que le

---

[15] Pour des raisons que je ne peux développer ici, il me paraît impossible de mettre la chasse aux sorcières sur le compte d'une lutte contre la religion ou la culture populaire. Du reste, sur 162 affaires recensées par Fredericq entre 1400 et 1520, on ne compte que 15 procès de sorcellerie.

[16] Ce sont les numéros 304, 336-343, 345 et 357-358 du 1er tome.

[17] P. Chaunu, *op. cit.*

couloir rhénan réunissait, bien plus que la Saxe de Luther, toutes les circonstances favorables à ce changement. Or la Réforme s'y fit approximativement dans un territoire sur deux. Comme le dit fort bien Chaunu, ce n'est pas le raz-de-marée réformateur qu'il faut expliquer, mais le fait qu'il n'ait pas tout submergé. Il examine donc les caractéristiques des différentes réformes pour juger de leur aptitude à réussir.

En Saxe où la situation culturelle était loin d'être la plus favorable, Luther élabora une réforme modérée et peu acculturante, tandis que là où la situation était très favorable apparurent des réformateurs humanistes, beaucoup plus radicaux, du fait même des conditions favorables. Leur radicalisme allait dans le sens de l'acculturation violente et du changement révolutionnaire, sur une base sociale incertaine. «La réforme humaniste, dit Chaunu, est élitique et bénéficie d'un écho social limité; elle est par essence acculturante.»[18] Ses excès entraînèrent ses échecs. Comme réformateurs acculturants, Chaunu cite Karlstadt, que Luther mit sur la touche à son retour de la Wartburg, Müntzer qui périt à la bataille de Frankenhausen, et surtout Zwingli.

Le portrait le plus développé d'un réformateur acculturant est précisément celui de Zwingli. Il se serait appuyé sur les classes dominantes pour imposer une réforme excessive: «Sous son influence, le pouvoir bourgeois de Zurich impose au peuple, sans l'avoir conquis à sa cause, une manière de vivre l'Eglise en rupture avec ses traditions et sa sensibilité.»[19] A partir du 17 novembre 1523, il imposa son *Instruction chrétienne* par un «recours massif à la contrainte d'un Etat bien tenu en main». Chaunu essaie de préciser le jeu des classes sociales: «En fait cette réforme humaniste adoptée par la *upper middle class* des lisants-écrivants et par les promus de l'école attire la haine de la sensibilité populaire»[20]. D'où un «contre-courant en faveur de la religion traditionnelle»[21], ce que Luther avait su éviter en Saxe.

---

[18] *Id.*, p. 489.
[19] *Id.*, p. 497.
[20] *Id.*, p. 492.
[21] *Id.*, p. 492.

L'analyse de Chaunu est séduisante, mais elle repose sur trois présupposés dont il nous faut discuter la validité :

1. l'assimilation de la réforme humaniste à la réforme radicale
2. l'attribution à la réforme humaniste des changements supposés acculturants
3. l'existence d'une masse traumatisée par ces changements et qui n'aurait accepté ni la révolution religieuse, ni la révolte politique.

Peut-on assimiler réforme humaniste et radicalisme ? La plupart des réformateurs, radicaux ou non, ont subi dans un premier temps l'influence d'Erasme, mais cette influence tend à s'estomper au profit de celle de Luther. Par radicaux, Chaunu semble désigner les réformateurs moins conservateurs que Luther. Cela fait une catégorie très large où il faut distinguer les partisans d'une évolution dans l'ordre, comme Zwingli à Zurich et Bucer à Strasbourg, et les partisans de l'action violente, comme Muntzer, Hubmaier et, dans une moindre mesure, Karlstadt. Il me paraît difficile d'attribuer à une plus ou moins grande influence de l'humanisme leurs positions plus ou moins radicales, car cette influence s'est exercée sur des hommes dont le comportement politique et religieux fut souvent le plus conservateur possible. La réforme luthérienne parut trop séditieuse à de nombreux humanistes, comme Scheurl, Pirckheimer et Peutinger, sans compter le cardinal de Brandebourg[22]. Une fois la Réforme installée, les partisans du compromis religieux se recrutent souvent chez les humanistes, ainsi Capiton à Strasbourg et Melanchthon à Wittenberg. La confusion entre réforme humaniste et réforme radicale risque donc de détourner l'attention des facteurs politiques et sociaux qui déterminèrent les prises de position des réformateurs, quelle que fût par ailleurs leur culture humaniste.

---

[22] B. Moeller, *Villes d'Empire et Réformation*, trad. fr., Genève, 1966 ; id., « Die deutschen Humanisten und die Anfänge der Reformation », in : *Zeitschrift für Kirchengeschichte*, t. 70 (1959), p. 46-61.

Il faut donc voir si les réformateurs, humanistes ou non, ont vraiment eu l'initiative des changements supposés acculturants, en premier lieu de la transformation du culte. Pour être bref, nous nous en tiendrons au problème des images, qui passent pour un support essentiel de la prétendue piété populaire, mais on pourrait faire une démonstration semblable sur un problème comme celui de l'eucharistie.

A Wittenberg, l'iconoclasme éclata en l'absence de Luther, réfugié à la Wartburg dont il revint au printemps 1522 pour calmer les esprits. On ne peut le mettre entièrement sur le compte de Karlstadt qui désapprouva le tumulte et prétendit vouloir une évolution dans l'ordre[23]. C'est bien plutôt l'augustin Gabriel Zwilling qui joua le rôle de meneur. Les émeutes commencèrent en automne 1521 et un premier autel fut démoli les 3 et 4 décembre. La première publication hostile aux images est le pamphlet de Karlstadt, *Von abtuhung der bylder*, qui parut le 27 janvier 1522. Luther ne théorisa sa position qu'en 1525, dans *Wider die himmlischen propheten*.

La situation zurichoise est encore plus intéressante. Dès 1520, un personnage originaire du comté de Toggenburg est condamné à la décapitation pour avoir lacéré un tableau représentant la crucifixion avec la Vierge et saint Jean, tout en blasphémant: «Les idoles ne servent à rien et ne sont d'aucun secours.»[24] L'influence de Zwingli sur le mouvement iconoclaste ne devient évidente qu'en septembre 1523[25]. Il veut lui aussi le changement dans l'ordre, mais est débordé par les iconoclastes. Son influence, comme celle de Leo Jud, est en fait très théorique. Leurs attaques contre le culte des saints servent d'arguments aux iconoclastes, mais

---

[23] C. C. Christensen, *Art and the Reformation in Germany*, Athens (Ohio) – Detroit, 1979, p. 35 et ss.

[24] E. Egli, *Aktensammlung zur Geschichte der Zürcher Reformation in den Jahren 1519-1533*, Zurich, 1879, n° 126.

[25] Sur l'iconoclasme à Zurich, Ch. Garside Jr, *Zwingli and the Arts*, New Haven – Londres, 1966, contient tous les renseignements utiles. On consultera cependant avec profit W. Köhler, *Zwingli und Luther. Ihr Streit über das Abendmahl nach seinen politischen und religiösen Beziehungen*, t. 1, Leipzig, 1924.

ils n'ont pas de position sur les images elles-mêmes. Le premier pamphlet sur ce sujet est celui de Ludwig Hätzer, à peu près contemporain des troubles de septembre, de sorte qu'il est difficile de dire s'il a contribué à les provoquer. Zwingli ne théorise sa position qu'au début de 1525, dans la *Réponse à Valentin Compar*.

A Strasbourg, les premières émeutes avec destruction d'images ont lieu en septembre 1524[26]. Le Conseil essaie d'enrayer la violence et de parvenir à un compromis. Le 31 octobre, les paroissiens de Sainte-Aurélie enlèvent les images de leur église, après en avoir décidé à l'unanimité. Il s'agit d'une paroisse très populaire, celle des maraîchers; elle est desservie par Bucer en personne et on serait tenté de mettre sur son compte l'iconoclasme de ses paroissiens. En fait, ce sont eux qui ont exigé Bucer comme prédicateur et l'ont obtenu irrégulièrement. Le premier pamphlet contre les images date de juin 1524. Il est l'œuvre du théologien radical Clemens Ziegler, maraîcher de son état.

Il est inutile de multiplier les exemples, ceux-ci suffisent pour caractériser le processus. L'iconoclasme ne vient pas des grands réformateurs: aucun d'entre eux n'a pris position avant 1525. Leur conduite avant cette date est hésitante et ils se réfugient dans le légalisme, comme Zwingli qui fut consulté en décembre 1522 à propos d'une femme de Lucerne, sommée de rendre aux béguines la statue de saint Apollinaire qu'elle avait offerte pour un vœu, puis retirée par scrupule[27]. Il serait tout aussi inexact de considérer l'iconoclasme comme un comportement populaire qui se serait imposé aux réformateurs, car il n'a pas de tradition populaire. Il n'accompagne pas les soulèvements antérieurs à la Guerre des Paysans, dont l'idéologie comprend le culte des

---

[26] Sur l'iconoclasme à Strasbourg: F. Rapp, *Réformes et réformation à Strasbourg. Eglise et société dans le diocèse de Strasbourg (1450-1525)*, Paris, 1974; T. A. Brady, *Ruling Class, Regime and Reformation at Strasbourg, 1520-1555*, Leyde, 1978; Christensen, *op. cit.* [J'ai repris plus récemment le problème: «L'art d'Eglise et la Réforme à Strasbourg», in: *Art, religion, société dans l'espace germanique au XVIe siècle*, éd. F. Müller, Strasbourg, 1997, p. 133-158].

[27] Garside, *op. cit.*, p. 99 et ss.

saints[28]. Il n'y a pratiquement pas d'iconoclasme avant 1520. En fait, ces manifestations se produisent lorsque l'anticléricalisme de la population rencontre les attaques luthériennes contre le culte des saints. Tandis que les réformateurs placent au cœur du débat le problème de l'intercession qu'ils qualifient d'idolâtrie, leurs auditeurs reprennent le concept d'idolâtrie dans un sens plus littéral et mettent les images en question. Ce sont les réformateurs de second rang, mais radicaux, qui théorisent aussitôt cette nouvelle attitude, en se fondant sur une lecture littérale du Deutéronome, peu subtile, mais efficace.

Si, comme nous le croyons, l'iconoclasme se produit à la jonction de la prédication réformatrice et d'un anticléricalisme plus traditionnel, il faut essayer de distinguer plus clairement l'appartenance sociale des iconoclastes. A Wittenberg, les étudiants semblent avoir joué un rôle considérable. Mais qu'en est-il dans les villes non universitaires ?

Les affaires survenues à Zurich en septembre 1523 sont le fait d'un groupe essentiellement composé d'artisans, parmi lesquels on compte un tisserand, un charpentier, un cordonnier et un tailleur. Ils ont des soutiens dans le bas clergé et peut-être dans le Conseil. Mais surtout, nous savons dans quel contexte se sont formées leurs opinions. Le libraire Castelberger avait ouvert dès 1522 une petite école biblique, pour faciliter la lecture des textes saints aux peu lettrés et la faire aux illettrés. Le phénomène n'est pas isolé. D'autres écoles de ce type existaient en Suisse. En Alsace, la lecture publique se pratiquait dans les poêles des corporations. A la veille de la Guerre des Paysans, Johannes Sapidus, le directeur de l'école latine de Sélestat, pratiquait ce type d'agitation chez les vignerons[29]. A Strasbourg, le maraîcher Ziegler commentait la Bible à ses collègues[30]. Ces phénomènes amènent à mettre en doute l'opposition que fait Chaunu entre une *upper middle class* de lisants-écrivants et le reste de la popu-

---

[28] Cf. J. Wirth, *Luther. Etude d'histoire religieuse*, Genève, 1981, p. 54 et ss.

[29] P. Adam, *L'humanisme à Sélestat*, Sélestat, 1973, p. 23.

[30] R. Peter, « Le maraîcher Clément Ziegler. L'homme et son œuvre », in : *Revue d'histoire et de philosophie religieuse*, t. 34 (1954), p. 255-282.

lation qui leur serait hostile. L'opposition résiste d'autant moins à l'examen que les incidents de septembre 1523 à Zurich sont immédiatement dépassés en ampleur par l'iconoclasme des communautés villageoises environnantes. A Höngg et à Wipkingen, l'enlèvement des images fut décidé à une écrasante majorité en discussion publique.

A Strasbourg, comme nous l'avons vu, les maraîchers ont joué le rôle décisif. Après avoir enlevé les idoles de leur église paroissiale, ils détruisirent la tombe de la sainte malgré sa réputation miraculeuse ou à cause de cela. En décembre 1524, ils débarrassent Saint-Pierre-le-Jeune des statues de la Vierge et de sainte Anne. En mars 1525, six bourgeois font une pétition pour l'enlèvement des idoles à la cathédrale. Le Conseil cède très progressivement de 1524 à 1530.

A Bâle, l'iconoclasme fut tardif, mais violent[31]. Le 10 avril 1528, les guildes des charpentiers et des maçons attaquent les idoles à Saint-Martin. L'emprisonnement des responsables entraîne une manifestation de solidarité des guildes le 15 avril. Le 23 décembre, les maraîchers font une pétition contre la messe, soutenue par douze guildes sur quinze. Le 4 janvier a lieu une manifestation iconoclaste et une contre-manifestation de traditionalistes. Nous possédons des chiffres: les iconoclastes réunirent 3000 bourgeois en armes, les traditionalistes moins de 400.

Il est d'autant plus impossible de décrire ces changements sur le modèle d'une acculturation que la pression révolutionnaire de 1525 les a largement stimulés. Brady a montré que le changement religieux fut à Strasbourg la principale concession du Magistrat aux classes dominées, pour sauver le régime. Dans son beau livre sur la Guerre des Paysans, Peter Blickle a prouvé que la pression conjointe des paysans et des classes populaires urbaines entraîna le changement religieux dans les villes malgré la résistance des conseils, tandis que la répression permit dans bien des cas le rétablissement du catholicisme[32].

---

[31] Cf. Christensen, *op. cit.*, p. 93 et ss.
[32] P. Blickle, *Die Revolution von 1525*, Munich – Vienne, 1975, p. 156 et ss.

Dans ces conditions, l'existence de masses populaires traumatisées par le changement nous paraît une vue de l'esprit. Les choses sont particulièrement claires à Zurich où le changement ne gène qu'une minorité, pour des raisons qui ne sont pas essentiellement religieuses. Un dévot nommé Kleinbrötli protesta contre le sermon de Jud du 1er septembre 1523. Il considérait qu'on n'a pas le droit d'enlever les images que d'autres ont financées et que les agitateurs pouvaient aller faire ça à Strasbourg[33]. La discussion démocratique qui eut lieu à Höngg permit à un certain Claus Buri d'exprimer une opinion comparable : on ne peut enlever les images qu'avec la permission de la loi. Mais ce légalisme ne diffère pas vraiment de la position de Zwingli. Le commandeur des chevaliers de saint Jean à Küsnacht, Conrad Schmid, craignait que l'enlèvement trop rapide des images ne nuisît à la dévotion populaire. Il se laissa complètement convaincre par Zwingli qui était d'accord sur le principe, mais lui fit remarquer qu'il n'y avait pas d'opposition populaire[34]. En fait, la seule opposition venait des chanoines de la cathédrale, de certains membres du Conseil Restreint et surtout du bourgmestre Marx Roist. L'abolition des images fut décrétée le 15 juin 1524, le jour même où mourut le bourgmestre.

On n'aperçoit nulle part ailleurs de résistance populaire contre l'abolition des images. Plus généralement, ni le changement religieux, ni la pression révolutionnaire à laquelle il est étroitement lié en Allemagne, n'ont provoqué de contre-courant populaire. Aucune population ne s'est soulevée pour défendre les moines, et c'est l'occasion de rappeler que la répression des paysans n'a été possible qu'au retour des mercenaires en Allemagne, après leur victoire à Pavie.

S'il ne peut donc être question d'une élite qui aurait acculturé des masses populaires, il serait tout aussi faux de voir dans le changement religieux le produit d'une idéologie populaire limitée aux classes sociales dominées. Au contraire, dans les villes qui nous ont servi d'exemples, une

---

[33] Garside, *op. cit.*, p. 104 et ss.
[34] *Id.*, p. 140.

partie importante de la bourgeoisie appartint au mouvement et les théologiens qui l'ont approuvé, comme Zwingli et Bucer, ne sont pas des meneurs révolutionnaires. L'enlèvement spontané des images par leurs donataires n'est pas rare. Nous en avons vu un cas à Lucerne, mais les cordonniers ont agi ainsi à Saint-Gall, tandis qu'à Höngg, un donateur réagit à la discussion publique en allant décrocher l'image qu'il avait naguère offerte. Le mouvement déborde donc sur les anciens donateurs eux-mêmes.

Afin de ne pas m'en tenir à la critique d'une thèse, je me permets, avant de conclure, de proposer une explication alternative de l'iconoclasme. Il est pour l'instant difficile de chiffrer le rythme des donations pieuses, mais on peut assurer que la fin du XVe siècle et le début du XVIe virent un essor des images sans précédent. En moins de deux générations, le mobilier des églises arriva à un point de saturation qui, même du point de vue esthétique, dut faire un effet déplaisant. La donation d'œuvres d'art était le principal moyen d'affirmer un statut social pour les familles patriciennes, mais aussi pour les métiers. Dans son rapport sur l'Allemagne, Machiavel remarque l'absence de dépenses somptuaires privées, en particulier la pauvreté du mobilier domestique[35]. On peut estimer que, vers 1520, les églises sont saturées. A moins d'en construire beaucoup de nouvelles, et de prendre en charge une multiplication du clergé, il fallait arrêter ce potlach. Or il est sûr que personne ne voulait d'une multiplication du clergé, pas même les clercs qui se battaient les uns contre les autres pour défendre leur gagne-pain.

Il fallut donc arrêter ou du moins réduire considérablement la production d'art sacré. La crise artistique que connut l'Allemagne ne s'est pas limitée aux territoires réformés. Rares sont les artistes qui, comme Barthel Beham, trouvèrent du travail dans une région restée catholique. L'arrêt ou le ralentissement des donations avait une conséquence politique grave ; le décor stabilisé des églises donnait une image immuable et rapidement inadéquate des rapports sociaux, les

---

[35] Machiavel, *Œuvres complètes*, éd. E. Barincou, Paris, 1952, p. 129.

nouveaux venus n'ayant plus la possibilité d'affirmer leur statut. Détruire les donations les plus anciennes pour les remplacer par de nouvelles aurait enlevé aux familles la certitude de dépenser leur argent dans des œuvres durables, ce qui aurait nui à son tour à l'importance des donations. Tout enlever était donc la seule solution égalitaire au problème. L'iconoclasme se produisit dans les cités les plus démocratiques, tandis que les principautés féodales préservèrent, autant que possible, l'ancien mobilier ecclésiastique. Entre ces solutions extrêmes, on peut distinguer toutes sortes de compromis, comme à Wittenberg et à Nuremberg par exemple.

Si cette théorie est exacte, elle explique pourquoi l'iconoclasme ne s'est pas limité aux classes populaires. L'arrêt de dépenses somptuaires devenues absurdes concernait sans doute beaucoup de familles donatrices et de donataires en puissance. Ils préférèrent dépenser leur argent pour l'assistance publique, pour bâtir des édifices publics, pour décorer leur habitation ou pour investir. Ce changement ne pouvait gêner qu'une partie du clergé, les membres les plus réactionnaires des conseils et les familles qui venaient de faire des donations exceptionnelles. On s'explique mieux ainsi l'austérité du culte réformé que par une volonté d'acculturation fanatique.

En conclusion, il faut essayer de comprendre comment un concept aussi peu approprié que celui d'acculturation a pu passer dans le domaine de l'histoire occidentale. Il y a, bien sûr, l'attrait qu'exercent sur les historiens les concepts issus de disciplines mieux théorisées que la nôtre. Mais, pour ce qui est de cet emprunt précis, il faut faire état de trois présupposés qui paraissent si naturels que leur mise en cause ne vient pas à l'esprit:

1. La plus grande partie d'une population connaîtrait un retard par rapport à une élite. Ce retard serait lié à un manque d'initiative et à une difficulté d'adaptation aux nouveautés. En particulier, il existerait tout un réseau de croyances et de pratiques ancestrales qui évolueraient à un rythme très lent et résisteraient au changement.

2. Les différentes catégories sociales vivraient à des rythmes et dans des temps différents. Cette illusion pourrait avoir

été entretenue, en France surtout, par l'orientation de la recherche historique depuis un demi-siècle vers l'étude de groupes sociaux isolés de leur contexte. Dans un livre récent, *Le féodalisme*, Alain Guerreau a parfaitement montré le danger[36]. En comprenant une société comme une addition de groupes sociaux, on s'interdit d'étudier les relations entre ces groupes, c'est-à-dire la dialectique du changement. Ce cloisonnement, dont l'origine est méthodologique, entraîne l'illusion de cultures différentes dans la même culture et permet une thèse comme celle de l'acculturation.

3. Il y a enfin le présupposé évolutionniste. Les populations vivraient dans une profonde irrationalité et dans un monde magique dont elles se dégageraient peu à peu, grâce à leurs élites, pour parvenir à la rationalité, laquelle s'identifierait à peu près à l'idéologie de l'historien.

Ce dernier point mènerait à des considérations sur la rationalité qui dépassent les limites de cet exposé. Mais je ne vois pas de quel droit on suppose systématiquement l'existence, avant la période qu'on étudie, d'une plus grande présence de la religion, de la magie, de sacré et de l'irrationalité, dont il y aurait ensuite lieu de se dégager. Si le chroniqueur médiéval faisait commencer l'histoire humaine avec le péché originel, l'historien tend à partir d'un mythe comparable. Il place au principe de l'histoire un homme primitif, terrorisé devant les forces de la nature qu'il ne connaît pas et ne domine pas, en adoration devant tout ce qui bouge et même devant ce qui ne bouge pas. D'après les recherches les plus récentes – je pense en particulier à *La peur en Occident* de Jean Delumeau – cet homme primitif survivrait jusqu'au Siècle des Lumières. En dernier ressort, c'est sur l'hypothèse de cet homme primitif que s'articule la thèse de l'acculturation, car c'est lui que les élites se chargeraient d'acculturer. Le sacré serait donc préexistant et il faudrait expliquer comment on s'en défait. Cette perspective a le grave inconvé-

---

[36] A. Guerreau, *Le féodalisme. Un horizon théorique*, Paris, 1980.

nient d'escamoter la production du sacré. Or, tant que l'histoire religieuse ne se décide pas à étudier cette production, elle reste un appendice modeste de la théodicée et renonce à son objet, quelles que soient, par ailleurs, les opinions professées par les historiens.

POST-SCRIPTUM (2002)

Les travaux de Peter Jezler et de ses collaborateurs ont considérablement renouvelé l'histoire de l'iconoclasme zurichois[37]. Dans l'un de ses articles, il confronte sa propre analyse de la dynamique sociale de ces événements à la mienne[38]. S'il convient de la responsabilité des classes populaires dans les premières étapes du mouvement, il insiste sur la prise en main rapide du mouvement par les gouvernants à Zurich. On entre alors dans une phase de contrôle étatique de la pratique religieuse, jusque dans les campagnes reculées. La leçon s'étend aux villes voisines: à Constance et Berne, les autorités prennent les devants pour séculariser les trésors ecclésiastiques et s'occupent ensuite des images sans valeur. Jezler considère que l'analyse en termes d'acculturation reste valable pour cette seconde phase de l'iconoclasme. Il a par ailleurs révélé l'existence d'une véritable épidémie de constructions d'églises dans la campagne zurichoise à la veille de l'iconoclasme[39], ce qui l'a conforté dans l'idée que la Réforme a réellement aboli de manière autoritaire une religion populaire très vivante.

Qu'on s'entende bien. Je n'ai jamais prétendu que les autorités du XVIe siècle n'étaient pas répressives. Dans le cas

---

[37] Voir en dernier lieu: *Iconoclasme. Vie et mort de l'image médiévale* (catalogue d'exposition, Berne et Strasbourg), éd. C. Dupeux, P. Jezler et J. Wirth, Paris, 2001.

[38] P. Jezler, «Etappen der Zürcher Bildersturms. Ein Beitrag zur soziologischer Differenzierung ikonoklastischer Vorgänge in der Reformation», in: *Bilder und Bildersturm im Spätmittelalter und in der frühen Neuzeit*, éd. R. Scribner, Wiesbaden, 1990, p. 143-174.

[39] P. Jezler, *Der spätgotische Kirchenbau in der Zürcher Landschaft. Die Geschichte eines «Baubooms» am Ende des Mittelalters*, Wetzikon, 1988.

de Zurich et surtout de Berne, la domination de la ville sur la campagne était une réalité. L'iconoclasme et la sécularisation des biens d'Eglise constituant un gros enjeu financier, il est non moins évident que les autorités ont fait le nécessaire pour en accaparer le produit. Le vrai problème est de savoir si le changement religieux a été imposé par une minorité puissante et/ou éduquée à une population réticente. Cela, rien ne permet de l'affirmer et la première phase de ce changement suggère bien le contraire, comme l'admet Jezler. Quant à la prise de contrôle des autorités sur le processus, il faudrait d'abord se demander quelles auraient été les réactions des gouvernés si elles s'étaient tenues à l'écart et avaient refusé d'arbitrer les conflits, fût-ce à leur profit.

La liberté de conscience n'étant pas à l'ordre du jour, l'Etat était autant que possible garant de l'uniformité des opinions et des pratiques religieuses, avant et après la Réforme. Il n'est donc pas étonnant qu'il intervienne sous la Réforme si tel pèlerinage a encore des adeptes, qu'il soit obligé d'interdire ici ou là l'usage de sacramentaux. Mais il faudrait montrer que le changement religieux dépendait de l'intervention autoritaire de l'Etat pour justifier la thèse de l'acculturation.

V.

QUELQUES PUBLICATIONS RÉCENTES SUR LUTHER

L'année Luther fut d'abord un phénomène de propagande religieuse. Les travaux scientifiques publiés à cette occasion s'inscrivent dans des débats religieux et politiques qui mériteraient d'être étudiés pour eux-mêmes et que l'historien de la Réforme signale sans pouvoir les analyser comme le ferait, par exemple, un sociologue de l'Allemagne contemporaine. Autre difficulté pour l'historien: la masse des publications sur Luther et l'impossibilité de tracer une limite nette entre la littérature d'édification, la vulgarisation, la théologie et l'histoire. Nous nous contenterons de présenter une poignée d'ouvrages à tendance historique qui nous ont paru caractéristiques ou bons. Il sera question

- de cinq ouvrages généraux sur Luther:
    1. Gerhard Brendler, *Martin Luther. Theologie und Revolution*, Berlin, VBB Deutscher Verlag der Wissenschaften, 1983, 452 pp.
    2. Marc Lienhard, *Martin Luther. Un temps, une vie, un message*, Paris, Le Centurion – Genève, Labor et Fides, 1983, 471 pp.
    3. *Lutero nel suo e nel nostro tempo. Studi e conferenze per il 5° centenario della nascita di M. Lutero*, Turin, Claudiana, 1983 (Piccola biblioteca teologica, 14), 346 pp.
    4. Heiko A Oberman, *Luther. Mensch zwischen Gott und Teufel*, 2e éd., Berlin, Severin und Siedler, 1983 (1ère éd. 1982), 380 pp.

5. Otto Hermann Pesch, *Hinführung zu Luther*, Mayence, M. Grunewald, 1982, 357 pp.

- de trois biographies partielles :
    6. Martin Brecht, *Martin Luther. Sein Weg zur Reformation, 1483-1521*, Stuttgart, Calwer Verlag, 1981, 527 pp.
    7. *Leben und Werk Martin Luthers von 1526 bis 1546*, éd. Helmar Junghans, Göttingen, Vandenhoeck und Ruprecht, 1983, 2 vol., 1089 pp.
    8. Mark U. Edwards, Jr., *Luther's Last Battles. Politics and Polemics, 1531-1546*, Ithaca – Londres, Cornell University Press, 1983, 254 pp.

- de deux ouvrages sur des problèmes particuliers :
    9. *Luther und die Folgen für die Kunst*, éd. Werner Hofmann (exposition Hamburger Kunsthalle, 11 nov. 1983 – 8 janv. 1984), Munich, Prestel, 1983, 689 pp.
    10. Ursula Stock, *Die Bedeutung der Sakramente in Luthers Sermonen von 1519*, Leyde, Brill, 1982 (Studies in the History of Christian Thought, 27), 382 pp.

- d'une petite publication de caractère méthodologique :
    11. *Luther, die Reformation und die Deutschen. Wie erzählen wir unsere Geschichte?*, éd. Siegfried Quandt, Paderborn – Munich – Vienne – Zurich, Ferdinand Schöningh, 1982 (Geschichte, Politik und Massenmedien, 1), 99 pp.

Contrairement aux ouvrages plus généraux sur l'époque de la Réforme, les publications sur Luther sont surtout l'œuvre de théologiens luthériens (n° 2, 4, 6 et 10) et catholiques (n° 5). Les théologiens luthériens prédominent dans la biographie collective éditée par Junghans (n° 7), tandis que le recueil italien (n° 3) témoigne de la vitalité de l'Université Vaudoise de Rome. Brendler (n° 1) et Edwards (n° 8) sont des historiens, Werner Hofmann (n° 10) un historien de l'art.

1. LES LOIS DU GENRE

La recherche sur Luther est et reste dominée par les théologiens. Il est en effet rare que l'historien se complaise dans les écrits théologiques du Réformateur, alors que les théologiens ont souvent le goût de l'histoire. Ce sont eux qui orientent la recherche sur Luther depuis un siècle et font rebondir la problématique: Köstlin, Denifle, Grisar, Holl, Iserloh... On observe donc une concentration de la recherche sur les problèmes qui leur tiennent à cœur et des terrains en friche là où leurs intérêts ne les conduisent pas. Les idées de Luther sur la justification, la prédestination ou l'autorité civile font l'objet d'interminables débats, tandis que les théologiens et les philosophes de la fin du Moyen Age auxquels il faudrait confronter la pensée de Luther sont la plupart du temps inédits et à peine étudiés. Il n'existe même pas une synthèse convenable sur la scolastique tardive. Ces lacunes répondent à un préjugé défavorable, surtout chez les catholiques qui voient cette période comme un déclin succédant à l'apogée thomiste. Dès lors, Pesch se permet d'expliquer les attaques de Luther contre la scolastique par l'état dans lequel serait tombé cette discipline et en cite avec approbation une définition particulièrement stupide: «l'art de tout faire avec n'importe quoi» (p. 58). Certes, la scolastique tardive est aussi cela, mais ce n'est pas en cela qu'elle se distingue de la philosophie de saint Thomas ou de la théologie en général.

Et justement, on a déjà fait beaucoup de choses avec Luther. Le souvenir pas trop lointain des manipulations que le nazisme lui a fait subir devrait amener les théologiens à se poser des questions. Aujourd'hui, en cette fin de XXe siècle où l'œcuménisme est à l'ordre du jour chez les chrétiens des pays industrialisés, en Europe en tout cas, il importe avant tout de nier le caractère révolutionnaire de la Réforme et de relier Luther à l'ancienne Eglise par le sens de l'obéissance, la crainte du désordre et la permanence de la foi. Les efforts de théologiens comme Pesch visent à obtenir la levée de l'excommunication qui frappe Luther et font l'objet d'une bonne analyse chez Lienhard (p. 403 et ss.). Il découle de leur projet une attention presque maniaque à la forme du procès dont il est l'objet de 1517 à 1521 et des jugements sévères sur ses adversaires. Pesch, par exemple, considère comme illégale l'attitude de Cajetan qui aurait placé l'autorité du pape au-dessus de l'Ecriture et des conciles (p. 103 et ss.), mais l'Eglise, ne produit-elle pas sa propre légalité au cours de son histoire ? Oberman exécute Prierias de manière comparable (p. 205). L'enjeu détermine également la datation de la rupture réformatrice et le contenu qu'on lui prête.

Le courant œcuménique semble vouloir mettre l'intensité supposée du sentiment religieux au-dessus des querelles, une fois attribués aux «mentalités» de l'époque les coups les plus pendables de Luther (les pamphlets contre les paysans ou les juifs, le style de ses attaques contre la papauté). On redécouvre même comme des aspects sympathiques de Luther des choses qui avaient été tues par ses admirateurs ou montées en épingle par ses détracteurs. De ce point de vue, Oberman est inénarrable. Il met fin à la vision patriarcale qu'on avait de la famille de Luther en lui donnant comme mère Margarethe Lindemann qui passait auparavant pour sa grand-mère (p. 92 et ss.). Il s'agirait alors d'une bourgeoise qui se serait mariée au-dessous de son rang et qui aurait vraisemblablement eu plus d'influence sur Luther que son père. L'histoire plaira, on l'espère, aux lectrices féministes, mais voici mieux: Luther réhabilite la sexualité et propose à Spalatin de s'unir à lui en pensée pendant qu'ils seront tous deux en train de besogner leur femme, dans un passage de la correspondance habituellement censuré (p. 290). On souhaite que cette révélation amène à Luther de nouvelles sympathies, mais on peut craindre qu'elle ne retarde la levée de l'excommunication ! Si le goût du pittoresque lié à la volonté de plaire nous font passer quelques bons moments, il entraîne assez souvent vers la biographie romancée. Le livre d'Oberman commence par un aveu ingénu et inquiétant de la part d'un savant considéré : «Découvrir l'homme Luther demande plus que la science (*Wissenschaft*) ne peut offrir» (p. 7). Pesch se détourne non moins ingénument de ce qui nous semble la déontologie de l'historien. Après avoir montré combien la théologie dépassait le marxisme dans la compréhension du passé, il énonce une règle sur laquelle tout le monde sera d'accord : «S'en tenir strictement aux réalités est un bon conseil – également et particulièrement pour les théologiens» (p. 307), puis nous dit dans les lignes suivantes en quoi, selon lui consistent ces réalités: ce sont les intentions supposées des personnages.

Nous aurions laissé les théologiens à leurs préoccupations si les historiens (y compris ceux des théologiens qui se comportent en historiens) se trouvaient dans un univers fondamentalement différent. En réalité (et quelles que soient les intentions), l'historien laisse au théologien le soin de faire le travail fondamental sur des textes difficiles, de s'orienter dans la gigantesque édition de Weimar, de choisir les passages dignes d'être cités, traduits ou résumés, puis se retrouve là où il s'est fait mener. Ce sont les théologiens qui évaluent la crédibilité des témoignages biographiques, organisent la chronologie de la pensée de Luther, expliquent le sens des mots et situent son œuvre dans la tradition théologique. Il ne reste plus à l'historien qu'à mettre cette image en accord avec le contexte historique de la Réforme.

Voici quelques exemples des dégâts dus à cette division du travail, chez des auteurs par ailleurs excellents. Historien marxiste d'Allemagne de l'Est, Brendler est mû par la volonté d'expliquer un processus historique, d'articuler les débats théologiques du XVIe siècle sur l'évolution d'une société, de chercher quelles réalités y recouvrent les concepts apparemment évidents d'Eglise, de religion, de sacrement, etc., bref, d'étudier les problèmes théologiques en véritable historien, sans pour autant les simplifier. Sa faiblesse est de prendre l'événement tel que les théologiens l'ont constitué, puis d'en donner une explication matérialiste, un petit peu comme Descartes donnait une explication rationnelle des «météores», au lieu de commencer par s'assurer de leur existence. C'est ainsi qu'il explique la raison d'être des angoisses du jeune Luther, au lieu de se demander sur quoi repose l'attribution d'angoisses au jeune Luther (p. 48 et ss.), qu'il fait un différent doctrinal du conflit entre Luther et les paysans (p. 320 et ss.) et cherche à distinguer les théories d'Agricola sur la loi et la grâce de celles de Luther (p. 417 et ss.)[1].

---

[1] Il nous paraît inutile de répéter ici l'analyse que nous avons faite de ces problèmes dans: *Luther. Etude d'histoire religieuse*, Genève, Droz, 1981.

Le brillant essai de Werner Hofmann, *Die Geburt der Moderne aus der Geist der Religion* (*Luther und die Folgen für die Kunst*, p. 23 à 71) contient des faiblesses du même ordre. La présentation des sentiments de Luther et des autres réformateurs sur l'art repose largement sur les analyses de Margarete Stirm[2], dont l'ouvrage est effectivement le plus complet et le plus minutieux sur le sujet. Désireuse de prouver que la position de Luther représente le seul commentaire autorisé de la Parole de Dieu, elle disqualifie celles de Karlstadt, de Zwingli et de Calvin en insinuant qu'elles reposent sur une crainte superstitieuse de l'image, dont Luther aurait été indemne du fait de son attachement exclusif à la Parole. Hofmann ne semble pas se douter un seul instant qu'il a affaire à un ouvrage de propagande et non pas à l'exposé de faits directement exploitables.

La lecture des textes méthodologiques rassemblés par Quandt montre combien la réflexion critique fait défaut aux recherches sur Luther. Un véritable consensus se dessine entre catholiques et luthériens, entre historiens bourgeois et marxistes, sur la collecte des «faits» à partir desquels chacun pourra tirer une interprétation à son goût. Nous ne regrettons pas les querelles hargneuses et les dialogues de sourds, mais nous préférerions que le consensus s'établisse sur des bases différentes.

L'article introductif de Rudolf Vierhaus, *Wie können wir deutsche Geschichte erzählen?* (p. 9 et ss.), pose la collecte des matériaux et leur organisation narrative comme préalables à l'interprétation, avec la conviction empiriste qu'on peut passer d'une documentation déjà élaborée et orientée à la connaissance historique, en se contentant de petites rectifications. Cela n'exclut pas que ses analyses sur les spécificités de l'histoire allemande soient censées et recom-

---

[2] M. Stirm, *Die Bilderfrage in der Reformation*, Gutersloh, 1977 (Quellen und Forschungen zur Reformationsgeschichte, 45) [J'ai repris récemment l'analyse de l'attitude des réformateurs face à l'image religieuse: «Faut-il adorer les images? La théorie du culte des images jusqu'au concile de Trente», in: *Iconoclasme. Vie et mort de l'image médiévale* (catalogue d'exposition, Berne et Strasbourg), éd. C. Dupeux, P. Jezler et J. Wirth, Paris, 2001, p. 28-37].

mandables. Dans le même recueil, Horst Bartel expose les objectifs du Martin-Luther Komitee de la D.D.R. Le langage qu'il tient n'est différent qu'en apparence: «Un autre problème de grande importance est la tâche de traiter par la recherche empirique et la généralisation théorique les rapports entre la théologie et l'idéologie des différentes classes, couches et groupes sociaux, pour laquelle il importe d'expliciter à la fois la vie propre et l'autonomie de la théologie, comme sa dépendance envers les traditions et les confrontations sociales de l'époque» (p. 27). Le concept de «recherche empirique» opposé à la «généralisation théorique», ne recouvre-t-il pas, précisément, l'acceptation pré-théorique d'une conception théologienne de la théologie, dont l'autonomie serait simplement limitée par les accidents de l'histoire? Dès lors, Bernd Moeller, présentant l'exposition *Martin Luther und die Reformation in Deutschland* dont il a assuré la direction scientifique, nous semble inutilement agressif en attaquant l'historiographie marxiste de la D.D.R. tout en affirmant avec aplomb: «Ce que nous cherchons ainsi à éviter avec soin est l'esprit doctrinaire» (p. 22). Mais dans l'ensemble, les historiens confessionnels de la R.F.A se félicitent plutôt du pas réalisé par la recherche marxiste dans leur direction, ainsi Gottfried Maron (*Lutero*..., p. 101 et ss.). La bonne entente finit par l'emporter. A titre d'exemple, le consensus est général pour étudier enfin le vieux Luther, d'où le gros recueil de travaux réalisé en D.D.R., mais publié en R.F.A, sous la direction du théologien est-allemand Helmar Junghans, par des savants des deux Allemagnes et d'autres pays. Cette nouvelle attitude n'implique pas des progrès foudroyants de la recherche, mais elle pourrait jouer un rôle déterminant dans la réconciliation des deux Allemagnes ce qui est tout de même consolant.

2. LE JEUNE LUTHER

Les récits autobiographiques de Luther, principalement ceux que contiennent les *Tischreden*, ont égaré la recherche depuis le début du XXe siècle, en gros depuis que l'historien catholique H. Denifle s'en est servi pour traiter Luther de menteur. Personne ne penserait à écrire une biographie de De Gaulle en faisant de ses *Mémoires* parole d'évangile, ni à l'accuser d'infamie lorsqu'une autre source contredit son témoignage. Les «mémoires de Luther», pour reprendre le titre que Michelet avait donné à son anthologie des *Tischreden*, ne sont pas le seul texte autobiographique du XVIe siècle. D'utiles comparaisons pourraient être faites avec les autobiographies de Benvenuto Cellini ou de Jérôme Cardan, dans lesquelles le surnaturel ne fait pas défaut. Pour autant qu'il faille chercher dans de tels textes la vérité biographique plutôt que le sens du récit, on s'accorde généralement à faire prévaloir une grande méfiance critique et une attention aux conventions du genre. La situation spécifique du Réformateur fait passer une telle attitude pour blasphématoire.

Il en résulte la nécessité de faire concorder les témoignages contradictoires, ce qui constitue la principale faiblesse du bel ouvrage de Martin Brecht. Il est bien connu que les assertions du vieux Luther sur ses rapports avec la Bible dans sa jeunesse présentent des contradictions internes et externes. Denifle avait porté un coup dur à l'hagiographie luthérienne en montrant qu'on aurait difficilement pu interdire la lecture de la Bible au jeune moine, puisque la règle la prescrivait et qu'on recevait une Bible en entrant au couvent. Brecht reconnaît l'existence de ces contradictions, mais arrange le matériau comme il peut pour mettre Luther en contact intense avec l'Ecriture depuis 1505 (p. 88 et ss.). On y gagne une reconstruction très hypothétique de ses réflexions au couvent, mais on y perd l'occasion d'étudier une réalité indiscutable et passionnante, la présentation par le vieux Luther de son développement antérieur. Il faudrait d'abord essayer de comprendre le sens de ce témoignage et ensuite, si c'est possible, faire appel à sa valeur documentaire. Vues ainsi, les contradictions ne sont pas insurmontables. Lorsque Luther dit tantôt qu'il possédait la Bible et tantôt le contraire, il faut faire la part de l'exagération, du goût de la formule et de la simplification, qui sont inévitables lorsqu'on raconte son passé à des gens qui n'en furent pas les témoins. Surtout, après avoir radicalement modifié le rapport du chrétien à la Bible, Luther dut avoir du mal à exposer une situation où la Bible était bien présente, d'usage courant, et pourtant inutilisée de son point de vue. Malgré sa prudence et sa volonté de ne pas précipiter l'évolution de Luther, Brecht place la confrontation avec l'Ecriture au principe de son développement: «Le moine Luther apportait à l'Ecriture les questions qui l'assaillaient dans l'attente d'une réponse. Cette écoute faisait mûrir de nouvelles connaissances et de nouveaux points de vue. La théorie théologique se modifiait ainsi et cela avait en même temps des conséquences déterminantes sur la situation de l'homme, concrètement dit: du moine tourmenté» (p. 96). Mais Luther a nécessairement commencé par lire la Bible à la lumière de la théologie ambiante, avec des grilles de lecture telles qu'elle confirmait le bien-fondé de cette théologie. Ou bien la Bible possède une force intrinsèque qui libère progressivement le lecteur sincère des interprétations erronées pour en faire un parfait luthérien; ou bien il faut chercher ailleurs les impulsions qui menèrent Luther à changer les principes d'interprétation.

Le besoin de résoudre les contradictions s'exerce déjà sur les rares témoignages relatifs à l'enfance et à la famille de Luther. On a certes cessé de bâtir des romans psychanalytiques sur une correction qui n'a pas le piquant de la fessée de Rousseau. Mais Brecht utilise la technique de la conciliation des contraires par le juste milieu face aux assertions sur les sentiments religieux du père de Luther. On apprend ici qu'il aurait eu de bons rapports avec les clercs, là qu'il les méprisait et qu'il leur aurait refusé une donation lors d'une maladie grave (p. 92 et ss.). Brecht en conclut qu'il était dévot, avec des limites, et que tout était normal dans sa piété.

Cela n'est pas impossible, mais Lienhard arrive à une hypothèse plus intéressante à partir d'une donnée plus sûre: il n'y avait ni prêtres, ni moines dans cette famille pourtant nombreuse et on ne peut exclure, sinon «une opposition à la religion comme telle», du moins «un jugement critique porté sur l'institution ecclésiale» (p. 28 et s.). Brendler fait remarquer que, selon le droit saxon, c'est le cadet qui hérite. Le père de Luther et Luther lui-même étaient des aînés, destinés à tenter l'ascension sociale (p. 9 et s.). Or, si l'anticléricalisme de la fin du Moyen Age menait facilement à considérer comme des bons à rien les membres de sa propre famille devenus moines, il n'allait généralement pas, loin s'en faut, jusqu'à empêcher les enfants excédentaires de le devenir. Selon la célèbre lettre introductive du *De votis monasticis*, le père de Luther a soupçonné sa conversion d'être due à une inspiration diabolique. Il paraît donc raisonnable de penser que Luther a été élevé dans un milieu particulièrement anticlérical où l'on ne voyait pas d'un bon œil les applications pratiques de la justification par les œuvres, et que son éducation le prédisposait à tout autre chose qu'à faire son salut au couvent.

On ne saura sans doute jamais ce qui poussa Luther à entrer au couvent en juillet 1505 contre la volonté de son père. Le vieux Luther fait état d'un vœu provoqué par la foudre près d'Erfurt, une explication que semblent accepter Brecht et la majorité des biographes. Cette présentation des faits pourrait remonter à 1505, comme le suggère Brecht à partir des allusions de Crotus Rubeanus et de Nathin (p. 57). Il s'agit probablement d'un récit destiné à justifier une désobéissance grave envers son père, d'où la réaction de ce dernier qui diabolise l'événement. Nous rejoignons l'irritation de Brendler face à l'importance accordée à ce récit (p. 25). Il remarque avec raison qu'un vœu prononcé dans ces conditions n'aurait de toutes manières pas été contraignant. Notons aussi qu'il serait difficile de trouver une conversion religieuse qui ne s'accompagne pas d'une anecdote de ce genre. Enfin, le choix des augustins est celui d'un couvent sérieux et actif qui poussera Luther à faire fructifier ses dons intellectuels. Brecht remarque lui-même qu'il ne s'est pas dirigé vers les institutions les plus ascétiques ou les plus mystiques (p. 59).

L'évolution de Luther au couvent est sans doute le chapitre de sa vie sur lequel on lit aujourd'hui le plus de sottises. Les publications récentes ne nous font pas changer d'un iota la position que nous avons prise naguère sur les trop célèbres tentations. Le développement de Luther est systématiquement présenté de manière à faire des angoisses sur le salut le moteur de sa réflexion, de la Bible le lieu où il a trouvé les réponses appropriées et de la lutte contre l'Eglise la conséquence plus ou moins involontaire de sa démarche. Le vrai problème est de saisir l'articulation entre la réflexion théologique abstraite dont la forme est ici le commentaire biblique, et la destruction du système religieux médiéval. On ne peut s'en apercevoir si l'on fait de la justification, du salut, etc. des problèmes strictement théologiques dont la solution n'aurait qu'incidemment des répercussions sociales et si l'on isole les critiques contre les «abus», étant entendu que les «abus», c'est le reste.

A partir de cette distinction, Lienhard nous objecte qu'«il est difficile de trouver dans les Commentaires de 1513 à 1517 une concentration sur la question des abus». Luther serait même en retrait sur de nombreux contemporains de ce point de vue: «Les Commentaires s'attachent à des questions religieuses et théologiques proprement dites, plutôt qu'aux problèmes de l'institution ecclésiastique» (p. 378). Nous sommes bien d'accord avec Lienhard et tous les autres chercheurs que Luther ne s'est pas soulevé contre des abus tels que le concubinage des prêtres, d'autant moins qu'il n'avait pas une sensibilité puritaine. La vie fastueuse et mondaine de certains prélats, comme Albrecht de Brandebourg (de loin pas son pire ennemi), n'aurait pas été pour lui une raison suffisante d'entrer en scène. La lutte contre les indulgences fut surtout un moyen de porter le débat là où le terrain était le plus favorable. Il y avait avant Luther et il y a autour de lui des hommes que les abus ainsi compris scandalisent davantage, mais qui ne touchent pas à la théorie de la justification. Mais cela n'autorise pas à placer les problèmes théoriques dans l'empyrée de la pure religion. En attaquant sur la justification, Luther a simplement été radical. Il a cherché pendant plusieurs années et finalement trouvé l'axiome théologique dont on pouvait déduire presque mécaniquement la condamnation de la doctrine et des œuvres de l'Eglise.

Cela peut paraître une vue de l'esprit, une présentation purement spéculative du «vécu» de Luther, à un homme du XXe siècle moins habitué que les docteurs scolastiques à construire patiemment des systèmes déductifs et à mettre une proposition théologique abstraite en relation avec des objectifs concrets. Mais ce que nous disons n'aurait surpris personne en 1517, car on savait depuis longtemps que les grands hérétiques utilisaient la liberté académique pour ruiner le système à partir de positions théoriques licites, mais inhabituelles. Luther a lancé les chercheurs sur une fausse piste en déclarant dans un propos de table que Wiclif et Hus avaient attaqué les papistes sur leur vie et lui sur la doctrine[3]. Si les spécialistes de Luther font souvent écho à ce jugement sommaire pour souligner l'originalité du Réformateur, un spécialiste des vaudois et des hussites comme Molnár montre sans difficulté qu'il est faux (*Lutero*..., p. 81 et ss.). Bien plus, Gerson et le concile de Constance ont reconnu un retour incongru et apparemment innocent à la logique et à la métaphysique réalistes comme le fondement théorique de leurs erreurs et ont cru bon de condamner ces choix philosophiques en même temps que leurs conséquences.

Si Luther se distingue de Wiclif et de Hus par son attachement au nominalisme, il les rejoint progressivement sur un nécessitarisme qui l'oppose à la logique aristotélicienne sur les futurs contingents et l'amène à nier le libre-arbitre. Cette évolution ne peut avoir été innocente car, dès 1447, la faculté de Louvain avait placé dans ses statuts l'adoption des positions d'Aristote et le rejet des critiques de Wiclif, ce qui lui valut d'être secouée entre 1465 et 1475 par la querelle des futurs contingents[4]. On savait donc très bien quels étaient les dangers du nécessitarisme pour l'Eglise.

Le thème de la justification par la foi était également relié avant l'entrée en scène de Luther à la critique de l'Eglise. On le trouve entre autres chez Jean de Wesel qui avait enseigné à Erfurt et dont le souvenir s'était conservé au temps de Luther, lié à la critique des œuvres. Si les hussites, sans doute plus soucieux que Luther de construire une église et une éthique, ont longtemps renoncé à déduire la justification par la foi seule du nécessitarisme wiclifien, ils étaient en train de le faire autour de 1500, comme l'indique Molnár (*Lutero*..., p. 97). On peut donc dire que la répétition générale avait eu lieu et cela explique que l'intervention de Luther ait été comprise immédiatement comme dangereuse par les contemporains. Le franciscain strasbourgeois Thomas Murner accuse dès 1520 Luther de susciter la révolte armée (Lienhard,

---

[3] *Tischreden*, éd. de Weimar, t. 1, p. 294.

[4] Cf. L. Baudry, *La querelle des futurs contingents (Louvain, 1465-1475). Textes inédits*, Paris, 1950.

p. 113). Nous ne voulons pas dire que Murner bénéficiait de dons prophétiques, mais que l'élaboration théologique de la prédestination et de la justification dans le sens choisi par Luther était une chanson connue et qu'on savait ce qu'elle annonçait.

Prise isolément, aucune des grandes idées de Luther n'est neuve. Lienhard et d'autres ont parfaitement raison de souligner que la critique de l'Eglise est plus vive chez beaucoup de ses contemporains (à commencer par Murner qui restera catholique). Même si l'on insiste moins aujourd'hui sur ce point qu'au temps de Denifle, il y avait aux XIVe-XVe siècles des doctrines de la justification par la foi aussi anti-pélagiennes que la sienne[5]. Le refus de la règle du jeu scolastique remonte en fait à Pétrarque. L'insistance sur la christologie aux dépens de la conception effrayante du Dieu juge est si fortement enracinée dans la dévotion et dans les écrits mystiques (dont Luther fit momentanément usage, autour de 1516 surtout) qu'elle détermine l'iconographie : combien de représentations du Christ souffrant pour une seule du Dieu juge ? Les luthérologues qui assimilent sans cesse la dévotion de la fin du Moyen Age avec la crainte du Jugement ne semblent pas s'être posés la question. Il vaudrait mieux chercher l'originalité de Luther dans l'élaboration simultanée et organique de l'ensemble de ces thèmes, dans la minutieuse préparation du cocktail explosif par un moine discipliné et un professeur prudent qui attendait son heure. Il est significatif, même si personne ne relève le fait, qu'un théologien aussi prolixe n'ait pratiquement rien écrit avant trente-trois ans et soit passé d'un jour à l'autre de l'obscurité à la lutte victorieuse. Les thèses de Luther sur la justification auraient été une simple opinion légitime si elles ne s'étaient combinées avec la critique des œuvres et cela encore aurait peut-être passé pour supportable sans le refus des techniques scolastiques et l'intérêt que Luther portait à la langue vulgaire comme moyen de faire sortir la théologie du ghetto des spé-

---

[5] Cf. P. Vignaux, *Justification et prédestination au XIVe siècle. Duns Scot, Pierre d'Auriole, Guillaume d'Occam, Grégoire de Rimini*, Paris, 1934 (Bibliothèque de l'Ecole des Hautes Etudes, sciences religieuses, 48).

cialistes. Enfin, son insistance sur la christologie – comme d'ailleurs celle d'Erasme – mettait à profit la contradiction entre le système de dévotion auquel elle s'apparente et les raisonnements théocentriques caractéristiques du milieu scolastique, pour dénoncer ce dernier comme impie.

La recherche s'obstine pourtant à chercher chez Luther une idée originale dont le reste se déduirait. Un exemple des plus banals chez Oberman qui a pourtant travaillé sur les sources de Luther: «La découverte de Luther est complètement neuve en cela qu'il voit comment la justice de Dieu est inséparablement unie à la justice du Christ et elle est partie de là» (p. 161). Voyons donc comment Johann Pupper von Goch († 1475) présente la justification: «Troisièmement, on entend par la foi l'acte de la dilection et de la promesse divines [...] C'est ainsi que l'entend Paul dans Romains, 3: Maintenant, dit-il, la justice de Dieu est manifestée par le témoignage de la loi et des prophètes. La justice de Dieu est par la foi en Jésus Christ, c'est-à-dire par l'œuvre de notre rédemption, justification et glorification, que Dieu le Père a opérées pour nous et sans nous, par son fils Jésus Christ.»[6] Il faudrait sans doute de très habiles distinguos pour montrer qu'il ne dit pas la même chose que Luther, d'autant plus qu'il se sert de cette théorie pour attaquer la justification par les œuvres.

Une fois admis qu'il y a une idée neuve chez Luther (plutôt qu'une systématisation neuve), on en cherche la provenance dans le «vécu» du moine angoissé ou, lorsqu'on est un peu las du procédé, dans une lecture de l'Ecriture directe, ingénue, dépourvue de préjugés scolastiques. Oberman: «Il y va de la 'vie', non pas de la pensée, de l'étude, de la réflexion ou de la méditation, mais de la vie au sens le plus

---

[6] *Reformtheologen des 15. Jahrhunderts. Johann Pupper von Goch, Johann Ruchrath von Wesel, Wessel Gansfort*, éd. G. A Benrath, Gutersloh, 1968 (Texte zur Kirchen- und Theologiegeschichte, 7): *Tertio accipitur fides pro actu divinae dilectionis et repromissionis [...] Hoc modo videtur fidem accipere Paulus Roman. 3. Nunc inquit iustitia dei manifesta testificata à lege et prophetis. Iustitia autem dei per fidem Iesu Christi, id est per opus nostrae redemptionis, iustificationis et glorificationis, quod deus pater pro nobis per filium suum Iesum Christum operatus est sine nobis.*

large du mot» (p. 162). Nous avons vu que Brecht faisait jaillir la nouveauté du contact de la Bible.

Le meilleur moment de l'ouvrage de Pesch est sans doute l'analyse des méthodes exégétiques de Luther, car il introduit dans le face-à-face entre le moine et la Bible un troisième terme (p. 48 et ss.). Selon lui, Luther commence par rejeter le littéralisme de Nicolas de Lyre et par se servir allègrement de toutes les ressources qu'offrent les quatre sens – littéral, allégorique, tropologique et analogique – de l'Ecriture. Mais, sous l'influence de Staupitz, il aurait privilégié le sens tropologique, celui qui interprète la Bible par rapport à l'existence actuelle du chrétien, à sa condition morale. Dans ce type d'interprétation, la vérité, la sagesse, la force, le salut, la justification se comprennent comme ce par quoi Dieu nous rend fort, nous sauve, nous justifie, etc., de sorte que la justice de Dieu serait tropologiquement notre foi dans le Christ. Pesch indique que ce rôle de la tropologie a été repéré, surtout par Bizer, mais sans que la nouveauté qui consistait à lui donner le premier plan n'ait été perçue. A partir du commentaire de l'Epître aux Romains, Luther reviendrait à Nicolas de Lyre et à l'insistance sur le sens littéral qui le mènera au *sola scriptura*.

Il faudrait vérifier avec soin chaque élément de cette analyse, mais elle donne une explication très vraisemblable du passage des méthodes scolastiques à l'exégèse luthérienne, à ceci près que Luther n'échange pas le sens tropologique contre le sens littéral, mais tend plutôt à considérer le sens tropologique comme littéral à partir de 1515. L'utilisation massive de la tropologie explique bien l'impression «existentielle» que fait la lecture luthérienne de l'Ecriture sur ses commentateurs. Dans la mesure où il fait de la Bible un livre qui parle de notre situation morale, Luther semble mettre en scène la sienne propre; le récit coloré qu'il fait dans les années 1530 de son séjour au couvent contribue à favoriser une telle interprétation. En isolant et en valorisant le sens tropologique, il fait progressivement de la Bible la chose du croyant, le livre qui lui parle directement et il abat les «murailles de papier» édifiées par les théologiens. On n'a pas le droit d'en déduire que la Bible a parlé directement à Luther avant qu'il ne soit devenu luthérien.

Cela pose le problème de son évolution, sur lequel l'ouvrage de Brecht apporte d'utiles précisions. On lui sait gré de ne pas antidater l'interprétation optimiste de la théologie de la justification et de placer avant 1518 une phase intermédiaire qu'il appelle la théologie de l'humilité. Il ne dissimule pas le caractère critique plutôt que constructif de cette théologie et reconnaît que Luther ne se distingue guère alors d'un *Bussprediger* de la fin du Moyen Age (p. 53). A propos des *Thèses sur la théologie scolastique*: «Du reste, comme dans le *Cours sur l'épître aux Romains*, la tendance à la critique destructrice domine encore ici: de lui-même, l'homme ne peut rien. Les expressions positives de la grâce justifiante sont comparativement en retrait» (p. 165). Là-dessus, les analyses de Brecht concordent entièrement avec les nôtres, de même lorsqu'il affirme que Luther n'était pas encore évangélique en 1517 et que: «La recherche récente sur Luther a eu le plus souvent du mal, jusqu'à présent, à accepter ce fait» (p. 216).

Il y a cependant un point sur lequel la recherche récente ne presse pas le développement de Luther: c'est la rupture avec Rome. Oberman, Ricca (*Lutero*..., p. 169 et ss.) et surtout Pesch semblent considérer que Luther n'avait pas l'intention d'en découdre avant 1520, voire 1521, et qu'il a été acculé à la rupture par l'incompréhension ou le cynisme de ses adversaires. Les présupposés sont immédiatement évidents: Luther ne voulait pas quitter l'Eglise, donc un bon chrétien doit considérer la rupture comme un accident fâcheux, mais réparable. Le chapitre que Pesch consacre à ce sujet (*Ich will nicht zu einem Ketzer werden...*) frise l'absurdité. Luther aurait imaginé que le pape lui donnerait raison contre ses censeurs. Pesch se sert pour cela d'une poignée de formules respectueuses envers le souverain pontife, essentiellement des protestations d'obéissance et de fidélité. De manière moins insistante, Brecht interprète les formules déférentes dans le même sens, y compris celles des *Resolutiones* de 1518, où Luther compare déjà publiquement Rome à Babylone: «Rome n'avait pas encore parlé et Luther espérait une heureuse décision dans son sens» (p. 215).

Il y a heureusement des réactions de bon sens face à cet angélisme. Lienhard semble sceptique et insiste au contraire sur la portée des thèses de 1517, dont les dernières «résonnent comme une sorte d'appel, de manifeste lancé à la chrétienté» (p. 64-65). Surtout, Brendler remarque le point fondamental (p. 117): Luther joue sur l'opposition entre le pape qui est bon et les mauvais conseillers dont il est entouré. «Cela correspond à une forme d'esprit constante, qu'on peut observer sans cesse de manière analogue dans les premières phases des mouvements bourgeois contre les monarchies féodales. Le monarque, le prince ou le roi est opportunément exclu de la critique, laquelle se déverse donc d'autant plus violemment sur les mauvais ministres, fonctionnaires ou autres serviteurs». Du même coup, Brendler est le seul à ressentir l'humour des fameuses thèses, l'habileté avec laquelle Luther transforme la flatterie en insolence, ainsi lorsqu'il prétend que le pape préférerait voir Saint-Pierre en cendres plutôt que de bâtir cet édifice avec la peau de ses brebis. Le comble de l'ironie est atteint lorsque Luther s'inquiète de la difficulté qu'auraient les savants théologiens à défendre le pape contre des critiques mal intentionnés qui lui reprocheraient son avarice. De même, en envoyant ses thèses à Albrecht de Brandebourg, il lui fait part de ses craintes que quelqu'un ne se soulève contre les indulgences. Luther utilise volontiers l'ironie et le sarcasme dans les matières les plus graves. Ses exégètes refusent de s'en apercevoir, ce qui les conduit à des contresens, tandis que ses contemporains constataient ce trait de caractère qui les gênait aussi de la part d'un homme religieux, ainsi Mosellanus et l'évêque Dantiscus d'Ermeland dont les témoignages sont rapportés par Brendler (p. 168, 311 et ss.).

Une autre manière de limer les griffes de Luther et de lui enlever la responsabilité de la rupture est d'en faire une conséquence de sa croyance au diable, à la manière d'Oberman. Il est un fait que Luther a construit une anthropologie sans moralisme, qu'il a en quelque sorte sauvé Dieu de la moralité. Comme Brendler (p. 99 et ss.), Oberman insiste sur ce point et n'hésite pas à en faire une révolution copernicienne (p. 164). Luther ne présente plus l'homme comme le lieu d'un conflit moral entre le bien et le mal, mais comme le champ de bataille où s'affrontent Dieu et le diable, comme la monture de l'un ou de l'autre (p. 232 et ss.). Il se donne comme un homme contraint d'agir par une force qui le dépasse et prétend agir, non pas contre des hommes, mais contre des diables ou contre leurs suppôts. Tant qu'il s'agit de décrire la manière dont Luther s'exprime, on ne peut qu'accepter la description colorée d'Oberman. Mais il s'agit encore d'autre chose.

Oberman craint que Luther ne soit surprenant «aux homme d'une époque qui a oublié le diable et n'a plus qu'un pressentiment de Dieu» (p. 7). Il veut nous expliquer comment cela se passait à un moment où le diable était profondément vécu, où Dieu était encore une évidence et non pas le pressentiment qu'il a l'indulgence de nous accorder. Dans cette perspective, tout devient limpide : Luther a traité le pape d'Antéchrist parce qu'il croyait que le pape était l'Antéchrist. La croyance, épaisse, primitive, moyenâgeuse, est le ressort du personnage historique et finalement de l'histoire. En ce sens, l'historien confessionnel est en parfait accord avec beaucoup d'historiens laïcs qui voient également la modernité comme le fruit d'une évasion hors de la croyance. Il est aussi normal d'expliquer Luther par la croyance en Dieu qu'il serait bizarre d'expliquer Hitler par la croyance en la supériorité de la race germanique. Le passé aurait une nature particulière qui permettrait d'expliquer une conviction par la force même de cette conviction, étant bien entendu que ce que disent des hommes tels que Luther ne peut être que l'exposé naïf d'une conviction. S'il en était ainsi, il n'y aurait aucune raison d'étudier Luther, jouet de la croyance, mais il faudrait chercher ailleurs la production de cette croyance. Ou bien la religion tombe du ciel, ou bien elle est produite par des hommes et alors, point n'est besoin de répéter avec approbation les arguments que Luther utilise pour faire croire qu'elle tombe du ciel. Il serait beaucoup plus intéressant d'étudier les méthodes par lesquelles l'*homo religiosus* décline sa responsabilité dans la production du système religieux et la délègue à des facteurs surnaturels. Le dénigrement des adversaires de Luther qui seraient les vrais responsables du schisme et l'explication du comportement de Luther par la croyance au diable ne sont que des procédés pour lui enlever la responsabilité de son œuvre et pour oublier que le luthéranisme fut dès le principe un soulèvement contre l'Eglise romaine.

3. LA NAISSANCE DU PROTESTANTISME

La négation du changement religieux est la plus forte chez les auteurs les plus engagés dans le mouvement œcuménique et nous trouvons sa formulation la plus achevée chez Pesch qui propose cinq thèses radicales (p. 32 et ss.):

1. La Réforme n'est pas une révolte armée. Luther aurait été le dernier à en vouloir.

2. Il ne s'agit pas non plus d'un soulèvement spirituel. Luther n'a pas cherché la querelle des indulgences. En revanche, il était prêt à affronter la rupture, car il avait une nouvelle théologie.

3. La thèse de la révolution théologique est celle de Luther lui-même. Mais la valeur de sa théologie ne réside pas dans les quelques points qui sont révolutionnaires, comme le rejet du pape, de la Vierge et du sacrifice de la messe.

4. L'Evangile de la grâce inconditionnelle s'est incarné dans des formes de langage en renouvellement. La théologie de Luther n'est que l'expression de la même foi dans un langage nouveau, ce que ses adversaires n'ont pas compris.

5. La recherche ne doit pas se fixer sur la rupture scandaleuse avec Rome, mais partir des vraies intentions de Luther.

La thèse 4. n'a pas de caractère historique et revient à dire que, si l'on définit la foi catholique comme ce qui est commun à saint Thomas et à Luther, on définit Luther comme catholique[7]. La thèse 5. pose un problème méthodologique: est-ce que les intentions sont des objets historiques? L'historien, peut-il établir l'existence d'une intention? Si oui, il faudrait expliquer par quelle procédure. Les thèses 1. à 3. visent à caractériser la Réforme et sont également fausses.

---

[7] Sur le rapport entre les doctrines des deux théologiens, utile mise au pont de W. Mostert dans: Junghans, p. 349.

1. La Réforme fut une révolte armée, même si cela déplut à Luther. Dissocier le soulèvement du message luthérien et de sa réception, c'est réduire implicitement la Réforme à Luther. De plus, comme l'a montré Edwards, Luther cède en 1530 sur la question de la résistance armée envers l'empereur et en accepte le bien-fondé (p. 20 et ss.).

2. La Réforme fut un soulèvement spirituel. Comme nous l'avons vu, la négation de ce soulèvement consiste à rassembler les formules de politesse dans les textes de Luther antérieurs à 1521 et à en déduire ses intentions. De plus, comme l'a montré Brecht, sa théologie se modifie considérablement de 1517 à 1520, pour devenir «évangélique». Inutile de disputer sur les intentions. Si Pesch considère le soulèvement comme un crime, qu'il lui trouve dans les intentions de Luther des circonstances atténuantes, au lieu de le nier.

3. La Réforme fut un soulèvement théologique, car Luther a incorporé ses critiques dans un système cohérent. Le problème historique n'est pas de savoir si l'on peut attribuer à l'Eglise, considérée abstraitement, une conception de la justification proche de celle de Luther, mais si la conception luthérienne de la justification était ou non révolutionnaire au début du XVIe siècle, dans une Eglise historiquement déterminée dont le pouvoir et la richesse reposaient sur la justification par les œuvres.

En fin de compte, on peut se demander si la position de Pesch, à défaut de servir l'histoire, favorise l'œcuménisme. Plutôt que d'affronter les différences sociologiques entre les deux systèmes religieux, il croit pouvoir se débarrasser de ces problèmes avec un couplet anti-marxiste (par exemple, p. 304). La dévotion à la Vierge et aux saints (si fondamentale dans les pays où le catholicisme est remuant, comme la Pologne ou le Nicaragua), la messe et les pouvoirs qu'elle suppose de la part du prêtre, ou encore la conception de l'autorité civile, nous paraissent opposer le catholicisme au protestantisme plus profondément que l'appréciation de la personnalité et de la théologie de Luther. Il est significatif que Pesch ne signale même pas le problème du mariage des prêtres, alors que rien ne contribue davantage à donner aux deux institutions un recrutement et un fonctionnement différents.

Lienhard au contraire ne minimise pas la rupture luthérienne et son recours à l'histoire vise plutôt à soulever les problèmes qu'à les dissimuler. Aussi consacre-t-il un chapitre entier à l'impact de Luther, à la manière dont son message a été perçu par les différentes couches sociales (p. 103 et ss.). Le sujet est encore très mal connu et le cadre méthodologique dans lequel on l'aborde condamne souvent la recherche à l'erreur. Influencé par les beaux travaux de Peter Blickle, Lienhard fait remarquer qu'on a défini une «Réforme des villes» (B. Moeller), mais qu'on ne sait pas grand-chose d'une «Réforme paysanne» et il dénonce l'opposition factice entre Réforme et Guerre des Paysans. Cela l'amène à reconnaître l'ambiguïté de la position de Luther sur la révolte avant 1525 et lui évite de décrire le mouvement révolutionnaire comme une perversion de l'Evangile (p. 413 et ss.). Du coup, il perçoit les conséquences de la répression sur la Réforme: «Il n'est pans doute pas exagéré de dire que le héros de toute une nation n'était plus que le chef d'un parti» (p. 427).

Curieusement, un historien marxiste comme Brendler tendrait plutôt à minimiser les rapports entre Réforme et révolution. On sait que l'historiographie d'Allemagne de l'Est s'est progressivement détournée de l'opposition qu'elle proposait naguère entre une «Réforme des princes» dont Luther aurait été le champion et un mouvement populaire symbolisé par Müntzer. On observe aujourd'hui une forte tendance à considérer la Réforme comme une «révolution idéologique» et sa radicalisation comme prématurée (voir l'analyse de G. Maron dans: *Lutero...*, p. 101 et ss.). La Réforme luthérienne aurait été une étape nécessaire de l'évolution historique, parce que la consolidation du pouvoir princier auquel elle adaptait le système religieux était elle-même une étape nécessaire dans la formation de l'Allemagne moderne (p. 291 et s.). Plus généralement, une phase de révolutions idéologiques commence au XVe siècle avec le hussitisme et se termine en Angleterre au XVIIe siècle, lorsque le problème religieux cesse d'être fondamental. Les révolutions politiques commencent alors, pour déboucher à partir de 1789 sur les révolutions sociales.

S'il s'agit de fixer grossièrement les choses, ce schéma est efficace et acceptable. Il rend en tout cas bien compte du langage dans lequel les mouvements révolutionnaires successifs expriment généralement leurs objectifs. Il légitime une attention plus grande des chercheurs marxistes au fonctionnement propre de la sphère religieuse ou politique et en décourage la réduction trop hâtive en termes d'intérêts de classes. Et précisément, un ouvrage comme celui de Brendler tend à analyser le fonctionnement du système religieux dans une société, plutôt que de réduire telle ou telle opinion religieuse au reflet d'une situation sociale. Brendler est sans doute le seul des auteurs considérés qui prenne en compte l'ampleur des fonctions de l'Eglise au moment où Luther entre en scène.

Il y a pourtant deux risques inhérents au nouveau schéma marxiste qui deviendraient catastrophiques, si l'on faisait de ce schéma la pierre de touche d'une orthodoxie. Le premier serait de sous-estimer les composantes politiques et sociales d'une révolution religieuse et les composantes religieuses des révolutions politiques ou sociales. Où se situent les mouvements théocratiques du XXe siècle dans le schéma? Où se situent celles des bandes paysannes de 1525 dont le programme ne contient aucune revendication religieuse? Le second risque tient au caractère évolutionniste, voire finaliste du schéma: n'assigne-t-il pas à chaque révolution une tâche limitée dans laquelle elle s'accomplit et s'épuise? Brendler semble bien prendre les choses ainsi lorsqu'il discute les rapports entre Luther et les princes. Luther y apparaît finalement comme progressiste, en ce sens qu'il aurait compris la nécessité d'une organisation de l'Allemagne en principautés comme une étape vers l'unification et la centralisation (p. 345 et ss., p. 353 et s.). Mais l'auteur se rattrape aussitôt: «tout ne devait pas nécessairement se passer comme cela s'est passé» (p. 347 et s.). Un programme révolutionnaire comme celui de Heilbronn se proposait d'instituer une sorte de capitalisme agraire sur la base d'un véritable marché national, avec unification des poids et mesures et de la monnaie, toutes choses que la contre-révolution princière rendit impossibles. Le schéma des trois révolutions n'emprisonne donc pas trop l'esprit de Brendler, mais il le détourne en partie des conditions concrètes au profit du futur antérieur. En l'occurrence, l'affermissement du pouvoir princier dans un cadre territorial étriqué s'est fait au détriment d'un capitalisme primitif, organisé par le réseau des villes et des petites villes rurales, et du fonctionnement relativement démocratique de ce monde urbain. Le développement de cours luxueuses, bureaucratiques, tyranniques et querelleuses semble bien avoir parasité et arrêté un remarquable essor économique, ce que Brendler ne voit pas.

La thèse de la révolution idéologique mène également à trop isoler le problème de la Parole et oblige Brendler à se rapprocher du point de vue des théologiens là où il est le plus scabreux. Il oppose à son tour les efforts de Luther pour retourner à la vraie doctrine chrétienne au caractère épisodique de ses remarques sur la société (p. 101 et ss.). Il se serait davantage méfié de la distinction s'il avait réalisé toute l'importance d'une fonction sociale de l'Eglise qu'il entrevoit pourtant, ainsi lorsqu'il parle des indulgences comme d'une dépense de prestige (p. 113), ou de la communion eucharistique comme d'une visualisation du groupement social qui évolue vers la manifestation des statuts à travers le rôle croissant des confréries (p. 181). Dans cette société où les pratiques somptuaires sont étroitement surveillées, les dévotions ne sont souvent rien d'autre que des pratiques somptuaires licites et encouragées. La doctrine de la justification par les œuvres apparaît alors comme la légitimation d'une compétition somptuaire située dans le cadre ecclésiastique et dont l'enrichissement de l'Eglise n'est qu'une des conséquences sociales. En attaquant la justification par les œuvres et en proposant de centrer la vie religieuse sur la prédication de la Parole, Luther veut en fait un profond changement social.

Qui doit réaliser ce changement? En refusant l'installation autoritaire des réformes liturgiques par les prédicateurs à partir de 1522, Luther ne se contredit pas vraiment (p. 268), mais en écartant l'action du peuple, il joue un jeu moins clair. Certes, comme le remarque Brendler, c'est à la noblesse qu'il avait fait appel en 1520 pour réformer l'Eglise et la société, mais c'est bien à la communauté (*Gemeinde*) qu'il voulait confier l'initiative des réformes liturgiques et la nomination des prédicateurs (p. 278 et ss.). En fait, Luther semble surtout hésitant. Il veut que la Réforme soit accomplie par l'autorité, mais ne tient pas à désigner de manière définitive telle ou telle instance du pouvoir comme l'autorité. Il ne pouvait en être autrement tant que le mouvement luthérien se développait avec son approbation dans des contextes politiques aussi différents que celui des villes libres et des principautés ecclésiastiques.

Comment réaliser le changement? Par la Parole et en douceur, dit Luther et c'est ici que sa position est difficile à comprendre. Selon Brendler, il croit, malgré son anthropologie pessimiste, que la Parole est irrésistible. La contradiction s'expliquerait par son eschatologie, selon laquelle le Jugement de Dieu est en marche (p. 268 et ss.). C'est encore l'explication par la croyance, mais par une croyance illusoire: «L'efficacité spontanée de la Parole de Dieu reste une pieuse fiction dans la révolution. La neutralité peut à la rigueur se maintenir dans le discours, mais pas dans l'action» (p. 271). D'où les conflits et les malentendus qui accompagnent l'installation de la Réforme.

Ici, le cadre théorique de Brendler et son analyse sont franchement en défaut. On ne peut pas considérer la Réforme comme une révolution idéologique et l'efficacité de l'idéologie (la Parole) comme une fiction sans considérer la Réforme comme une fiction. Le problème est compliqué parce que la Parole est à la fois chez Luther une fin et un moyen. Il ne tient absolument pas à remplacer le système ecclésiastique qu'il détruit par un nouveau système de règles et de prescriptions, même s'il se montre ensuite incapable d'empêcher une telle évolution et s'il est obligé de la patronner bon gré mal gré. Deux tendances de la recherche dissimulent cette évidence. L'une consiste à attribuer à Luther une ecclésiologie développée et précoce, afin d'enlever tout fondement aux tendances spiritualistes et individualistes qui ne cessent de se manifester dans le luthéranisme. L'autre à attribuer les nouveautés cultuelles à Luther en sous-estimant le rôle de Karlstadt, de Müntzer, des Strasbourgeois, etc., alors que Luther avait plutôt tendance à freiner la création liturgique.

Le règne de la Parole doit remplacer le grand cérémonial de l'ancienne Eglise; autour de la prédication en langue vulgaire doivent s'élaborer de nouveaux consensus qui mènent à leur tour à des changements dans l'ordre, lorsqu'il n'y a plus que quelques réfractaires. Le consensus idéologique n'est pas une «pieuse fiction», mais le consensus bien réel que la religion peut offrir sur les mythes qui légitiment le pouvoir ou sur les utopies qu'on lui oppose.

Cette conception de la Parole ne distingue en rien Luther de ceux dont il devient l'adversaire de 1522 à 1525 et c'est ce que les luthérologues ont le plus de mal à admettre. La seule revendication religieuse essentielle des paysans est la libre prédication de la Parole, dont ils se gardent bien de fixer dogmatiquement le contenu. Comme Luther, ils désirent un nouveau fonctionnement du langage religieux dans la société. Comme Luther, ils condamnent la révolte[8]. Il leur viendrait aussi peu à l'esprit de se prétendre révolutionnaires qu'à un révolutionnaire d'aujourd'hui de se prétendre terroriste, car des mots comme *Aufruhr* ou *Empörung* équivalent approximativement à «terrorisme» et désignent toujours l'attitude d'un adversaire. On se sert aussi de la conception luthérienne des deux règnes pour opposer la doctrine de Luther à celle de ses adversaires. Mais il est bien connu que Bucer ne partage pas cette conception, qu'il agit en 1523 dans l'illégalité et que Luther n'appelle pas les princes à le massacrer. La doctrine des deux règnes exige l'obéissance dans tout ce qui n'est pas contraire à la foi et laisse une marge énorme à l'interprétation, dont Luther se servira en 1530 pour justifier la révolte sacrilège des princes contre l'empereur. On le voit: les explications hâtives des divisions de la Réforme en termes doctrinaux ne mènent pas loin.

Il nous paraît nécessaire d'introduire ici le problème sociologique[9]. De ce point de vue, la Réforme fut une dislocation de la chrétienté occidentale, entraînant des évolutions religieuses diverses, adaptées aux différents contextes

---

[8] Cf. Wirth, *Luther*, p. 48 et ss.

[9] On lira avec profit Heinz Schilling qui aborde ce problème dans: Quandt, p. 35 et ss.

sociaux. Au niveau européen, c'est la coupure entre le sud catholique et le nord majoritairement réformé. Au niveau allemand, on obtient une diversification extrême du système religieux, avec une infinité de nuances entre un catholicisme plus ou moins érasmien, un luthéranisme plus ou moins «recatholicisé», un calvinisme plus ou moins proche du luthéranisme (en Palatinat par exemple) et, dans les zones très urbanisées du sud-ouest, des tendances sacramentaires plus ou moins affirmées. A quoi s'ajoutent des sectes radicales qui ne parviennent pas à se constituer un territoire, pour ne rien dire des dissidences individuelles. Cette palette traduit certainement la diversité sociologique de l'Allemagne dans laquelle la Réforme s'est installée. Dès que la porte s'ouvrit à la création religieuse, celle-ci épousa les disparités sociales et l'éclatement politique du pays. Une nuance importante cependant: les dénominations confessionnelles ne reflètent pas mécaniquement les particularités sociologiques de chaque territoire. Le choix entre le catholicisme et la Réforme dans les principautés, par exemple, est en partie aléatoire. Le principe *cujus regio, ejus religio* favorise le caprice arbitraire du prince, de sorte que les dénominations confessionnelles peuvent correspondre au choix d'un parti: pour ou contre l'empereur. En revanche, les types de pratique religieuse semblent déterminés sociologiquement, ainsi le caractère plus ou moins cérémoniel du culte et le rejet plus ou moins total des images. La tolérance envers les images caractérise les systèmes les plus aristocratiques, leur abolition les tendances les plus démocratiques.

Luther affronte le problème des évolutions divergentes à partir de 1522, sans que le problème de l'unité semble l'obséder. Il ne milite pas pour une grande église luthérienne unifiée. On attribue actuellement cette attitude à son «œcuménisme», ce qui nous paraît un contresens. D'une part, il pense dans le cadre germanique, ce qu'Oberman (p. 22 et ss.) a eu raison de rappeler, même s'il sous-estime son nationalisme. D'autre part, il ne se préoccupe guère de prosélytisme. Il a certes chanté le sacrifice des martyrs de Bruxelles en 1523 et considéré ce genre d'héroïsme avec admiration, mais l'absence de mouvement missionnaire est un caractère essentiel de la Réforme luthérienne. La mollesse des efforts pour récupérer les Frères de Bohême va dans le même sens. Lorsqu'une inspiration luthérienne se diffuse hors d'Allemagne, ainsi en France, l'intérêt des étrangers pour Luther semble dépasser de beaucoup l'intérêt de Luther pour les étrangers. Enfin, Luther n'a sans doute jamais pensé sérieusement que les Welches allaient abandonner l'idolâtrie papiste pour embrasser la foi de l'Evangile. Pour ce qui est de la Réforme en Allemagne, il tend à la plus grande tolérance sur les formes du culte, mais se raidit sur les implications politiques de la Réforme et, en même temps, précise ses positions théologiques avec un dogmatisme qui entraîne de violentes querelles, en particulier sur l'eucharistie. Mais, si les convictions de Luther étaient les causes réelles de ces querelles, il faudrait expliquer comment il supporta Melanchthon à ses côtés.

La situation difficile de Luther peut expliquer son comportement, mais rien de plus. Il est jusqu'à sa mort au ban de l'Empire et dépend entièrement de la bonne volonté de son prince. De plus, comme l'a montré Brendler (p. 305 et ss.), le clergé perdait son statut et ses revenus en se réformant et dépendait du prince pour acquérir un nouveau statut et des revenus réguliers dans le cadre de l'Etat territorial. En restant à Wittenberg, Luther devait nécessairement se démarquer des réformes qui représentaient un danger politique du point de vue du prince. Cela est vrai, mais n'explique pas grand-chose, car il aurait aussi bien pu émigrer, à Zurich par exemple. Mais il aurait alors été aussi étroitement limité par le contexte d'une Réforme démocratique qu'il l'a été par celui d'une Réforme princière. Le fait est que Luther n'a pas songé à quitter la Saxe électorale et que les limites d'influence qui en découlèrent n'ont amené personne à prendre sa place comme chef du mouvement réformateur.

Luther a eu un énorme succès dans l'exacte mesure où son œuvre se réduisait à la destruction d'un système religieux universel et puissant, où elle visait à la «domestication du clergé» dans le cadre des entités politiques existantes et proposait un nouveau fonctionnement de l'Evangile plutôt qu'une dogmatique. Son déclin vient de l'impossibilité d'imposer une religion uniforme à l'Allemagne du XVIe siècle, ce qui aurait été finalement contradictoire avec le projet initial, et d'un raidissement dogmatique qui accélère le mouvement de désintégration.

On ne peut en effet accepter la thèse simpliste selon laquelle Luther n'a fait que défendre une orthodoxie qui remonterait au plus tard à 1519. Cette thèse est le fait de théologiens appartenant au luthéranisme unifié moderne et qui ont besoin de se référer à une orthodoxie. Le procédé consiste à chercher les positions tardives de Luther dans les écrits les plus anciens où elles seraient implicites, en interprétant dans le sens le plus favorable le flou des textes antérieurs à la nouvelle systématisation. L'exégèse des sermons sur les sacrements de 1519 par Ursula Stock est un bel exemple de cette démarche. Comme l'auteur est obligé de le reconnaître, ces sermons ont eu du succès dans des milieux très différents, et en particulier à Zurich (p. 11 et ss.). C'est cela l'essentiel, car, même si l'évolution de Luther se réduisait au passage d'une théologie susceptible d'interprétations diverses et capable de réunir le plus large consensus à une dogmatique intransigeante, ce serait encore un grand changement. L'imprécision ou la polysémie d'un texte n'est pas une lacune que l'historien doit combler, mais un caractère du texte qu'il faut prendre en compte. Luther ne pouvait pas combattre l'interprétation symbolique du sacrement avant que Karlstadt et Zwingli ne l'aient élaborée et il aurait pu tout aussi bien considérer ensuite que les divergences à ce sujet étaient acceptables. Sans prétendre posséder l'explication de son durcissement, on note qu'il coïncide avec l'impossibilité d'une entente sans en être la cause et qu'il ne coïncide pas avec l'élaboration d'une orthodoxie saxonne qui serait plutôt l'œuvre de Melanchthon (sur ce point, l'analyse de Brendler, p. 380 et ss., rejoint exactement la nôtre). On peut penser que l'élaboration d'une religion confessionnelle et les contingences pratiques de son installation intéressaient relativement peu Luther qui poursuivait, à une certaine distance du réel, la systématisation de sa propre théologie, tout en essayant de la sauver des compromis. Cela expliquerait en partie l'importance du pamphlet incendiaire dans sa production tardive, l'utilisation de l'outrance pour écarter les ambiguïtés.

La recherche évite en général de s'étendre sur le vieux Luther et considère les vingt dernières années de sa vie comme une sorte d'épilogue. Traiter de ces années-là, c'est ressortir des querelles pénibles et des textes qui répugnent à la sensibilité d'un protestant moderne, au point que seuls les adversaires de la Réforme, comme Denifle et Grisar, s'y étaient vraiment intéressés. La théologie du vieux Luther, dispersée dans les commentaires, les sermons et les traités polémiques, attire peu l'attention. Dans le recueil publié par Junghans, quelques exposés soulignent l'intérêt et l'audace de cette théologie. Horst Beintler (p. 39 et ss.) essaie de dégager la notion de Dieu et tombe sur deux thèmes importants: la conception d'un Dieu menteur que Luther reprend en fait à certains nominalistes comme Holcot et la relativisation de son existence dans le rapport au croyant qui avait tant frappé Feuerbach. Bengt Höggland expose son anthropologie (p. 63 et ss.) et Ole Modalski sa conception des fins dernières (p. 332 et ss.). Tous deux remarquent la difficulté qu'a Luther à séparer l'âme du corps et à lui conférer une existence indépendante après la mort, qui la rendrait susceptible de récompenses et de châtiments. Modalski voit que le problème est lié à l'abolition du purgatoire et de l'intercession. Luther a entrepris vers 1530 un traité sur la justification pour aborder le thème du Jugement et des récompenses, mais il l'a laissé inachevé (p. 339 et ss.). A première vue et dans l'attente d'une étude systématique de la doctrine et des hésitations du vieux Luther sur le sort de l'âme et sur l'au-delà, on a le sentiment qu'il ne lui était plus possible de présenter une construction simple et claire des fins dernières après avoir liquidé le purgatoire.

L'ouvrage de Mark U. Edwards est tout entier consacré aux polémiques du vieux Luther, à leur style et à leurs motivations. Il s'agit sans doute de la première étude du phénomène qui ne vise ni à rabaisser Luther, ni à l'excuser ou à minimiser cet aspect de son œuvre. Le sujet couvre une bonne partie de la biographie de Luther entre 1531 et sa mort: la légitimation de la résistance envers l'empereur, les démêlés avec les princes catholiques, les efforts pour empêcher la tenue d'un concile, la propagande contre les Turcs, contre les juifs, contre le duc de Brunswick et contre le pape. L'auteur commence par faire le point sur la santé physique et mentale du Réformateur qui a parfois été tenue pour responsable de son agressivité. Il montre de manière convaincante que la maladie n'explique ni le caractère de l'œuvre, ni même son déclin quantitatif, car la production reste énorme. Une analyse statistique serrée et prudente l'amène à mettre ce déclin relatif sur le compte d'une perte d'audience, liée à la confessionnalisation. Luther est devenu « le publiciste d'un parti établi et territorialement défini » (p. 20), de moins en moins publié hors de Wittenberg.

Plusieurs conclusions importantes ressortent de l'analyse des polémiques. Tout d'abord, la violence verbale de Luther ne s'explique pas par celle de ses adversaires ou par les habitudes de l'époque : c'est en général son intervention qui fait monter le ton. Répondant à ceux que le traité *Contre la papauté de Rome* (1545) avait choqués, le prince-électeur constate que Luther « possède un esprit spécial qui ne lui permet pas d'être modéré dans cette matière ou dans les autres » (p. 164). De fait, le prince pousse Luther à écrire chaque fois qu'il souhaite une polémique violente, mais le retient ou le fait censurer lorsque cela ne lui paraît pas opportun. On serait tenté de dire qu'il libère ou enferme l'« esprit spécial » en question avec le savoir-faire d'un nécromant. Luther lui-même modère son « esprit » lorsqu'il l'estime nécessaire. Il sait remplacer l'insulte par le raisonnement, ainsi lorsqu'il attaque les conciles avec des arguments historiques en 1539, ou par l'appel à la modération, lorsqu'il se prononce en 1545 sur le sort du duc de Brunswick dont il avait fait un suppôt du diable dans *Wider Hans Worst*. « Lorsque Luther était dur et abusif, c'était un choix » (p. 162).

La démonstration est solide et convaincante. Nous n'avons qu'une objection importante à formuler, mais elle est de taille. Edwards a cru bon de reprendre à son compte l'explication de la violence de Luther par les croyances eschatologiques : « Le vieux Luther croyait fermement qu'il vivait à la veille du Jugement dernier » (p. 16). Cet argument revient en variations chaque fois que l'attitude de Luther est ressentie comme révoltante, en particulier dans les pamphlets antijuifs. Il n'est pas propre à Edwards et tend à se généraliser dans les publications récentes. Oberman, nous l'avons vu, utilise à peu près le même procédé en montant en épingle la croyance au diable. Edwards aurait dû éviter le piège en appliquant aux convictions eschatologiques de Luther le même traitement qu'à sa violence verbale, pour autant que les deux phénomènes soient distincts. Il aurait alors constaté que, lorsque Luther embouchait les trompettes du Jugement, «c'était un choix».

Nous ne mettons pas en doute l'abondance des déclarations de Luther sur l'imminence de la fin des temps ou sur le caractère satanique de ses adversaires, mais l'interprétation de tels propos en termes de croyance. Il ne s'agit pas non plus de prétendre que Luther pensait le contraire de ce qu'il disait, mais de comprendre la signification de ses propos dans le contexte historique. Dans une remarquable étude sur les prédictions du déluge à la Renaissance, Ottavia Niccoli a montré leur caractère essentiellement métaphorique qui n'exclut pas une certaine forme d'efficacité[10]. Luther a de toutes manières une conception de Dieu et un mépris du déterminisme astrologique qui écartent toute prédiction précise. En revanche, il aime jouer sur l'ambiguïté et le caractère métaphorique des prédictions pour dire qu'elles se sont réalisées, ainsi dans la préface qu'il consacre en 1527 aux *Prophéties* de Lichtenberger. Il joue aussi sur la possibilité que la fin des temps soit proche et interprète volontiers le péril turc ou les agissements de l'Antéchrist pontifical comme des exhortations à se convertir. Cette rhétorique ne cesse de se répandre au cours du XVIe siècle et donne le ton des gazettes à sensation qui surgissent à chaque naissance monstrueuse et à chaque passage de comète. Luther lui-même est l'un des promoteurs de ce genre littéraire : on pense à son *Mönchkalb* ou à la gazette qu'il écrivit pour annoncer la défaite et le supplice de Müntzer. Mais ce comportement n'est pas systématique et il a des limites. Lorsque l'astrologue Michael Stiefel calcule la fin des temps pour le 19 octobre 1533 et va l'attendre à Lochau avec une petite communauté, Luther ne prend pas la chose au sérieux et intervient pour sauver cet original de la prison (Modalski, dans : Junghans, p. 331 et ss.).

---

[10] Ottavia Niccoli, «Il diluvio del 1524 fra panico collettivo e irrisione carnevalesca», in: *Scienze, credenze occulte, livelli di cultura. Convegno internazionale di studi (Firenze, 26-30 giugno 1980)*, Florence, 1982, p. 369 et ss.

C'est *per otium*, comme passe-temps, qu'il prétend avoir écrit en supplément à la chronique de Carion remaniée par Melanchthon une *Supputatio annorum mundi* (Modalski, *loc. cit.*). La date de 1540 correspondrait à l'an 5500 de la création. La fin du monde serait pour 6000 environ, c'est-à-dire, au cours du sixième millénaire. D'une part, Luther n'engage pas sa crédibilité sur ce petit divertissement; d'autre part, sa datation de la fin du monde est suffisamment imprécise pour qu'il y ait lieu de bien se conduire – cela peut arriver demain – mais pas d'abandonner ses activités quotidiennes, car les choses peuvent encore durer jusqu'en 2040 au moins. Et précisément, rien ne cadre plus mal avec les convictions eschatologiques supposées de Luther que son intérêt pour les problèmes de la société civile. Comment un fanatique de l'Apocalypse pourrait-il s'occuper sans cesse de l'éducation ou du mariage, c'est-à-dire de la reproduction du corps social?

Il nous semble plus raisonnable d'expliquer les diatribes apocalyptiques de Luther comme une rhétorique de la tension qui sert à légitimer les comportements extrémistes, voire révolutionnaires, lorsqu'ils sont jugés nécessaires. Si le règne du pape est celui de Satan et si l'empereur obéit au pape, alors il faut résister à l'empereur (p. 33). Ou encore, lorsque Luther doit justifier de mauvais gré la déposition d'un évêque régulièrement élu par le chapitre et forcer ce dernier à trahir son serment d'obéissance, seule la lutte contre l'Antéchrist peut servir d'excuse (p. 172 et ss.). La diabolisation de l'adversaire ne devrait pas trop surprendre l'homme d'aujourd'hui. Lorsqu'un responsable politique justifie une agression par la nature inhumaine de l'ennemi, nous ne lui imputons pas de croyances eschatologiques (sauf s'il est persan); nous ne mettons pas non plus en doute sa sincérité. Nous acceptons ou nous refusons une rhétorique et ses conséquences. Rien n'autorise à supposer que les hommes du XVIe siècle agissaient différemment, même s'ils confiaient à Dieu le soin de faire sauter la planète, parce qu'ils n'en avaient pas encore le pouvoir.

On voit sans doute où nous voulons en venir. Les hommes du XVIe siècle conféraient à Dieu et au diable la responsabilité de leurs actes et la légitimation de leurs conflits. Il nous paraît inadmissible que les historiens, au lieu d'analyser ces comportements, en fassent un alibi, voire une justification. Nous devions donc reconduire les querelles luthérologiques à certains de leurs véritables enjeux :

1. Le camouflage du processus historique qui produit le système religieux.

2. La mise entre parenthèses du soulèvement luthérien contre l'Eglise, par conservatisme religieux ou dans le but louable de réconcilier les chrétiens.

3. L'attribution à des croyances que nous ne partagerions plus de stratégies de la tension dont il est pourtant facile de trouver l'équivalent dans le monde contemporain. Ce qui suppose :

    – ou bien qu'on ignore la diabolisation de l'adversaire dans notre propre univers politique ;

    – ou bien, dans le pire des cas, qu'on éprouve la nostalgie d'un langage religieux justifiant ces stratégies, comme si notre langage politique n'y parvenait pas suffisamment.

VI.

THÉORIE ET PRATIQUE DE L'IMAGE SAINTE À LA VEILLE DE LA RÉFORME

Les Allemands de la fin du Moyen Age désignaient couramment les images religieuses devant lesquelles ils priaient d'un mot péjoratif: *götze* (*-n*), m., qui signifie aujourd'hui «idole». Ce comportement désinvolte ne semble pas avoir attiré l'attention des historiens de l'art ou de la religion et s'accorde mal avec la foi profonde et enthousiaste dont on crédite si facilement la période.

Pourtant, J. Huizinga avait eu le rare mérite de prendre en compte des phénomènes du même ordre dans *Le déclin du Moyen Age*. Selon lui, les attitudes irrespectueuses, les jurons et le mépris du clergé procédaient de l'intensité du sentiment religieux: «Dans toutes ces profanations de la foi par le mélange impudent avec la vie, il y a plus de familiarité naïve que de véritable impiété. Seule une société pénétrée du sentiment religieux et acceptant la foi comme une chose qui va de soi connaît ces excès et cette dégénérescence [...] Un péché stupide comme le juron ne peut jaillir que d'une foi profonde.»[1] Quelle que soit la vraisemblance psychologique de l'argument, il faut convenir qu'il repose sur une notion assez ambiguë de la religion pour que le juron apparaisse comme une sorte d'acte de foi. On ne s'étonnera donc pas que, toujours selon Huizinga: «Le point de transition de la familiarité ingénue à l'irrévérence consciente nous échappe.»[2]

---

[1] J. Huizinga, *Le déclin du Moyen Age*, trad. fr., rééd. Paris, 1967, p. 168.
[2] *Id.*, p. 169.

On ne sait plus très bien où commence et où s'arrête la religion. Parler d'un comportement contradictoire envers la religion serait facile, mais il faudrait encore pouvoir distinguer la religion du comportement religieux, ce qui le serait moins. Ou alors, la contradiction est-elle inhérente au système religieux lui-même ?

Afin d'y voir plus clair, nous commencerons par analyser l'emploi du terme *götze* pour désigner l'image sainte. Nous constaterons ensuite que ce comportement insultant sanctionne l'incapacité de l'image à valoir pour le Dieu ou pour le saint qu'elle représente, comme si l'on attendait d'elle d'être vraiment le Dieu ou le saint. Voilà qui devrait réconforter ceux des historiens pour qui le passé s'explique en termes de mentalités primitives. Mais leur satisfaction sera de courte durée, car nous établirons successivement :

- que ce comportement religieux « animiste » n'est pas propre à une classe sociale de la population concernée, ou encore au « peuple » par opposition aux « élites » ;
- que ce type de comportement n'est pas plus caractéristique du XVe siècle que du nôtre ;
- qu'il se traduisait et se traduit encore, sur le plan philosophique et logique, par l'incapacité de donner un statut à l'image et à la représentation.

Nous serons amenés à conclure que le discours condescendant sur les « mentalités » et les « croyances » du passé ou du peuple démontre la sottise et la suffisance de ceux qui le tiennent.

1. LE MOT *GÖTZE*

Dans l'allemand de la fin du Moyen Age, l'image au sens le plus large se dit *bild* (*-er*), n., comme aujourd'hui. Pour le portrait, doté ou non de ressemblance individuelle, on utilise *bildnis* (*-se*), n. *Abgott* (¨*-er*), m., désigne les faux dieux des païens, ainsi que leurs images. A titre d'exemple, dans la *Chronique* de Hartmann Schedel, publiée à Nuremberg en 1493, on trouve systématiquement *bild* pour l'image chrétienne et *abgott* pour les idoles des païens, auxquelles les martyrs refusent de sacrifier[3]. Mais on rencontre depuis le XIVe siècle, un autre mot, *götze,* qui désigne les images de Dieu et des saints[4]. D'après le dictionnaire étymologique de F. Kluge, le mot fait sa première apparition connue à Francfort/M., en 1376, à propos d'un colporteur d'images saintes: *Heincz Francke, gotzendreger.* On trouve dans le même sens *ölgötze,* «*götze* à l'huile», qui semble faire allusion à la technique picturale plutôt qu'au Mont des Oliviers, comme le voudrait le dictionnaire de Kluge qui propose la dérivation: *öl(berg)-götze*[5]. Depuis la Réforme en tout cas, le mot *ölgötze* est souvent utilisé pour désigner les prêtres par dérision[6].

Un second sens de *götze* et de ses dérivés est celui d'«imbécile». On lit par exemple dans le *Narrenschiff* de Sebastian Brant (1494):

> *wer in sich selbst vertruwen setz*
> *dis ist eyn narr und doreht götz*[7]
> (qui met sa confiance en lui-même est un fou et un stupide imbécile)

Le mot est encore fréquent dans les jurons, où il remplace le nom de Dieu (*Gott*) soit par atténuation, soit peut-être parce qu'il était courant pour parler irrévérencieusement de la divinité. Le franciscain Thomas Murner livre une petite anthologie de tels jurons, qu'il attribue aux riches paysans du Kochersberg, près de Strasbourg:

---

[3] H. Schedel, *Weltchronik,* Nuremberg, 1493 (reprint Dortmund, 1978).

[4] J. et W. Grimm, *Deutsches Wörterbuch,* Leipzig, 1854-1971, t. 4, 1, 5 (1958), col. 1430-1450, article: *götze;* F. Kluge, *Etymologisches Wörterbuch der deutschen Sprache,* 20e éd. Berlin, 1967, p. 266.

[5] Kluge *op. cit.,* p. 522, article: *ölgötze*; H. Fischer, *Schwäbisches Wörterbuch,* Tübingen, 1904-1936, t. 5, p. 54, article: *ölberg.*

[6] Grimm, *loc. cit.* Lorsque le maraîcher strasbourgeois Clemens Ziegler dit qu'il vaut mieux donner aux pauvres qu'aux *ölgötzen,* on ne sait s'il parle des saints ou des prêtres (C. Ziegler, *Ein kurz Register und ausszug der Bibel...,* Strasbourg, Johannes Schwan [?], 1524, fol. A VIr.

[7] Grimm, *loc. cit.;* S. Brant, *Narrenschiff,* éd. F. Zarncke, Leipzig, 1854 (reprint, Hildesheim, 1961), n° 46, v. 13-14, p. 48.

götz byl, götz hinsch, götz treck, götz kröss[8]
(byl = bosse; *hinsch* = inflammation du sein; *treck* = merde; *kröss* = entrailles).

Vu le champ sémantique du mot *götze,* on serait tenté de le trouver vulgaire, mais il est appliqué aux statues des saints par un sympathisant du culte des images, Georg Edlibach, qui écrit en 1526 une chronique de la Réforme à Zurich, franchement hostile aux novateurs[9]:

Und als sich fil menschen der bildren halben unruwig machtent, dass man die götzen nüt uss den kilchen und in den bildstöcken uff den strassen hin und weg ted...
(Et lorsque beaucoup de gens s'inquiétèrent de ce qu'on arrachait les *götzen* des églises et des poteaux le long des routes...)

Pourtant, les catholiques cessent assez rapidement d'utiliser le mot. Vers 1523, le bâlois Pamphilus Gengenbach met en scène un curé qui se plaint des réformés:

die helgen heissen sy jetzt götzen[10]
(ils traitent maintenant les saints de *götzen*)

Le reproche est paradoxal, mais on le comprend mieux si l'on observe un glissement du sens de *götze,* dont la responsabilité revient à Luther, traducteur du Nouveau Testament. Cherchant un mot allemand pour traduire «idole» dans la Bible, le Réformateur se livre à un coup de force linguistique en choisissant *götze*[11], assimilant ainsi le comportement reli-

---

[8] Th. Murner, *Von dem grossen Lutherischen Narren,* éd. P. Merker, Strasbourg, 1918 (*Deutsche Schriften*, t. 9), v. 1806, p. 162.

[9] P. Jezler, «Da beschahend vil grosser endrungen. Gerold Edilbachs Aufzeichnungen über die Zürcher Reformation 1520-1526», in: *Bilderstreit. Kulturwandel in Zwinglis Reformation*, éd. H.-D. Altendorf et P. Jezler, Zurich, 1984, p. 56-57.

[10] Grimm, *loc. cit.;* P. Gengenbach, éd. K. Goedecke, Hanovre, 1866, p. 266, v. 146.

[11] Cf. Ph. Dietz, *Wörterbuch zu Dr. Martin Luthers deutsche Schriften,* Leipzig, 1870-1872, 2 vol. (reprint Hildesheim, 1961 en 1 vol.), t. 2, p. 155-156.

gieux des païens à celui de ses contemporains et les statues de Mars ou de Vénus à celles de saint Georges ou de sainte Catherine. Alors que le mot *abgott* ne revient que 8 fois dans sa traduction de la Bible, *götze* est utilisé 124 fois, sans compter les dérivés: *götzenaltar, götzenbild, götzendiener, götzendienst, götzenhaufe, götzenhaus, götzenkapelle, götzenland, götzenmacher, götzenopfer, götzenpfaffe, götzensilber* et *götzentempel*.

La traduction de Luther fit autorité et le coup de force réussit au delà de ses espérances. Le mot *götze* s'imposa pour désigner les idoles païennes, mais les catholiques cessèrent de l'utiliser pour leurs propres images. A Zurich, où il est systématiquement utilisé pour désigner les images catholiques, le mot permet à Zwingli une importante distinction entre *abgott*, le faux dieu qu'on a dans l'esprit, et son extériorisation, *götze,* le portrait du faux dieu[12]. Zwingli maintient *bild* pour désigner l'image qui ne sert pas à l'idolâtrie.

Entre 1376 environ et 1522, date à laquelle *götze* commence à prendre le sens nouveau d'idole païenne, le mot signifie donc l'image chrétienne d'adoration, avec des connotations péjoratives qui lui permettent de désigner aussi l'imbécile. Est-ce que l'étymologie permet une explication?

Selon Kluge, il existe en moyen allemand un suffixe *-izo* qu'on accole aux prénoms masculins pour leur donner une tonalité affectueuse:

Dietrich → *Dietzo*

Heinrich → *Heinz*

Konrad → *Kunz*, etc.

De même, *Gottfried* donne *Götz* qui devient un nom commun au XVe siècle dans le sens d'«imbécile» ou de «débile». Or, lorsque le prénom ressemble à un nom commun, le suffixe peut s'appliquer également à ce dernier. Le prénom *Bernhard* devient *Petz* qui joue aussi le rôle de diminutif pour *bär (-en),* m., «ours». C'est ainsi que *götz(e),*

---

[12] Ch. Garside, Jr., *Zwingli and the Arts,* New Haven – Londres, 1966, p. 161 et ss.

diminutif affectueux de *Gottfried,* se serait étendu aux images saintes.

L'explication de Kluge arrange bien les choses: elle fait dériver *götze* de *Gott* lorsqu'il signifie l'image religieuse et de *Gottfried* lorsqu'il signifie l'imbécile, de sorte que le double sens ressemble à un effet du hasard. En fait, le philologue se voile la face devant une évidence: c'est le mutisme stupide de l'image lorsqu'on lui parle qui explique l'utilisation du mot pour désigner l'imbécile. Ce mutisme est déjà dénoncé dans la Bible:

> *ad simulachra muta prout ducebamini euntes*
> (1 Cor. 12, 2)

ce que Luther traduit:

> *ihr sind hingegangen zu den stummen götzen*

A quoi on peut comparer une expression relevée en Saxe (avant 1528):

> *er sass gegenüber wie ein stummer Öhlgötze*[13]
> (il était assis en face comme une idole muette).

L'idée n'est pas propre au domaine germanique. Dans la farce française du *Chaudronnier,* éditée entre 1547 et 1557 à Paris chez Nicolas Chrestien[14], un homme et sa femme font un concours, à qui tiendra le plus longtemps sans ouvrir la bouche:

> Sans parler à clerc ny à prestre,
> Non plus que faict ung crucifix (v. 82-83).

Un chaudronnier survient, s'étonne de leur mutisme, croit la femme «sourde» ou «insensée», l'homme «sourd, muet ou sot»:

> Il ne remue lebvre ne dent.
> Se semble, à veoir, un ymage,

---

[13] K. Müller-Frauenreuth, *Wörterbuch der obersächsischen und erzgebirgischen Mundarten,* Dresde, 1908-1914, vol. 2, p. 306, article: *ölgötz.*

[14] *Farces du Moyen Age,* éd. A. Tissier, Paris, 1984, p. 59-77.

> Un sainct Nicolas de village.
> Nous en ferons, ou un sainct Cosme.
> Ha ! vous serez sainct Pere de Rome (v. 121-125).

Finalement, le visiteur réussit à sortir l'homme de son mutisme et à lui faire perdre son pari, en se permettant des privautés sur son épouse. Le texte associe donc clairement la stupidité, l'image sainte et le prêtre, voire le pape.

Que l'emploi de *götze* pour désigner l'imbécile s'explique ainsi ne faisait aucun doute pour le théologien et philologue Johann Agricola, ami, disciple et un moment adversaire de Luther. Dans sa remarquable collecte de proverbes, il retrace l'étymologie du mot avec bon sens et précision : « Un poteau de bois qui est peint et enduit d'huile, pour que la couleur reste et ne soit pas délavée par la pluie, est un *ölgötz*. *Götze* vient de *Gott* et signifie une image qui n'a ni vie, ni âme. C'est pourquoi un *ölgötz* est un homme qui ne sert à rien, ne possédant ni raison, ni intelligence »[15].

De ces différents exemples, on peut tirer deux constatations :

1. Les Allemands désignaient leurs images saintes avec un diminutif affectueux du nom de Dieu. Le meilleur équivalent français de *götze* nous semble être « bon Dieu », mot qui permet la même confusion amusante entre l'image et le modèle, si l'on dit par exemple d'un catholique qu'il a un bon Dieu au-dessus de son lit, ou encore qu'il parle à son bon Dieu. Cette traduction a aussi l'avantage de rendre compte des jurons les plus courants : *götz treck* correspond assez bien à « bon Dieu de merde ».

2. Comme les bons Dieux ne répondent pas quand on leur parle, le mot *götze* est utilisé pour désigner les imbéciles, un peu comme *chrétien* donne *crétin* en français. Lorsqu'on connaît l'anticléricalisme de la fin du Moyen Age, on ne s'étonne pas que *götze* s'applique aussi aux prêtres. Il y a donc d'une part équivoque sur le nom du

---

[15] Grimm, *op. cit.*, t. 7 (1889), col. 1278-1280, article *ölgötze;* J. Agricola, *Drey hundert Gemeyner Sprichwörtter,* Nuremberg, F. Peypus, 1529, n° 186, fol. 80v.

dieu qui s'utilise pour l'image, d'autre part une sorte de reproche fait à l'image en raison de son mutisme. Le reproche se déduit de l'équivoque, car si l'on assimile l'image au dieu, son mutisme est décevant.

2. L'ÉQUIVOQUE SUR LE NOM DE DIEU

L'utilisation du nom divin pour désigner l'image n'est pas une invention du christianisme et a toujours suscité la réprobation des doctes. Plutarque déjà en fait un problème d'éducation: «Parmi les gens, il y avait ceux qui possédaient des représentations des dieux en bronze, en pierre ou en peinture et qui, par manque de connaissance et d'éducation, en arrivaient à appeler de telles images des dieux, au lieu de parler d'images ou de symboles des dieux.»[16] Au départ, le problème ne concerne pas les chrétiens qui dénoncent le culte des images et vont jusqu'au martyre lorsqu'on prétend le leur imposer. Ils adoptent pourtant ce culte au VIe siècle à Byzance et à Rome. Au VIIIe siècle, lorsque les Carolingiens doivent se défendre de l'accusation d'hérésie parce qu'ils n'adorent pas les images, les *Libri carolini* reprennent l'argument de Plutarque et se scandalisent qu'on puisse dire d'une image qu'elle est le Fils de Dieu[17].

A la fin du Moyen Age, le problème est devenu général. Dans un brillant article sur le culte des images à Florence, Richard Trexler analyse l'utilisation du nom de la Vierge pour désigner son image[18]. Une loi de 1446 poursuit les crimes réalisés «en quelque sorte sous les yeux» de Notre Dame de l'Impruneta (*quasi in conspectu dicte imaginis*)[19].

---

[16] E. Bevan, *Holy Images. An Inquiry into Idolatry and Image-Worship in Ancient Paganism and in Christianity*, Londres, 1940, p. 22; Plutarque, *Isis et Osiris*, 71.

[17] *Opus Caroli regis contra synodum (Libri carolini)*, éd. A. Freeman, Hanovre, 1998 (*Monumenta Germaniae Historica. Concilia*, t. 2, suppl. 1), IV, 1, p. 489 et ss.

[18] R. Trexler, «Florentine Religious Experience: The Sacred Image», in: *Studies in the Renaissance,* t. 19 (1972), p. 7-41.

[19] *Id.*, p. 19.

Comme Trexler le remarque, on parle en termes semblables de l'hostie et d'autres *sacra,* ce dont Huizinga avait déjà donné de mémorables exemples, comme celui d'un voyageur qui descend de cheval et entre dans une église, *pour voir Dieu en passant,* ou comme l'expression *un dieu sur un âne* désignant l'hostie portée par un prêtre, lui-même monté sur un âne[20]. Le réformateur strasbourgeois Martin Bucer signale la manière plaisante dont des prêtres parlent du sacrifice de la messe : « Oui, disent-ils, je dois aller manger Notre Seigneur », ou encore : « Je dois faire un enfant à une vierge. »[21]

Les derniers exemples cités sont clairement irrespectueux. En revanche, lorsqu'un dévot comme Edlibach traite de *götzen* les images saintes, lorsque des expressions comme *veoir Dieu* sont utilisées sans intention de choquer à propos de l'eucharistie, lorsque des textes officiels font état des déplacements de Notre Dame de l'Impruneta à travers Florence, ce ne sont pas des plaisanteries blasphématoires.

On peut évidemment considérer qu'il s'agit d'une simple manière de parler qui s'est maintenue, du reste, pour parler des œuvres d'art. Personne ne craint de dire qu'il a été au Louvre « pour voir la Joconde ». Mais, dans l'exemple cité plus haut, les *Libri carolini* prétendent que de telles expressions, lorsqu'elles s'accompagnent de l'adoration des images ne se réduisent pas à l'équivoque banale que l'on fait en parlant d'un homme peint pour désigner un tableau. Trexler est du même avis : selon lui, l'attribution de pouvoirs surnaturels à des êtres purement spirituels plutôt qu'à des images n'est pas dans les habitudes du XVe siècle et, de surcroît, ne constitue pas un progrès de l'intelligence.

Faut-il alors faire état d'une confusion pure et simple entre l'image et son modèle, d'une « mentalité animiste » ou de « croyances populaires »? En 1972, Trexler penchait encore dans ce sens, sous l'influence du prestige dont bénéficiait alors l'historiographie et la sociologie religieuse fran-

---

[20] Huizinga, *op. cit.*, p. 161.
[21] M. Bucer, *An ein christlichen Rath und Gemeyn der statt Weissenburg,* in : *Deutsche Schriften,* Gütersloh – Paris, 1960, t. 1, p. 123 : *Ja sagen sye, ich musz gon ein hergott essen [...] Ich musz einer junckfrawen ein kindt haben.*

çaises[22]. En réalité, les dévots semblent toujours avoir maintenu avec rigueur la distinction entre l'image qui est un signe et le dieu qui est adoré à travers elle, conformément à la doctrine de l'Église depuis le VIe siècle. La distinction est même antérieure et d'origine païenne, puisqu'un adversaire des images comme saint Augustin fait dire aux idolâtres: «Ce n'est ni la statue ni le démon que j'adore, mais je vois dans cette forme corporelle le signe de la réalité que j'adore.»[23] Les anthropologues Victor et Edith Turner qui ont pu interroger à ce sujet les pèlerins d'aujourd'hui, au Mexique, en Pologne et ailleurs, prétendent également qu'ils ne font pas de confusion à ce sujet et qu'ils connaissent généralement sur le bout des doigts la théologie de l'image[24].

A l'époque qui nous intéresse, Luther, Zwingli et Calvin disent exactement la même chose. Luther prétend que peu d'hommes sont assez simples d'esprit pour confondre Dieu avec son image[25]. *Nous ne reputons point [...] les images pour Dieux,* disent les catholiques selon Calvin. Il leur objecte que *les Juifs n'estoient pas tant hors du sens* non plus, lorsqu'ils se forgeaient des veaux, et qu'*il ne fault penser les Payens avoir esté si rudes qu'ilz n'entendissent bien qu'il y avoit un autre Dieu que de bois et de pierres. Pour ceste cause ilz changeoyent leurs simulachres quand bon leur sembloit, retenans toujours les mesmes Dieux en leurs cueurs*[26]. L'idée que des êtres humains puissent être assez naïfs pour confondre une chose et un être animé vient des anthropologues de la fin du XIXe siècle, auxquels elle servait

---

[22] Cf. la dette que Trexler reconnaissait envers elles dans l'article cité, p. 8. Sur son point de vue actuel, cf. R. Trexler, «Reverence and Profanity in the Study of Early Modern Religion», in: *Religion and Society in Early Modern Europe, 1500-1800,* éd. K. von Greyerz, Londres 1984, p. 245-269.

[23] Saint Augustin, *Enarrationes in psalmos,* ps. 113, sermon 2, 4, 3-4 (*Patrologie latine*, vol. 37, col. 1483).

[24] V. et E. Turner, *Image and Pilgrimage in Christian Culture. Anthropological Perspectives*, New York, 1978, p. 145.

[25] M. Luther, *Werke* (éd. de Weimar), t. 10, 3, p. 31.

[26] J. Calvin, *Institution de la religion chrestienne,* I, 11, 9; éd. J.-D. Benoît, Paris, 1957-1963, t. 1, p. 132; comparer U. Zwingli, *De vera et falsa religione,* 1525 (Corpus Reformatorum, t. 3), p. 901.

à démontrer la supériorité du Blanc rationaliste sur le Noir animiste[27].

On pourrait aussi faire l'hypothèse d'un certain cynisme. Plutôt que d'assimiler l'image au Dieu, les expressions que nous analysons réduiraient le Dieu à son image. C'est évidemment ce que font les réformateurs, lorsqu'ils traitent les saints de *götzen* et ce que faisaient avant eux tous ceux qui contestaient le système religieux. Dans son beau livre sur l'iconoclasme, Horst Bredekamp s'étonne, à la suite de Bevan, que ce soient précisément les iconoclastes byzantins qui prétendent l'image de même substance que le Dieu, alors que les iconodules maintiennent la distinction[28]. Il n'y a pas là de miracle: aux yeux des iconoclastes de tous les temps, les iconodules adorent des morceaux de bois. En revanche, cela n'explique pas vraiment le comportement des adorateurs d'images, lorsqu'ils utilisent eux-mêmes le vocabulaire de leur détracteurs. Un parfait cynisme semble peu compatible avec leur zèle religieux.

Le problème reste donc entier, mais nous pouvons déjà exclure deux hypothèses :

1. Il ne s'agit pas d'un problème de niveau de culture à l'intérieur d'une société, même si la critique de Plutarque ou les sarcasmes d'humanistes comme Erasme envers les images et les pèlerinages pourraient le faire croire. En assimilant ce comportement à celui des « idiots », ils cherchent en fait à en détourner leurs lecteurs qui n'adorent pas moins les images que les illettrés[29]. L'adoration des images a toujours été décidée, imposée et pratiquée en haut lieu, qu'il s'agisse de l'image impériale dans l'Antiquité, du culte byzantin des images que l'empereur et le pape cherchent à imposer à Charlemagne, ou des

---

[27] Pour la critique de ces théories : E. Evans Pritchard, *La religion des primitifs*, trad. fr., Paris, 1971 ; C. Lévi-Strauss, *Le totémisme aujourd'hui*, Paris, 1962.

[28] Bevan, *op cit*, p. 136 ; H. Bredekamp, *Kunst als Medium sozialer Konflikte. Bilderkämpfe von der Spätantike bis zur Hussitenrevolution*, Francfort/M., 1975, p. 142 et ss.

[29] Cf. le quatrième essai de ce recueil : « Contre la thèse de l'acculturation ».

images dont le culte confère des indulgences, inventées par le pape en 1216[30]. Elle est donc indépendante du niveau social et culturel et son intensité ne peut traduire que la plus ou moins grande soumission à l'autorité. De même, la confusion du dieu et de son image par le vocabulaire se fait aussi bien dans les actes officiels que dans les œuvres satiriques ou dans le langage des rues.

2. Il ne s'agit pas non plus d'une différence entre le passé et le présent, entre les siècles obscurs et le nôtre, celui d'Auschwitz et d'Hiroshima. Si l'on tenait à cette hypothèse, il faudrait commencer par expliquer pourquoi nous saluons les drapeaux, alors que nous savons qu'ils ne sont que des signes, pourquoi nous nous arrêtons aux feux rouges, même lorsqu'il ne passe ni voiture ni gendarme, pourquoi nous répugnons à jeter à la poubelle la photographie d'un proche. Il faudrait aussi parvenir à distinguer le comportement d'un pèlerin moderne et celui d'un pèlerin médiéval face aux images.

Il est sans doute plus sensé de s'interroger sur le caractère ambigu de l'image figurative et de quelques autres objets, au Moyen Age et aujourd'hui, à quelque niveau de culture que ce soit. Posée ainsi, la question porte sur l'organisation du savoir et sur la logique, explicite ou implicite, qui valide socialement le savoir. Nous ne voulons pas dire que les logiciens décident du pouvoir des images et prescrivent de les adorer, mais que la possibilité qu'elles aient un pouvoir et soient susceptibles d'adoration est fondée dans le système logique. De fait, l'Occident chrétien ne se caractérise ni par l'adoration des images, ni par son refus, mais bien plutôt par une interminable hésitation et une série de conflits sur ce point, ce qui suggère que le système logique en vigueur permet de conférer des pouvoirs à l'image, sans suffire à valider ces pouvoirs. On distinguera donc nettement le cadre logique du débat et les solutions théologiques successives.

---

[30] H. Belting, *Das Bild und sein Publikum im Mittelalter. Form und Funktion früher Bildtafeln der Passion*, Berlin, 1981, p. 35 et ss.

3. LA SÉMANTIQUE DE L'IMAGE

Qu'on remonte dans l'histoire de la logique à Boèce ou même à Aristote, il est intéressant de constater qu'un exemple revient constamment pour illustrer la notion d'équivoque, celui de l'homme peint. A ne lire que le paragraphe sur l'équivoque dans différents traités, le problème paraît enfantin. Boèce, le fondateur de la logique médiévale, revient plusieurs fois sur le sujet sans que surgisse une difficulté. Dans son premier commentaire de l'*Isagoge* de Porphyre, il définit le nom équivoque comme celui qui, contrairement au genre et à l'espèce, se dit de deux substances différentes, ainsi *homo,* lorsqu'il désigne tour à tour un homme vivant et un homme de marbre[31]. Dans le second commentaire de l'*Isagoge,* il revient sur le problème à propos de l'Etre, qui ne peut s'attribuer à toutes choses[32]. En effet, tout nom commun ne désigne pas une substance. Le nom *homo,* par exemple, se dit aussi bien de l'être humain que du tableau, mais, s'il désigne la substance de l'être humain, il ne désigne pas celle du tableau. L'homme peint illustre encore l'équivoque dans le commentaire des *Catégories* d'Aristote[33]. De ces différents exemples, il ressort que *homo* ne désigne qu'une forme accidentelle lorsqu'il est appliqué à l'image. C'est une évidence pour Boèce et pour tous ses continuateurs scolastiques.

On pourrait s'arrêter là, si un passage du *De Trinitate* de Boèce n'entrait en contradiction flagrante avec cette doctrine[34]. Expliquant que la substance de Dieu n'est ni matière, ni mouvement, mais forme pure, l'auteur prévient une confusion entre forme et image. La vraie forme, dit-il, n'est pas une image. Tout être tire son être de sa forme. En effet, on ne désigne pas la statue, l'airain, la terre, etc. par leur matière, mais par leur forme. La forme, immatérielle, s'oppose à l'image qui est un composé de forme et de matière. Boèce ne

---

[31] Boèce, *Opera* (*P. L.*, vol. 64), col. 15.
[32] *Id.,* col. 109.
[33] *Id.,* col. 163.
[34] *Id.,* col. 1250.

parle pas ici d'une forme accidentelle, mais d'une essence stable qui permet la désignation, contrairement au flux innommable de la matière.

On a suffisamment fait à Boèce la réputation d'un compilateur inintelligent pour que la contradiction ne surprenne personne. En fait, il suffit de le lire correctement pour comprendre qu'il ne se contredit pas grossièrement, mais présente successivement deux doctrines différentes. Il avertit en effet son lecteur, dans le second commentaire de Porphyre, qu'il expose ce qu'il considère comme la doctrine d'Aristote sur les universaux et non pas son opinion personnelle[35]. En revanche, dans le *De Trinitate* qui est une œuvre théologique, son platonisme se donne libre cours.

Loin de n'être qu'un accident, la forme de l'image est ici sa substance même et c'est sa matière qui est accidentelle. Le statut équivoque des universaux – existent-ils ou non? – reçoit une réponse claire: ce sont des substances incorporelles, en l'occurrence des formes. Les formes subsistent indépendamment dans un être sans matière, à savoir Dieu dont la substance est forme pure, de sorte que cet être est un et identique à ses prédicats. On ne dit pas dans le même sens que Dieu est juste et que l'homme est juste. Dans le premier cas, la copule «est» signifie l'identité entre le sujet et le prédicat: Dieu est ce qui est juste. Dans le second cas, le sujet est d'une autre nature que le prédicat et il a une identité numérique. Il ne saurait donc le remplir: aucun homme est ce qui est juste et il y a d'autres hommes encore qui sont justes. L'homme n'est pas identique à ses prédicats, c'est-à-dire à sa forme, car il est un composé de matière et de forme, comme toutes les substances corporelles. Tirant sa substance de sa forme, l'homme n'est pas ce qu'il est, si l'on entend la copule «est» dans le sens de l'identité. Il n'est pas une forme pure, mais une forme mêlée de matière, une image.

Si le traité de Boèce n'évoque à aucun moment le culte des images, il permet de comprendre aisément à quel point une conception platonicienne des formes le favorise. Comme la matière est l'ordre de l'accidentel, du non-être, plus grand-

---

[35] *Id.*, col. 84 et ss.

chose ne distingue l'image de Dieu constituée par un corps humain de celle qui l'est par un tronc d'arbre, à part du non-être. On pourrait bien sûr décréter que certaines formes, comme la rationalité, ne passent pas dans les troncs d'arbres, mais il y aurait alors des types de formes dans la substance divine, ce qui nuirait à son unité. Dès lors, si la différence est nette entre Dieu et l'image de Dieu, elle ne l'est pas entre l'homme et les autres images de Dieu, ou encore entre la nature humaine du Christ et l'image peinte de son humanité, entre l'homme et l'image de l'homme. Dans cette perspective platonicienne, le mutisme des images devient paradoxal il n'y a plus vraiment d'équivoque à utiliser le même mot *homo* pour un être vivant et pour une image.

On ne s'étonnera donc pas que la désignation de l'image par le nom de l'objet représenté ait été utilisée par les iconodules byzantins comme argument en faveur de l'adoration des images. Au concile de Nicée II, un moine prêtre nommé Jean, représentant des évêques orientaux, reprend à saint Basile l'argument que celui qui appelle «empereur» l'image de l'empereur ne confesse pas l'existence de deux empereurs. Il en déduit que celui qui adore l'image du Christ en disant «voici le Fils de Dieu» ne commet pas un péché[36]. L'argument du nom est également utilisé par Théodore Stoudite dont la conception de l'image est pourtant aristotélicienne. Il concède que, si l'on envisage sa nature, l'image du Christ doit être appelée du bois, de la couleur, de l'or ou de l'argent. Du point de vue de la relation de ressemblance avec le modèle, elle doit être appelée «image du Christ». Mais d'après l'identité du nom, elle doit être appelée «le Christ». Il ne faut donc pas inscrire sur l'image «image du Christ», mais «le Christ», car c'est vraiment lui que nous voyons en elle[37]. Théodore Stoudite reconnaît ainsi une forme d'identité entre l'image et son modèle, suffisante pour justifier l'adoration des images.

---

[36] Actes de Nicée II traduits par Anastase le Bibliothécaire (*P. L.*, vol. 129, col. 307).

[37] Chr. Schönborn, *L'icône du Christ. Fondements théologiques*, 3ᵉ éd. Paris 1986, p. 226 et s.

L'argument du nom, tel qu'il fut exposé au second concile de Nicée, est vigoureusement critiqué dans les *Libri carolini*. On y fait remarquer que la désignation équivoque de l'image par le nom de la personne représentée n'implique pas de définir l'image comme Fils de Dieu, car on transpose ainsi sur les choses mêmes une ambiguïté qui était purement nominale[38]. L'objection porte, car les Pères grecs concernés empruntent à la tradition platonicienne sans vraiment la revendiquer et restent théoriquement fidèles aux principes aristotéliciens. Or les premières lignes des *Catégories* d'Aristote sont consacré à l'équivoque ou homonymie, précisément pour éviter qu'elle ne contamine les définitions. Pourtant, en ce qui concerne l'adoration des images, ces Pères n'ont pas entièrement tort. Il est vraiment peu probable qu'ils adorent un empereur ou un dieu de bois qui serait distinct de l'autre. Même si l'on ne sait pas bien pourquoi, l'adoration transite vers le prototype, vers le modèle de l'image, selon la célèbre formule de saint Basile. C'est bien lui qui est honoré lorsqu'on honore son image et, comme les Grecs ne manquent pas de le relever, c'est bien lui qui est insulté lorsqu'on insulte son image. Et c'est cela qu'il faudrait pouvoir expliquer.

Tout le monde admet que l'image et le modèle sont deux objets distincts, liés entre eux par une relation de ressemblance. En dehors de la filiation humaine ou divine, où le fils est considéré comme une image du père possédant la même nature que lui, on reconnaît à l'image une nature différente de celle du modèle. C'est la position des théologiens aristotéliciens, comme Théodore Stoudite, mais aussi bien celle de saint Augustin dont la sémiologie est d'obédience stoïcienne. On retrouve les mêmes formules chez saint Jean Damascène dont les tendances platoniciennes sont pourtant évidentes. Les auteurs diffèrent lorsqu'il s'agit de justifier le culte des images, car la ressemblance entre l'image et le modèle, loin de le fonder, ne peut que faire passer pour une illusion le fait de prendre l'une pour l'autre. Il n'y a pas de difficulté pour saint Augustin, car il refuse le culte des images. Jean Damascène justifie le culte des images par une participation

---

[38] *Opus Caroli regis*, IV, 1, p. 489 et ss.

mal définie à l'identité du modèle[39]. Il greffe en somme un ingrédient platonicien, inspiré de Denys l'Aréopagite, sur une conception de l'image par ailleurs conforme à l'aristotélisme. La position la plus subtile est certainement celle de Théodore Stoudite. Il distingue entre la nature de l'image qu'elle partage avec d'autres images de même fabrication et son identité qui se confond avec celle du modèle. L'inspiration vient cette fois de la christologie. Le Christ est en effet une seule personne alors qu'il possède deux natures, divine et humaine. De la même manière, l'image préserve l'identité du modèle dans une nature différente et n'a pas d'autre identité que lui. Il est donc légitime de désigner l'image du Christ comme le Christ. Cette position contredit l'aristotélisme, non pas sur la nature de l'image, mais sur la conception de l'identité, en dissociant l'identité d'un objet de sa nature ou substance. Le modèle se comporte envers l'image comme les *Body Snatchers* envers les hommes dont ils envahissent les corps et modifient l'identité.

Il faut attendre la scolastique du XIIIe siècle, pour que les théologiens latins cherchent à leur tour à rendre compte de cette mystérieuse identité entre l'image et le modèle sur laquelle repose le culte des images[40]. Philippe le Chancelier puis Albert le Grand développent une justification de ce culte qui trouve chez saint Thomas d'Aquin sa formulation la plus radicale[41]. Tous trois partent de la dualité entre matière et

---

[39] Schönborn, *op. cit.*, p. 191 et ss.

[40] Nous avons étudié les conceptions scolastiques de l'image dans les essais suivants: «Les scolastiques et l'image», in: *La pensée de l'image. Signification et figuration dans le texte et la peinture*, éd. G. Mathieu-Castellani, Paris, 1994, p. 19-30; «Structure et fonction de l'image chez Saint Thomas d'Aquin», in: *L'image. Fonctions et usages des images dans l'occident médiéval*, éd. J. Baschet et J.-C. Schmitt, Paris, 1996, p. 39-57; «La critique scolastique de la théorie thomiste de l'image», in: *Crises de l'image religieuse. Krise religiöser Kunst*, éd. O. Christin et D. Gamboni, Paris, 2000, p. 93-109; «Faut-il adorer les images? La théorie du culte des images jusqu'au concile de Trente», in: *Iconoclasme. Vie et mort de l'image médiévale* (exposition Berne – Strasbourg), éd. C. Dupeux, P. Jezler, J. Wirth, Paris, 2001, p. 28-37.

[41] Textes essentiels: Philippe le Chancelier, *Summa de bono*, p. 2, IV, q. 6, a. 3 (éd. N. Wicki, Berne, 1985, vol. 2, p. 972 et ss); Albert le Grand, *In Sententias*, l. 1, dist. 3, a. 19; l. 3, dist. 9 a. 4 et 5; Thomas d'Aquin, *Summa theologica*, pars 3, q. 25, a. 3.

forme du signe, entre signifiant et signifié, et constatent que le signe peut être envisagé dans l'une ou l'autre de ces deux dimensions. L'image est un signe et donc elle-même une chose, complètement distincte de celle qu'elle signifie et reconnue comme telle, mais, prise en tant que signe, elle produit un mouvement de l'âme vers cette chose. Dans la formulation de Thomas, celle que retiendra la postérité pour l'approuver ou pour la combattre, «il y a cette différence entre ces deux mouvements que le premier qui mène vers l'image en tant que chose est autre que le mouvement vers la chose, tandis que le second, vers l'image en tant qu'image, est un et identique avec le mouvement vers la chose». Lorsque l'image est prise en tant que chose de pierre ou de bois, elle ne saurait être adorée sans idolâtrie: lorsqu'elle est prise en tant qu'image d'autre chose, elle doit recevoir la forme d'adoration due à cette chose, soit le culte de latrie dans le cas de l'image du Christ.

Dans cette théorie, l'identité entre l'image et le modèle devient un fait psychologique qu'Aristote avait dégagé à propos de la remémoration, au début du *De memoria et reminiscentia* sur lequel se fondent Albert et Thomas. Dans une peinture, un animal est considéré tantôt en tant qu'animal, tantôt en tant qu'image d'animal tout en restant un et identique. Le fait est difficilement contestable et il est énoncé dans des termes comparables par un savant moderne comme Gombrich[42]. Glosant le célèbre avertissement de Maurice Denis: «Se rappeler qu'un tableau – avant d'être un cheval de bataille, une femme nue ou une quelconque anecdote – est essentiellement une surface plane recouverte de couleurs en un certain ordre assemblées», Gombrich remarque en effet: «Mais comment pourrons-nous 'voir' en même temps le cheval de bataille et la surface plane? […] Il s'agit là d'une exigence impossible à satisfaire. Comprendre le cheval de bataille, c'est oublier pendant un moment la surface plane. Leur présence simultanée est impossible».

Selon Thomas, la capacité que possède l'image de déclancher ce phénomène psychologique tient à la forte res-

---

[42] E. H. Gombrich, *L'art et l'illusion. Psychologie de la représentation picturale*, trad. fr., Paris, 1971, p. 349.

semblance du modèle qui la distingue d'une trace ou d'une empreinte (*vestigium*) dont la ressemblance est plus partielle ou plus confuse, à plus forte raison des mots du langage qui sont des signes arbitraires. L'image est de même espèce que le modèle (ainsi le fils image de son père) ou, lorsque ce n'est pas le cas, signifie cette espèce parce qu'elle en possède la figure[43]. Sans le professer explicitement, Thomas laisse entendre ailleurs que l'image rend compte aussi des traits individuels du modèle, opinion que défendra ensuite Gilles de Rome, mais qui lui sera attribuée par ses adversaires[44].

La théorie thomiste de l'image fut en effet combattue dans les décennies suivant sa mort, tant sur le problème de la ressemblance que sur celui de l'adoration. Guillaume d'Ockham, par exemple, considère que la ressemblance de l'image se limite à celle de quelques accidents du modèle et qu'elle n'est donc que partielle, comme celle du *vestigium*[45]. En même temps, comme il lui serait impossible de représenter distinctement deux individus très semblables, l'image ne rend pas absolument compte de l'individualité de modèle et ne se distingue pas non plus du *vestigium* de ce point de vue[46]. Si Guillaume s'est tu sur l'adoration des images, Durand de Saint-Pourçain avait attaqué Thomas sur ce point quelques années auparavant[47]. Selon lui, le lien entre l'image et le modèle est strictement accidentel et le culte de l'image est dit par conséquent une adoration par accident. Mais c'est improprement qu'on parle alors d'adoration de l'image, «car, aussi souvent qu'un seul et même mouvement de l'âme conduit à l'image en tant qu'image et à la chose, l'âme ne se dit jamais que l'image en tant qu'image est la même chose que le modèle, ni que le signe en tant que signe est identique à la chose dénotée (*signato*), mais il y a toujours entre les deux une distinction dans les faits et dans la concep-

---

[43] Thomas d'Aquin, *Summa theologica*, pars 1, q. 35, a. 1.

[44] *Id.*, pars 1, q. 45, a. 7; Wirth, «La critique scolastique», p. 94 et s.

[45] Guillaume d'Ockham, *In librum primum Sententiarum,* éd. S. Brown, St. Bonaventure, N. Y., 1970, vol. 2, p. 552 et ss. (l. 1, dist. 3, q. 10).

[46] *Id.*, p. 546 (l. 1, dist. 3, q. 9).

[47] Durand de Saint-Pourçain, *In Sententias*, Venise, 1571 (reprint Ridgewood, New Jersey, 1964), l. 3, dist. 9, q. 2.

tion de l'âme. Le lien (*habitudo*) entre eux est en effet une relation. Etre relatif c'est être lié à quelque chose d'autre. Par conséquent ce qui s'attribue au modèle ou à la chose dénotée ne s'attribue jamais à l'image ou au signe, quand bien même ils seraient considérés en tant qu'image ou que signe».

La dernière partie de l'argument de Durand met l'image sur le même plan que les signes arbitraires et suggère qu'elle n'a rien de plus en commun avec son modèle, de sorte que l'âme distingue toujours l'une et l'autre. Or on voit mal comment l'âme pourrait se dire que l'image en tant qu'image est ou n'est pas la même chose que le modèle au moment même où son mouvement assimile l'une à l'autre. Il faudrait précisément que le cheval et la tache de couleur soient appréhendés simultanément, ce qui est contraire à Aristote, à Gombrich et vraisemblablement aussi à l'expérience de tout un chacun. Mais, s'il faut donner raison à saint Thomas, l'adoration des images est en quelque sorte fondée scientifiquement. Dès lors qu'une image parvient à me représenter le Christ de manière satisfaisante, si, pendant que je le contemple à travers l'image, je me comportais comme s'il s'agissait d'un morceau de bois, c'est bien le Christ que j'assimilerais à un morceau de bois.

Parmi les adversaires de Thomas, Durand est celui qui a attaqué le plus fermement sa théorie de l'adoration et les théologiens postérieurs tendent à suivre l'un ou l'autre jusqu'à la Réforme. Le cadre du débat n'évolue pas, mais quelques arguments nouveaux permettent parfois d'en préciser les enjeux. C'est le cas dans un intéressant *quodlibet* d'un théologien de Louvain, Adrien Boyers, le futur pape Adrien VI, qui eut lieu le 19 janvier 1502[48]. Il répond à la question: «Est-ce que sont dus à la croix du Sauveur et à son image le même honneur et la même adoration qu'au Christ?» Prenant la défense de saint Thomas et d'Alexandre de Halès contre ceux des nominalistes qui les avaient accusés de blasphème, il résume leurs arguments et essaie de les mettre à jour sur le plan logique. L'ordre de l'exposé rappelle celui qu'on trouve sur le même sujet dans les commentaires des *Sentences,* lieu

---

[48] E. H. J. Reusens, *Syntagma doctrinae theologicae Adriani Sexti,* Louvain, 1862, p. 187-199.

ordinaire de l'affrontement: définition du culte de latrie (réservé à Dieu) du culte de doulie (réservé aux saints), puis application de ces notions au problème de l'image.

Après avoir rappelé les définitions des différentes formes d'adoration, Adrien pose deux prémisses:

1. On honore quelqu'un tant en paroles qu'en actes.

2. On l'honore de deux manières:

    – en attestant sa « vertu » (*virtus*) de manière directe;

    – en attestant la vertu de celui auquel se rapporte l'objet honoré, ainsi en baisant le gant qui couvre la main de l'évêque, ou la chaussure sur le pied du pape. En agissant ainsi, on ne prétend pas que l'objet baisé, le gant ou la chaussure, possède une quelconque vertu propre.

Ces prémisses sont suivies par trois thèses:

1. L'honneur de latrie est dû au corps et au sang du Christ, lorsqu'ils sont unis à sa divinité. Lorsqu'ils en sont séparés et se présentent sous une autre espèce, on ne leur doit que l'honneur de vénération. Même l'honneur de doulie est ici exclu, parce qu'il ne s'adresse qu'à un être humain.

2. La vraie croix et ses particules, considérées en tant que choses et non en tant que signes, doivent être vénérées et non pas adorées de latrie. Les croix réalisées dans un matériau différent ne doivent être honorées d'aucune manière en tant que choses.

3. Tout signe par lequel nous représentons la majesté divine doit recevoir la plus grande vénération, mais pas au point qu'il soit confondu avec Dieu et qu'on lui rende les honneurs divins.

Les deux premières thèses sont fondées sur une théorie du signe qui donne tant à la forme qu'à la matière la possibilité de représenter la chose. C'est ainsi que la vénération est due aux reliques de la vraie croix du fait de leur matière et aux croix d'une autre matière, prises en tant que signes, du fait de leur forme. Prises en tant que choses, elles ne méritent aucune vénération. En effet, dès qu'on cesse de les utiliser comme signes, les formes perdent tout droit aux honneurs. «C'est pourquoi nous jetons au feu les croix et les images démodées (*antiquas*), à moins que nous ne nous en servions pour fabriquer autre chose».

La troisième thèse se déduit des honneurs dus au nom divin. Elle vaut aussi pour les autres signes, comme le signe écrit et l'image. L'honneur de latrie est interdit envers ces objets par saint Grégoire, par le second concile de Nicée et d'autres autorités; ce serait idolâtrer des signes. Pourtant, on peut objecter avec saint Basile que le même honneur est dû à l'image et au modèle, puisque l'honneur rendu à l'image parvient au modèle. De même, on chante: *O Crux, ave spes unica...,* et la latrie est due à ce qui est notre unique espoir.

Adrien répond à l'objection en termes de logique. Du terme *homo* se prédique *animal* dans la proposition *homo est animal,* alors que ce terme n'est pas un être animé, mais une qualité. Il en va de même pour les autres signes. L'acteur (*persona*) représentant Dieu n'est pas Dieu, mais parle en son nom et reçoit les prédicats: Dieu, Tout-Puissant, etc. De même, un acteur pris en tant que signe est appelé du nom du personnage qu'il joue, Pamphile par exemple, de manière correcte. Le mot *Deus* n'est pas tout-puissant, puisqu'il est un accident et une créature. La prédication du signe, non pas pour le signe, mais pour la chose signifiée, est un mode figuré qu'on trouve dans l'Ecriture, ainsi d'ailleurs que la prédication de la chose figurée pour le signe, comme dans 1 Cor. 10, 4: *Petra autem erat Christus,* ce qu'il faut comprendre, selon la glose interlinéaire: *Petra autem significabat Christum.* On dit donc «sacrifier au nom du Seigneur» ou «invoquer le nom du Seigneur», bien que ce soit le Seigneur et pas son nom auquel on sacrifie et qu'on invoque. C'est en ce sens qu'Alexandre de Halès, saint Thomas, saint Bonaventure et les autres *doctores antiqui* entendaient qu'on doit la latrie à l'image du Christ en tant qu'elle est une image, non pas en tant qu'elle est une chose. De même pour la sainte croix. Ils se fondent sur le *De memoria et reminiscentia* d'Aristote, qui distingue le fantasme pris en lui-même et pris comme signe d'une chose. Dans le premier cas, il est présent et non pas remémoré; dans le second cas, il est remémoration de la chose absente. Il en va de même de l'image qui ne se donne pas pour elle-même, mais pour l'objet représenté : l'honneur ne va pas à l'image, mais à ce qu'elle représente, de sorte qu'il convient d'adorer de latrie l'image comme le nom, dans la mesure où ils ne sont pas pris en eux-mêmes.

Toujours selon Adrien, il est frivole d'objecter que l'image en tant que signe n'est pas Dieu et ne doit donc pas être adorée de latrie. De telles objections ont conduit Durand de Saint-Pourçain, Robert Holcot, Henri de Gand, Guillaume de Ware, François de Meyronnes et d'autres, à rejeter l'opinion de saint Thomas et des *antiqui,* en les considérant comme suspects d'hérésie et de blasphème. Capreolus a pris la défense de saint Thomas, en prétendant que le signe et ce dont il est l'image ne formaient qu'un seul objet d'adoration, solution dont on peut discuter la justesse et sur laquelle Adrien passe pour être bref.

La démonstration d'Adrien est assez bizarre, car il prend la défense de saint Thomas avec des arguments qui rappellent ceux de Durand de Saint-Pourçain. La justification de la position thomiste par Jean Capreolus ne semble pas lui convenir, alors qu'elle n'est qu'une formulation plus moderne de l'identité psychologique entre l'image en tant que signe et son modèle, professée par Thomas[49]. Elle est incompréhensible si l'on traduit le mot *objectum* par «objet», car l'objectivité correspondrait davantage, au Moyen Age, à l'*esse subjectivum* qu'à l'*esse objectivum,* lequel est relatif à la perception. L'*objectum* se rapproche donc de ce que nous appelons le phénomène et c'est à ce niveau-là que Capreolus place l'identité entre l'image et le modèle. L'*objectum* étant précisément ce vers quoi se dirige le mouvement de l'âme, dire que l'image en tant qu'image et le modèle constituent un seul *objectum* total revient au même que de dire que le mouvement vers l'une est identique au mouvement vers l'autre.

Comme Durand, Adrien réduit l'identité entre l'image et le modèle à une manière de parler. Le débat est apparemment

---

[49] Jean Capreolus, *Defensiones theologiae divi Thomae Aquinatis,* l. 3, d. 9, q. 1 (éd. C. Paban et T. Pègues, Tours, 1900-1908, vol. 5, p. 136 et ss).

statique : si Adrien ne reprend pas l'argument selon lequel on appelle « Christ » l'image du Christ, il s'appuie sur le fait qu'on appelle « Pamphile » l'acteur qui jour le rôle de Pamphile et même « Dieu » l'acteur qui joue le rôle de Dieu. En fait, on constate depuis le début du XIVe siècle une tendance à traiter l'image comme un signe quelconque. Alors que les *doctores antiqui* considéraient l'image comme un signe particulier, du fait de la forte similitude qu'elle possède avec ce qu'elle dénote, plus rien ne la distingue ici de n'importe quel autre signe, qu'il s'agisse des acteurs ou même des signes arbitraires que sont les noms, et Adrien assimile le culte des images aux honneurs dus au nom de Dieu. Or, si le culte des images est une pratique sociale aisément constatable, ce n'est pas le cas du culte des noms : « honorer le nom du Seigneur » n'est qu'une expression figurée caractéristique du texte biblique. L'assimilation de l'image au nom semble donc bien déboucher sur la conclusion que Durand tirait d'autres arguments, à savoir qu'on ne peut parler que de manière figurée et impropre de culte des images.

Pour donner un peu de poids à cet usage linguistique, Adrien fait appel à la sémantique : dans la proposition *homo est animal*, on prédiquerait *animal* non pas de l'homme luimême mais du terme *homo*, alors que ce terme n'est pas un être animé. L'allusion est trop rapide pour qu'on puisse identifier exactement la doctrine à laquelle il se réfère, mais il s'agit probablement d'une conception réaliste des universaux[50]. Dans une sémantique nominaliste, le terme *homo* vaut pour (en termes techniques : suppose pour) une collection d'individus. Or les réalistes font une différence de catégorie entre les universaux et les noms individuels ou collectifs qui désignent des individus déterminés, comparable aux distinctions que nous faisons aujourd'hui entre

---

[50] Sur ces aspects de la sémantique médiévale, on se reportera aux analyses rigoureuses et claires de D. P. Henry : *Medieval Logic and Metaphysics. A Modern Introduction*, Londres, 1972, en particulier p. 13 et ss. ; *The Logic of Saint Anselm*, Oxford, 1967, en particulier p. 12 et ss. Cf. aussi : *That Most Subtle Question (Qaestio Subtilissima). The Metaphysical Bearing of Medieval and Contemporary Linguistic Disciplines*, Manchester, 1984.

classes et individus, ensembles et éléments. Dès lors, le prédicat *animal* n'est pas utilisé de la même manière dans *Sortes est animal* ou dans *iste homo est animal*, où *Sortes* et *iste homo* sont des noms propres, et dans *homo est animal*, où *homo* est un universel. Adrien prétend qu'il se prédique du terme (*vox*) *homo* dans le second cas, et il en conclut de manière assez cavalière à la légitimité de prédiquer d'un signe ce qui se prédique de la chose qu'il dénote. Dans de tels cas, le sens de *est* devient celui de *significat*. En somme, «'homme' est un être animé» veut dire: «'homme' signifie un être animé». Il en va de même dans la Bible où «la pierre était le Christ» veut dire «la pierre signifiait le Christ», une suggestion qui n'échappera pas à Karlstadt, à Zwingli ou à Calvin, lorsqu'il s'agira, vingt ans plus tard, de réduire les paroles sacramentelles *hoc est corpus meum* à un trope pour: «ceci signifie mon corps».

Le raisonnement d'Adrien ne brille pas par sa clarté ou son exactitude, mais il est symptomatique. Alors qu'il se tient à l'évidence du côté des *antiqui* et professe une logique réaliste, il tend comme les *moderni* à réduire la spécificité de l'image et semble la mettre sur le même plan que les signes arbitraires. Il ne relie pas un instant l'identité entre l'image en tant qu'image et son modèle à une ressemblance susceptible de provoquer un mouvement de l'âme plus vigoureux que ne le fait la lecture d'un mot. Un demi-siècle plus tôt, Denis le Chartreux avait déjà attaqué Durand avec des arguments comparables[51]. Il jugeait non sans raison sa position comme contraire au rite et à la tradition de l'Eglise et remarquait que beaucoup de choses s'attribuent en commun au signe et à l'objet dénoté, même de manière univoque, à commencer par leur appartenance commune à la catégorie de la relation (*ad aliquid*). «On désigne fréquemment l'un du nom de l'autre, ainsi lorsqu'on dit de l'image de saint Pierre: 'voici saint Pierre'. Il ne fait aucun doute que les choses sont honorées en leurs images et par elles, de même que l'insulte adressée à l'image du crucifié en tant qu'image est considérée comme adressée au Christ lui-même».

---

[51] Denis le Chartreux, *In Sententias,* l. 3, dist. 9, q. unica (Montreuil, 1896-1935, vol. 23, p. 193 et ss.)

Comme Durand et Adrien, Denis traite de l'image à partir de généralités qu'il présente comme valables pour tous les signes, même si l'exemple de l'insulte serait difficile à transposer sur les signes arbitraires. On serait à première vue tenté d'interpréter l'attitude commune à ces théologiens comme une négation de la ressemblance entre l'image et le modèle, une attitude paradoxale certes, mais caractéristique de la sémiologie de l'image depuis les années 1960[52]. Il s'agirait certainement d'un contresens, car la désignation équivoque de l'image par le nom du modèle est, dans d'autres contextes, expliquée par la ressemblance, ainsi dans l'exposition de la *Logique* de Jean Buridan par Jean Dorp, caractéristique des développements de la fin du Moyen Age et clairement nominaliste. Lorsqu'on parle d'un homme peint, dit Dorp, le concept «homme» suppose pour l'homme peint, connotant une disposition de la figure et un contour *(dispositio figuralis et protractio linealis)* qui conviennent aussi aux hommes véritables. En ce sens, il signifie à la fois les hommes peints et les hommes véritables de manière univoque[53]. Mais, dans la mesure où le sens premier du terme *homo* est de signifier les hommes véritables et où il ne signifie les hommes peints que par un sens dérivé, il y a toutefois équivoque. La ressemblance de la figure est reconnue par Dorp comme l'origine de la désignation équivoque, laquelle est même univoque lorsqu'elle ne connote que cette ressemblance. La distinction est clairement faite entre l'image et les signes arbitraires, à partir de l'expérience qu'un enfant est capable de dire «Voici un homme» devant une peinture, du fait de la ressemblance entre les hommes véritables et les hommes peints, même si on ne lui a pas appris à désigner comme «hommes» les hommes peints[54].

---

[52] On pense en particulier à: U. Eco, *La structure absente. Introduction à la recherche sémiotique*, trad. fr., Paris, 1972, p. 171 et ss (1ère éd. italienne 1968); N. Goodman, *Langages de l'art. Une approche de la théorie des symboles*, trad. fr., Nîmes, 1990 (1ère éd. anglaise 1968). Nous avons critiqué cette attitude dans: «La place de l'image dans le système des signes», *Cahiers Ferdinand de Saussure*, t. 50 (1997), p. 173-198.

[53] Jean Buridan, *Compendium totius logicae,* Venise, 1499 (reprint Francfort/M., 1965), fol. g3v.

[54] *Id.*, fol. h5v.

Plutôt que de nier la ressemblance de l'image, les théologiens pensent vraisemblablement qu'elle n'est pas un argument. En effet, la ressemblance de l'image peut provoquer l'illusion, comme dans l'exemple donné par Guillaume d'Ockham où le modèle possède un sosie. Or l'illusion est devenue un thème récurrent dans la scolastique à partir de la fin du XIIIe siècle, indistinctement épistémologique et religieux : elle met en effet en cause la validité du savoir, mais aussi celle du comportement religieux. Le diable se déguise en ange de lumière ou, plus banalement, si je prends pour une hostie consacrée une hostie qui ne l'est pas, j'idolâtre le pain au lieu d'adorer le corps du Christ.

Il est possible que Durand de Saint-Pourçain ait eu des motivations strictement religieuses en s'en prenant à l'image du Christ, mais cela est d'autant moins sûr que sa doctrine, loin de prétendre abolir le culte des images, se contente de l'interpréter comme on le faisait avant saint Thomas, c'est-à-dire comme un culte de la personne face à son image. En revanche, on retrouve la même hostilité face aux images dans sa théorie de la connaissance, mais il s'agit cette fois des images mentales, plus exactement des espèces intelligibles (*species intelligibiles*)[55]. Bien avant Descartes, il rejette farouchement l'idée que nous connaissions à travers des doublets du réel qui hanteraient notre intellect et une conception de la vérité comme adéquation de ces doublets au réel. Il pense que les *species* ont été d'abord introduites pour expliquer la perception visuelle, faisant sans doute allusion aux théories de Roger Bacon[56]. Mais déjà à cet effet, il s'agit selon lui d'un présupposé absurde, car la perception porte sur les choses et non pas sur une image des choses qui en serait distincte. De plus, si l'esprit connaissait par des *species* émises par les objets, il n'y aurait de connaissance que du sensible, de l'accidentel et du singulier : nous ne connaîtrions rien des substances et des universaux. Comme l'avait com-

---

[55] Durand de Saint-Pourçain, *In Sententias*, l. 2, dist. 6, q. 6 et s.
[56] Dont K. H. Tachau a montré l'influence dans : *Vision and Certitude in the Age of Ockham. Optics, Epistemology and the Foundations of Semantics, 1250-1345*, Leiden 1988. Cf. aussi : L. Spruit, *Species intelligibilis. From Perception to Knowledge*, Leyde, 1994.

pris Gilson, l'intellect se confond pour Durand avec l'acte d'intelliger et ne contient pas de formes auxquelles comparer les choses[57]. La vérité n'est plus pensée chez lui comme *adaequatio rei et intellectu*, mais plutôt comme un acte d'intellection réussi. Elle n'a plus rien à voir avec la relation entre l'image et le modèle.

Ainsi donc, de Boèce à Durand de Saint-Pourçain, il apparaît que la mystérieuse identité entre l'image et le modèle ne relève pas d'une quelconque mentalité primitive, mais qu'elle est au cœur des débats les plus complexes sur la nature de la connaissance. Le problème est de savoir si la connaissance est constituée ou non d'images capables de se substituer aux choses qu'elles représentent, à la manière des images de pierre ou de bois. S'agit-il pour autant de conceptions épistémologiques simplistes?

Dans le *De Trinitate* de Boèce, les universaux sont assimilés à des substances spirituelles de nature divine et caractérisés par la fonction de la copule logique qui réunit un universel en position de sujet à un universel en position de prédicat, comme dans *homo est animal*. Il s'agit d'une inclusion, éventuellement d'une relation d'identité, comme dans *homo est homo*, alors que les substances matérielles ne peuvent remplir leurs prédicats universels, parce que leur identité est numérique: on ne peut pas dire de cet homme qu'il est juste au sens où la justice est juste, parce qu'un autre homme est juste aussi, alors que la justice se confond avec ce qui est juste. Boèce présente en fait ce que nous appelons aujourd'hui une théorie des types. Le calcul des ensembles, qui se fonde sur une telle théorie, distingue en effet l'inclusion d'un ensemble dans un autre ($a \subset b$) de l'appartenance d'un élément à une classe ($x \in a$). Les éléments sont communément interprétés comme des objets réels, les ensembles ou classes comme des entités abstraites dont le statut ontologique n'est pas plus évident que celui des universaux médiévaux. On ne peut mettre sur le même plan le *De Trinitate* et une théorie axiomatisée, mais il apparaît comme une interprétation pos-

---

[57] E. Gilson, *La philosophie au Moyen Age*, rééd. Paris, 1976, vol. 2, p. 626.

sible de cette théorie. C'est entre autres parce que les notions d'ensemble ou de classe sur lesquelles reposent des théories comme celles de Bertrand Russell ne sont pas ontologiquement neutres que le logicien polonais Stanislas Leśniewski a construit un système radicalement différent qui leur fait toujours concurrence aujourd'hui, sans être parvenu à les évincer[58].

On montrerait assez facilement que la position favorable aux images de saint Thomas est cohérente avec son épistémologie qui fonctionne à l'aide de *species*, alors que le rejet de l'*adaequatio rei et intellectus* par Durand conditionne certainement sa méfiance envers les images. Mais il serait naïf de considérer sans autre le rejet de l'*adaequatio* comme un progrès épistémologique. Les discussions des scolastiques sur le langage mental, sur la manière dont il est articulé, sur le fait qu'il constitue ou non des images du réel, présentent tout autre chose qu'une analogie trompeuse avec les discussions actuelles sur le même sujet, car le problème central est resté entier[59]. Si l'on en croit un linguiste comme Jerry Fodor, «ce dont nous avons besoin maintenant, c'est d'une théorie sémantique des représentations mentales; une théorie de la façon dont les représentations mentales représentent»[60].

4. LA PRAGMATIQUE SACRAMENTELLE

Il n'en reste pas moins que les images, tout comme les mots, ne servent pas qu'à représenter. Tout un courant de la sémiologie contemporaine, la pragmatique, envisage les signes comme des actes dont la représentation n'est qu'une

---

[58] Les ouvrages cités de D. P. Henry analysent la logique médiévale à l'aide du système de Leśniewski et constituent une excellente introduction à ce système. Voir aussi: D. Miéville, *Un développement des systèmes logiques de Stanislaw Leśniewski*, Berne, Francfort/M., New York, 1984.

[59] Ce que démontre avec soin C. Pannacio dans: *Le discours intérieur de Platon à Guillaume d'Ockham*, Paris, 1999, en particulier dans sa conclusion, p. 305 et ss.

[60] J. Fodor, *Representations*, Brighton, 1981, p. 31, cite d'après Panaccio, *op. cit.*, p. 314.

des finalités possibles. C'est un philosophe analytique anglais, John L. Austin, qui a fondé la pragmatique, l'étude des actes de langage et particulièrement de ceux qui ne servent pas à représenter le monde, en mettant en évidence l'existence d'énoncés autoréférentiels et auto-vérifiants[61]. Ce domaine de recherche s'est redéployé à partir des années 1970[62] et, s'il ne s'est guère étendu aux autres systèmes de signes, comme les images, il n'est pas sans intérêt d'y rechercher quelques suggestions qui concernent notre propos.

Il existe des énoncés dont la forme propositionnelle est normale, mais qui, loin de décrire une situation préexistante, produisent la situation qu'ils décrivent, ainsi: «Je te salue», «Je t'ordonne de partir» ou encore «La séance est ouverte». Dans de tels cas, ce n'est pas l'existence de l'état de chose qui garantit la vérité de l'énoncé, mais l'apparition de l'énoncé qui produit l'état de chose. L'énonciation possède ainsi une sorte de force qui se manifeste lorsque certaines conventions sont respectées et que certains conditions institutionnelles sont remplies. Dans notre système juridique par exemple, le «oui» du mariage n'est pas efficace si je suis déjà marié, si je suis un enfant ou encore, s'il est prononcé sans témoins. Il ne s'agit pas d'un «vrai» mariage.

De plus, il existe des signes performatifs qui ne sont pas des énoncés oraux, ou même qui ne sont pas des énoncés du tout. L'expression «Je te salue» n'a pas besoin d'être énoncée oralement pour être efficace. Elle peut aussi terminer une lettre ou encore, on peut lui substituer un signe de la main. La force performative n'est donc pas solidaire de l'élocution: elle peut se transmettre aux choses et recourir à des codes non verbaux. Un feu rouge règle la circulation aussi bien qu'un gendarme; un Christ de bois bénit le fidèle avec deux doigts de la main droite. Qu'il s'agisse du feu rouge ou du Christ, l'efficacité du signe dépend d'un contexte institution-

---

[61] J. L. Austin, *Quand dire c'est faire,* trad. fr., Paris, 1970 (éd. anglaise: *How to do Things with Words*, 1962).

[62] Voir en particulier l'excellent ouvrage de F. Recanati, *Les énoncés performatifs*, Paris, 1981. Sur l'application de la pragmatique à la sociologie religieuse, on consultera F. A. Isambert, *Rite et efficacité symbolique,* Paris, 1979.

nel, du respect de la règle du jeu. On s'en rend encore mieux compte en pensant au plus efficace de tous les signes, la monnaie qui dépend du «crédit».

Bien que les pragmaticiens n'y aient pas toujours porté attention, leurs analyses concernent au plus haut point le problème de la religion et celui de l'image. Les sacrements sont tous des signes auto-vérifiants à un certain niveau, ainsi le baptême, souvent pris en exemple par Recanati, mais aussi l'eucharistie, le mariage et tous les autres. On peut aussi remarquer, à la suite de E. Kantorowicz[63], que l'hostie, inventée à la fin de l'Antiquité, imite la forme moulée et effigiée de la pièce de monnaie. La manière dont l'image sainte exige la prosternation n'est pas essentiellement différente de celle dont le panneau STOP oblige l'automobiliste à s'arrêter.

Mais il est plus étonnant que les pragmaticiens aient réinventé une théorie du signe performatif qui existait bien avant eux: bon nombre de leurs propositions sont des lieux communs de la théologie sacramentelle[64]. Il suffit d'ouvrir le *Dictionnaire de théologie catholique* à l'article *Sacrements*[65] pour s'apercevoir qu'il n'y est question que des signes efficaces. A partir de Pierre Lombard, les sacrements se définissent comme des signes par lesquels sont causés les états de choses qu'ils représentent[66]. Déjà pour Hugues de Saint-Victor, ils représentent par similitude, mais signifient par l'institution[67]. Bien entendu, cette propriété leur vient d'une force, que les scolastiques appellent *virtus,* un concept que nous avons déjà rencontré sous la plume d'Adrien. L'acte performatif, réalisé par le sacrement, était assimilé à une

---

[63] E. Kantorowicz, *Laudes Regiae. A Study in Liturgical Acclamations and Medieval Ruler Worship*, Berkeley – Los Angeles, 1958, p. 8 et ss.

[64] Voir en particulier: I. Rosier, *La parole comme acte. Sur la grammaire et la sémantique au XIIIe siècle*, Paris, 1994.

[65] *Dictionnaire de théologie catholique,* éd. A. Vacant et E. Mangenot, Paris, 1903-1972, t. 14, 1, col. 485 et ss.

[66] *Id.,* col. 531.

[67] *Id.,* col. 529; Hugues de Saint-Victor, *De Sacramentis,* l. 1, pars. 9, c. 2 (*P. L.*, vol. 176, col. 317): *ex similitudine repraesentans, et ex institutione significans.*

création, car il fait exister quelque chose à partir de rien. Par l'ordination, on « crée » un évêque.

La transsubstantiation aussi est analogue à l'acte de créer, comme on s'en aperçoit en lisant l'exégèse des paroles sacramentelles : *Hoc est corpus meum,* par le théologien espagnol de la Contre-Réforme Jean Maldonat[68]. Si le Christ voulait dire, comme le pense Maldonat, que le pain était vraiment devenu son corps, cela n'était pas encore vrai au moment où il prononçait le mot *Hoc,* puisque la parole sacramentelle transformant le pain n'était pas encore entièrement prononcée. Mais Maldonat montre qu'il n'y a pas matière à objections, parce qu'on est dans le cas des énoncés performatifs, des *propositiones, quae practicae sunt et efficaces.* Recanati ne dit rien d'autre à propos de l'énoncé : « La séance est ouverte », qui serait faux au moment de l'énonciation, si on le considérait comme déclaratif[69]. Maldonat choisit une autre comparaison. Si, en créant Eve, Dieu avait dit de la côte d'Adam : *Haec est mulier,* il n'aurait pas voulu dire que la côte était une femme, mais qu'elle se transformait en femme.

A partir du moment où Pierre Lombard définissait comme sacrements les signes et les formules totalement efficaces, il fallait trouver un autre mot pour les signes et les formules dont l'efficacité est aléatoire, comme par exemple les bénédictions ecclésiastiques. Pour désigner ce domaine parasacramentel apparaît chez Pierre Lombard le terme de *sacramentalia* qui devient rapidement un substantif[70]. La distinction n'est pas plus ancienne, sans doute parce qu'on n'exigeait pas, auparavant, une efficacité absolue pour tous les sacrements. La force performative des sacramentaux peut dépendre de plusieurs facteurs :

– la « vertu » personnelle de l'exécutant peut entrer en jeu. Un saint, par exemple, peut être plus efficace qu'un autre

---

[68] J. Maldonat, *Commentarii in quatuor Evangelistas,* Mayence, 1862, t. 1, p. 388.

[69] Recanati, *op. cit.,* p. 165.

[70] *Dictionnaire de théologie catholique,* t. 14, 1, col. 465 et ss., article : *sacramentaux.*

contre telle maladie et sa prière vaut plus que celle d'un prêtre médiocre;

- s'il arrive qu'une bénédiction ecclésiastique sauve les récoltes ou le bétail, il arrive aussi qu'elle ne serve à rien[71]. De même, une malédiction n'entraîne pas nécessairement d'effets spectaculaires;
- l'efficacité des sacramentaux peut être psychologique, comme on dit aujourd'hui, ou «purement spirituelle» dans le langage de l'Eglise[72]. Le *Dictionnaire de théologie catholique* regrette qu'on tende parfois à ne leur accorder que des effets spirituels, c'est-à-dire qu'on les considère comme des *placebo*.

Il est entendu que les sacramentaux n'ont pas été institués par le Christ (même le lavement des pieds), mais par l'Eglise, et qu'ils sont utiles à cause de la faiblesse humaine[73]. Ils sont difficiles à définir, parce qu'ils comprennent des rites, des objets et des œuvres pies, lesquelles ont également une «vertu»[74]. A moins qu'on ne lui accorde une valeur sacramentelle qui l'égalerait à l'eucharistie, l'image devrait appartenir aux sacramentaux, au même titre que l'eau bénite dont on asperge le bétail ou que les cloches qui chassent l'orage. Plusieurs traits caractéristiques la classent dans cette catégorie:

1. Elle est mise à la disposition des fidèles qui peuvent en user sans l'aide d'un prêtre.

2. Son culte est une œuvre pie, mais ne confère pas la grâce.

3. Elle peut être bénie par le prêtre, mais ce n'est pas obligatoire[75].

---

[71] *Id.*, col. 477.
[72] *Id.*, col. 466 et 472.
[73] *Id.*, col. 465.
[74] *Id.*, col. 470.
[75] Guillaume Durand, *Pontifical,* éd. M. Andrieu, Rome, 1940 (*Le Pontifical romain au moyen âge*, t. 3), p. 527.

4. On hésite sur le respect qui lui est dû, lorsqu'elle a cessé de fonctionner. A la suite des Carolingiens, Adrien VI accepte la destruction des vieilles images[76]. Mais le *Livre des métiers* d'Etienne Boileau recommande de ne pas brûler les images défectueuses[77].

Et cependant, bien que l'Eglise se serve des images comme de sacramentaux, en associant toutes sortes de bienfaits matériels et spirituels à leur culte, elles ne comptent pas parmi les sacramentaux. La même chose peut être dite des reliques dont la situation est symétrique de celle des images, puisqu'elles signifient les saints dont elles sont la matière, alors que les images signifient les saints dont elles ont la forme. En l'occurrence, les autorités ecclésiastiques maltraitent les reliques jusqu'au XIIIe siècle pour châtier le saint lorsqu'il ne donne pas satisfaction, comme l'a montré P. Geary dans un remarquable article[78]. Les images se sont progressivement substituées aux reliques dans ces usages, de sorte que le concile de Lyon doit condamner, en 1274, la pratique ecclésiastique qui consiste à jeter à terre, puis à couvrir d'orties et de ronces les images ou statues de la croix, de la Vierge et des saints pour aggraver la suspension du culte[79]. En revanche, la *Légende dorée* de Jacques de Voragine incite à plusieurs reprises les personnes privées à maltraiter les images[80], mais ces pratiques n'ont jamais été théorisées. On comprend facilement pourquoi, après avoir vu combien l'image était ambiguë du point de vue sémantique: contrairement aux cloches ou à l'eau bénite, elle ne peut être absolument distinguée de la

---

[76] *Opus Caroli regis,* I, 2, p. 119; Reusens, *loc. cit.*

[77] Etienne Boileau, *Réglemens sur les arts et métiers de Paris...*, éd. G.-B. Depping, Paris, 1837 p. 158-159 (Collection de documents inédits sur l'histoire de France, vol. 54).

[78] P. Geary, «L'humiliation des saints», in: *Annales E.S.C.*, t. 34 (1979), p. 27-42.

[79] Ch. J. Héfélé, *Histoire des conciles*, Paris, 1907-1938, t. 6, 1, p. 195 et s.

[80] Jacques de Voragine, *La légende dorée,* trad. J.-B. Roze, rééd. Paris, 1967, vol. 2, p. 179 et vol. 1, p. 52; cf. aussi Trexler, «Florentine Religious Experience».

divinité, de sorte que, si l'Eglise avait théorisé la manipulation des saintes images, elle aurait théorisé la manipulation indirecte de Dieu, l'envoûtement de Dieu en quelque sorte. Jacques de Voragine raconte avec approbation l'histoire d'une femme dont l'enfant était retenu captif, qui enleva le sien à la statue de la Vierge pour le prendre en otage et qui obtint par ce chantage l'intervention de Marie en sa faveur. Il raconte aussi la légende du juif qui récupéra ses richesses après avoir copieusement rossé l'image de saint Nicolas et se convertit à la suite de ce miracle. A défaut d'une théorie, on disposait donc d'un mode d'emploi.

A ce point de la démonstration, on peut s'étonner que nous assimilions l'action à distance sur la divinité à des signes performatifs qui appartiennent pour nous à la vie courante et dont l'efficacité se vérifie facilement. Il y a évidemment lieu de distinguer plusieurs efficacités possibles du signe, en tout cas une efficacité absolue ou aléatoire et une efficacité constatable ou non. Les actes créateurs de Dieu seraient d'une efficacité absolue s'ils étaient constatables. Le sacrement a une efficacité absolue et constatable, ainsi pour le baptême celle de transformer l'enfant en chrétien, de lui donner un nom et de l'enregistrer, et une efficacité absolue non constatable, celle de conférer la grâce divine. Enfin l'efficacité des sacramentaux n'est pas absolue et seuls leurs effets «spirituels» sont parfaitement constatables.

Mais on poussera l'analyse aussi loin qu'on voudra, il restera quelque chose de mystérieux dans l'efficacité réelle de certains signes, même s'il s'agit d'expériences quotidiennes. A une époque où l'Eglise dominait l'institution, c'était bien par l'efficacité des signes qu'elle régnait et, devant l'efficacité réelle de certains signes, il pouvait sembler naturel de lui donner quelque «crédit», là où cette efficacité était moins évidente. Une analyse du système monétaire actuel, par exemple, montrerait que nous ne sommes pas moins confiants. Dans chaque cas, le signe vaut pour la chose à la manière dont une proposition se donne pour équivalente à l'état de choses. L'adorateur d'images sait bien que le saint est en bois, le spéculateur sait bien que telle monnaie est surévaluée, mais ils agissent comme s'il n'en était rien, confiants dans la vérité pragmatique du signe.

En cherchant à définir les énoncés performatifs, Austin montre progressivement que la distinction avec les énoncés qu'il appelle «constatifs», ceux qui prétendent représenter un état de chose, n'est pas facile à faire. Ils ont souvent la même forme grammaticale et les performatifs possèdent aussi, à leur manière, une valeur de vérité. Il remarque cependant que la vérité de l'énonciation dépend de la réalité de l'état de chose dans le cas des constatifs, tandis que la réalité de l'état de chose dépend du «bonheur» de l'énonciation dans le cas des performatifs[81]. En d'autres termes, le rapport entre la vérité de l'énoncé et la réalité de l'état de choses dans la représentation et le rapport entre la réalité de l'état de choses et la vérité de l'énoncé dans l'énonciation performative sont tous deux analogues à des implications. La vérité de l'énoncé implique la réalité de l'état de choses dans la représentation, tandis que la réalité de l'état de chose implique la vérité de l'énoncé dans l'énonciation performative. Si l'énoncé «il pleut» est vrai, alors il pleut; si la séance est ouverte, alors l'énoncé «la séance est ouverte» était et reste vrai.

Comme il le précise ensuite, Austin conçoit bien ici l'implication à la manière du calcul des propositions: il s'agit d'une relation entre deux énoncés telle que la fausseté de l'antécédent soit compatible avec la vérité du conséquent. Il met d'ailleurs ensuite en cause la distinction entre vérité des constatifs et «bonheur» des performatifs: dans les deux cas, il s'agit bien de la réalité d'un état de choses.

On peut en déduire deux propositions à première vue paradoxales:

1. L'énoncé peut être faux lorsque l'état de choses qu'il représente est réel.

2. L'état de choses peut ne pas se réaliser lorsque l'énoncé performatif est vrai.

Austin n'affirme pas cela de manière aussi nette, mais les exemples qu'il donne semblent bien montrer qu'il s'agit du

---

[81] Austin, *op. cit.,* p. 75.

fond de sa pensée. Selon lui, les constatifs dépendent comme les performatifs d'une forme de « bonheur » ou de « réussite » de l'énonciation, liée à son contexte. Il prend l'exemple des lapsus, celui des affirmations gratuites, ainsi les prédictions sur des futurs totalement contingents[82], mais aussi les affirmations qui dépendent d'un critère de pertinence[83]. C'est ainsi qu'affirmer la France hexagonale n'a de sens que si l'on s'entend sur un niveau d'approximation, ou que l'énoncé « toutes les oies des neiges émigrent au Labrador » n'est vrai que si l'on fait abstraction de la possibilité qu'une oie blessée n'atteigne pas le terme du voyage.

La formulation de la vérité en termes d'équivalence, c'est-à-dire de double implication entre ce qui est affirmé et l'état de chose, pourrait donc être réservée aux vérités analytiques et, plus généralement, à tout ce qui est rendu nécessairement vrai par le fonctionnement de l'institution, comme par exemple le fait qu'un enfant soit baptisé lorsque le rite requis a été correctement effectué et que l'institution en reconnaît la validité. En revanche, le fait que le baptême confère la grâce divine à l'enfant reste aléatoire dans les mêmes conditions : cela dépend entre autres de l'existence de Dieu et de sa bonne volonté.

Une telle conception de la vérité des énonciations et, plus généralement, de toutes sortes de signes, ne répugne pas à l'interprétation intuitive. La véritable difficulté est d'admettre qu'une proposition puisse être fausse lorsqu'elle décrit réellement l'état de choses. Or cela nous paraît évident. Imaginons par exemple qu'un homme du Moyen Age ait dit par erreur : « La terre tourne autour du soleil », alors qu'il voulait dire : « le soleil tourne autour de la terre ». Y aurait-il un sens à considérer son affirmation comme vraie et à voir en lui un génial précurseur de Galilée ? De fait, c'est la conception de la vérité comme adéquation d'un énoncé à un état de choses, indépendamment du contexte, qui mène à des paradoxes intenables. Dans cette conception, il suffirait de se contredire constamment pour dire la vérité une fois sur deux, à son insu.

---

[82] *Id.*, p. 142 et s.
[83] *Id.*, p. 146 et s.

A partir d'une réflexion comme celle d'Austin, la pragmatique mène assez rapidement à des problèmes ontologiques que les auteurs scolastiques n'ignoraient pas et qu'ils ont parfois traités également en termes de contexte et de pertinence de l'énonciation, comme l'a montré Irène Rosier[84]. Mais elle ne nous éloigne pas du problème de l'image. L'image n'est l'équivalent de la chose, la proposition ne reflète l'état des choses, que dans un système institutionnel qui leur donne cette valeur, c'est-à-dire dans un contexte qui s'apparente à celui de la tautologie.

Par un consensus et éventuellement par la contrainte, l'institution rend la vérité de certains signes quasi tautologiques. Dans le cas de l'Eglise, les sacrements correctement administrés possèdent cette efficacité et agissent par leur vertu propre, *ex opere operato,* depuis le XIIe siècle. Il est en effet quasi tautologique que l'enfant baptisé « Paul » s'appelle « Paul », qu'un couple uni par le sacrement du mariage soit marié, que celui qui a reçu les ordres soit un clerc. Lorsque, comme dans le cas de l'eucharistie, de la confirmation ou de l'extrême-onction, l'action du sacrement est essentiellement surnaturelle, la quasi-tautologie n'est pas vérifiable. Mais ces derniers sacrements, ainsi que la pénitence, ont un aspect matériel vérifiable, lourd de signification institutionnelle : qu'on pense au scandale de les refuser. Aussi, l'Eglise contrôle-t-elle entièrement l'administration des sacrements. Lorsque l'institution ne garantit pas le caractère quasi tautologique du signe, comme dans le cas des sacramentaux, la vérité du signe ne dépend pas de son efficacité, de la réalisation de l'état de choses. A titre d'exemple, la destruction des récoltes par l'orage ne met pas en cause la procession des rogations.

L'image s'apparente aux sacrements par sa signification institutionnelle et aux sacramentaux par son utilisation. Comme l'hostie, elle représente le Dieu, sinon sa Mère ou ses serviteurs défunts, les saints. Cela lui donne une nature quasi sacramentelle que certaines légendes illustrent bien : comme les hosties, les images peuvent saigner miraculeuse-

---

[84] Rosier, *op. cit.*, p. 157 et ss.

ment. Mais il y aurait trop d'inconvénients pour l'Eglise à donner aux images valeur de sacrement. Ce serait faire de l'iconoclasme révolutionnaire un attentat réussi contre le Dieu et de l'iconoclasme quotidien, celui du curé qui change les images pour mettre le décor de son église au goût du jour, une profanation peu supportable. De plus, les images saintes sont utilisées directement par les fidèles, dans l'église et hors d'elle, comme l'eau bénite par exemple. Il faut donc leur donner une efficacité moindre que celle des sacrements. La manipulation des images consiste à faire « comme si » l'image était le Dieu, mais il n'est pas licite d'affirmer que l'image est le Dieu ou que sa manipulation agit directement sur le Dieu. D'où la contradiction entre une pratique qui assimile l'image au Dieu (on la salue, on lui parle, on la baise, on l'habille et on la déshabille) et l'affirmation, clairement répétée à chaque occasion, que l'image n'est pas le Dieu, mais un signe. En d'autres termes, comme nous l'avons vu dans la partie précédente, la ressemblance propre à l'image invite à l'assimiler à ce qu'elle représente et lui donne donc une capacité de représentation supérieure à celle des autres catégories de signes. Cela entraîne des conséquences pragmatiques que l'Eglise est amenée à exploiter sans pouvoir les contrôler vraiment, d'où sa difficulté à clarifier le statut institutionnel de l'image.

5. UNE AVENTURE DU CURÉ DE KALENBERG

Il suffit de lire un chef-d'œuvre du comique médiéval, comme le *Pfaff von Kalenberg,* pour s'apercevoir qu'on était sensible aux contradictions entre la théorie et la pratique du culte des images[85]. Rédigé vers 1450 par un certain Philipp Frankfurter, ce récit rappelle *Till Eulenspiegel* par le genre d'aventures, mais le héros en est un curé farceur qui, lorsque son évêque interdit aux prêtres les gouvernantes de moins de quarante ans, se tire d'affaire en en prenant deux de vingt.

---

[85] Philipp Frankfurter, *Die Geschichte des Pfaffen vom Kalenberg,* éd. K. Schorbach, Halle, 1905 (Seltene Drucke in Nachbildungen, t. 5), fol. b 4r-v.

Attirée par son humour, la duchesse d'Autriche vint un jour rendre visite au curé de Kalenberg qui en fut très gêné, car il n'avait pas de bois pour chauffer la cure. Il disparut soudain dans la chapelle, où se trouvaient les statues en bois des douze apôtres, s'empara du premier et lui dit: «Viens avec moi! Ne tarde pas, car j'ai besoin de ton secours pour chauffer le poêle. Si tu ne veux pas venir, je te prendrai par le bras. Ton arrogance est vaine: tu dois brûler, car je n'ai plus de bois». Puis il prit le second par la barbe, lui disant: «Compagnon, tu es aussi du voyage». Il le plaça à côté du premier, puis s'adressa au troisième: «Que Dieu t'ait fait bossu ou paralytique, tu dois aussi m'accompagner!» Il les mit tous dans le fourneau, sauf un qu'il avait oublié et qui restait tout seul. Mais il l'attrapa aux cheveux et lui dit: «Tu dois t'étendre avec tes compagnons, même si tu t'es tu si longtemps.» Il le jeta si fort à terre que toute la pièce en trembla. Intriguée, la duchesse se mit à l'observer par le trou de la serrure et l'entendit parler à l'image: «Je dois aussi te brûler, afin de pouvoir te reconnaître. Tu m'as défié trop longtemps, mais rien ne sert de te cambrer. Courbe-toi, Petit-Jacques, le poêle t'attend. Même si tu étais pape ou évêque, il te faudrait chauffer la pièce.» Enfin, les voyant brûler si lamentablement, le curé se dit que la duchesse regrettera ce malheur et remplacera les statues par de nouvelles. Quant aux apôtres, brûlés dans l'exercice de leur mission, ils hériteront du royaume des cieux et n'auront pas à se plaindre.

La duchesse ne put se retenir plus longtemps: «Fi, espèce de bourreau! Où avez-vous appris à faire pareille folie, à brûler les saints de Dieu et à les massacrer si stupidement?» Il répondit: «Femme, comprends-moi bien! Les serviteurs aimés de Dieu sont avec lui au ciel, mais cela, c'étaient de pauvres *götzen* aveugles. J'ai eu en rêve une vision dans mon sommeil: 'Curé, apprends que par mon œuvre, la duchesse qui est si bonne, remplacera entièrement les vieilles images, de sorte qu'elle pourra attendre avec confiance le royaume éternel'. Aussi, femme, ne me fais pas punir. Ce que j'ai fait est fait. Et, si vous ne voulez pas achevez mon œuvre, je ne peux pas vous y forcer. Mais ce ne sera pas ma faute». La duchesse promit que tout serait accompli sans problèmes.

Cette histoire est une cruelle parodie du comportement religieux chrétien. En manipulant les images et en leur parlant, le curé agit de manière rituelle. Il demande le secours des saints pour chauffer la pièce, mais la prière a un caractère comminatoire choquant, tout comme l'attitude des Florentins envers la Vierge de l'Impruneta, analysée par Trexler[86]. Le rituel est auto-vérifiant, puisqu'il comprend la réalisation du miracle par des moyens naturels, tout en l'attribuant à l'efficacité surnaturelle du martyre. Surtout, le supplice des saints n'est pas l'œuvre des païens, mais du croyant lui-même. Que le prêtre organise cette étrange cérémonie évoque aussitôt un autre sacrifice, celui du Christ, qu'il accomplit quotidiennement pour donner aux fidèles une nourriture spirituelle.

Le tort de la duchesse est de ne pas comprendre le sens chrétien du rituel et de se scandaliser. Le curé parlant aux images, elle croit qu'il faut les considérer comme vivantes et qu'il persécute réellement les saints. On pourrait s'étonner qu'elle ne réagisse pas ainsi chaque fois qu'on lui offre le corps du Christ.

Sa naïveté permet au curé de lui faire une leçon de théologie : les images ne sont que des signes et se distinguent de leurs modèles qui sont aux cieux. C'est pourquoi on les brûle lorsqu'elles sont démodées. Nous retrouvons donc la doctrine de l'Eglise, telle que l'exprimait le futur Adrien VI. On notera que ce raisonnement serait hérétique, s'il s'agissait de l'eucharistie. Bien entendu, la théologie du curé contredit son comportement face aux images, puisqu'il leur parle. C'est peut-être ce qui l'amène à monter un rituel de type eucharistique pour sacrifier les saints et à légitimer son comportement à l'aide d'une vision surnaturelle. Le renouvellement des vieilles images, n'est-ce pas une forme de la résurrection promise aux martyrs ? Faute d'être aussi habile controversiste que le curé, la duchesse n'a plus qu'à payer la facture de la cérémonie organisée en son honneur et à se féliciter que le ciel lui ait évité un refroidissement.

---

[86] Trexler, «Florentine Religious Experience», en particulier p. 23.

L'histoire circulait abondamment avant et pendant la Réforme, dans des éditions destinées à un vaste public[87]. Son succès auprès des laïcs s'explique facilement, car ils supportaient toujours plus mal la logique – certes impeccable – qui les obligeait à encombrer les églises d'images coûteuses et à faire comme si elles étaient secourables. Mais il reste à savoir si l'on pouvait abolir le système des images, sans mettre à mal le mystère des sacrements et, par voie de conséquence, le mystère religieux ou même les conditions d'existence de quelque institution que ce soit. Lorsque l'iconoclasme, vers 1523, devint à peu près inévitable dans le sud-ouest allemand, aucun des grands réformateurs n'avait encore réfléchi au problème des images[88]. Il fallut donc amputer la religion de ses images en essayant de limiter l'hémorragie. Ce ne fut pas facile.

6. UNE RELIGION SANS IMAGES?

Il n'y a pas lieu de refaire ici l'étude de l'iconoclasme réformateur, mais de vérifier si l'étude de cette crise confirme le rapport entre images et sacrements que nous croyons avoir décelé. Autrement dit, est-ce que la liquidation des images saintes exige une adaptation corrélative de la théorie des sacrements? Est-ce qu'elle entraîne des modifications du système religieux?

Les recherches que nous avons menées par ailleurs sur l'iconoclasme[89] nous permettent d'avancer trois points:

1. L'iconoclasme réformateur est la dernière étape d'une réaction contre le luxe ecclésiastique. Il interdit de se servir désormais de l'église comme du lieu où s'affiche la prodigalité des groupes et des individus, sous la forme de donations. Il abolit les images séduisantes par la richesse,

---

[87] Frankfurter, *op. cit.*, p. 4 et ss.; Schorbach a recensé 18 éditions.
[88] Wirth, *Luther*, p. 73.
[89] *Ibid.*; «La réforme luthérienne et l'art», in: *Luther: mythe et réalité*, Bruxelles, 1984 (*Problèmes d'histoire du christianisme*, t. 14), p. 27-45; *Luther. Etude d'histoire religieuse*, Genève, 1981.

par la mode et par le sujet (en particulier les jeunes saintes aguichantes), ainsi que l'ostentation du nom, des armes ou du portrait des donateurs qui finançaient les cultes privés. Il s'agit de remplacer un système religieux coûteux par un système religieux bon marché et de désacraliser la compétition somptuaire, en la reportant sur la demeure privée et sur les bâtiments publics profanes, tels que l'hôtel de ville.

2. La théorisation de l'iconoclasme, sa mise en relation avec une religion du Verbe, se fait après coup, comme sa prise en main par les pouvoirs publics. C'est en 1525 que les grands réformateurs, Luther, Zwingli ou Œcolampade par exemple, prennent clairement position. Ils y sont contraints parce que les pressions pour modifier la liturgie débordent largement le problème des images : elles mettent en cause l'habilitation à prêcher et à distribuer les sacrements, parfois les sacrements eux-mêmes.

3. Lorsque personne ne la conteste, la destruction des objets cultuels est un acte banal qui n'exige aucune hostilité contre eux. Cela est vrai pour la destruction par l'Eglise de ses propres images, lorsqu'elle désire les remplacer par de nouvelles, mais aussi pour l'iconoclasme réformateur, lorsqu'il repose sur un consensus. En revanche, lorsque l'iconoclasme doit démontrer sa légitimité, parce qu'il ne fait pas l'unanimité, il se caractérise par une attitude manifestement insultante envers les images, avant et pendant la Réforme. De la même manière, les hosties consacrées peuvent être ostensiblement piétinées, au lieu de disparaître discrètement. L'iconoclaste ne devient méchant que s'il se sent contesté.

Selon le cas, l'iconoclaste peut donc considérer l'image ou le sacrement (c'est-à-dire le signe) comme n'étant pas le Dieu, ou encore détruire le Dieu présent dans l'image et le sacrement. Il peut encore jouer sur les deux registres, comme le curé de Kalenberg. En réalité, il est très difficile de savoir ce qu'il fait réellement. Un incident iconoclaste eut lieu dès 1520 dans une auberge d'Utznach, près de Zurich, où un dénommé Uli Kennelbach transperça de sa dague une crucifixion peinte, avec la Vierge et saint Jean, en prononçant ces paroles : *die götzen nützen nüt da und si möchtind nüt gehelfen* («Les bons Dieux ne servent à rien et ne sont d'aucun secours»)[90]. Il fut décapité, mais il est impossible de dire ce qu'il entendait par *götzen,* les images du Dieu ou le Dieu lui-même. Lorsque les luthériens, exacerbés par la réaction catholique, détruisirent les images le 2 avril 1534 à Ulm, l'un d'eux déféqua sur le crucifix[91]. Il est impossible de dire s'il en voulait à l'image ou à celui qu'elle représente.

En revanche, la théologie des réformateurs fait la distinction, puisqu'elle impose de croire en Dieu, tout en interdisant d'adorer son image. Aussi repose-t-elle sur un axiome très simple qu'elle emprunte à la théologie catholique de l'image, mais généralise aux sacrements : le signe n'est pas la chose. Cet axiome a été perçu et réfuté par Maldonat : «ils estiment en effet, dit-il, que la présence de la chose signifiée répugne au signe», alors que l'arche d'alliance, la colombe du Saint-Esprit ou les langues de feu de la Pentecôte sont à la fois signes et présence divine[92]. La position de Luther est apparemment si différente de celle des sacramentaires (qu'il s'agisse de Zwingli ou de Calvin), qu'on risque de négliger l'entente des réformés sur l'opposition du signe et de la chose. Leur désaccord sur l'interprétation de l'eucharistie part en fait d'une prémisse commune : comme le signe n'est pas la chose, on peut considérer soit que l'eucharistie n'est pas un signe, ce que fait Luther, soit qu'elle n'est pas la chose, ce que font les sacramentaires. Cela amène Luther à considérer la substance du sacrement comme à la fois pain et corps du Christ, et les sacramentaires à la considérer comme du pain seulement, en rejetant la présence divine hors du signe.

Chacune des deux positions contient une contradiction flagrante. Luther renie le principe de non-contradiction en

---

[90] E. Egli, *Aktensammlung zur Geschichte der Zürcher Reformation in den Jahren 1519-1533,* Zurich, 1879, n° 126, p. 24.

[91] F. L. Baumann, *Quellen zur Geschichte des Bauernkriegs in Oberschwaben,* Stuttgart, 1879 (Bibliothek des literarischen Vereins in Stuttgart, t. 129), p. 195 et s.

[92] Maldonat, *op. cit.*, p. 401.

acceptant qu'une chose puisse avoir deux substances à la fois. Les sacramentaires, comme le note avec amusement Maldonat, ne savent plus comment expliquer 1 Cor. 11, 27: *reus erit corporis et sanguinis Domini.* En quoi le manque de respect envers le sacrement pourrait-il être coupable[93]? Dans la mesure où le sacrement aussi n'est qu'un signe, ils sont en porte-à-faux avec leur attitude envers les images qu'ils détruisent: «Les calvinistes ont l'habitude de dire que [ceux qui en usent indignement] sont coupables envers le corps et le sang du Seigneur, parce que, même s'ils ne le consomment pas vraiment, ils consomment la figure et lui font injure, ou encore traitent honteusement et irrévérencieusement le corps et le sang même du Christ au moyen de leur figure. Nous [les catholiques] pourrions peut-être parler ainsi, mais pas eux qui pensent qu'aucune révérence n'est due aux sacrements et se moquent de nous, lorsque nous disons que le même honneur est dû aux images et aux choses qu'elles signifient».

Il n'a pas échappé à Maldonat que les calvinistes, en détruisant les images, reportaient mot pour mot sur le sacrement la doctrine catholique de l'image. Voyons en effet comment Calvin, dans l'*Institution chrétienne,* conçoit le chapitre obligé sur les sacrements en général[94].

La Parole de Dieu se suffisant à elle-même, un sacrement n'est qu'*un signe extérieur, par lequel Dieu séelle en noz consciences les promesses de sa bonne volonté envers nous, pour conferrer l'imbecillité de nostre foy.* Comme les images ou les sacramentaux pour les catholiques, les sacrements sont pour Calvin des concessions à la faiblesse humaine. Il reprend donc la doctrine de l'anagogie, mise en place à la fin du Ve siècle par Denys l'Aréopagite pour justifier les cérémonies de l'Eglise et utilisée ensuite par les Byzantins, puis à partir du XIIe siècle par les Occidentaux, pour justifier le culte des images[95]. Selon cette doctrine, c'est

---

[93] *Id.*, p. 393.
[94] Calvin, *Institution de la religion chrestienne,* IV, 14, 1-5; éd. J.-D. Benoît, Paris, 1957-1963, t. 4, p. 289 et ss.
[95] Cf. E. de Bruyne, *Etudes d'esthétique médiévale,* Bruges, 1946, vol. 1, p. 339 et ss.; E. Panofsky, «L'abbé Suger de Saint-Denis», in: *Architecture gothique et pensée scolastique,* trad. fr., Paris, 1967, p. 33 et ss.

à travers des figures matérielles que nous pouvons concevoir les choses spirituelles : *Et d'autant que nous sommes tant ignorans,* dit Calvin, *et tant adonnez et fichez aux choses terriennes et charnelles, que ne pensons ny ne pouvons comprendre ne concevoir rien qui soit spirituel : ainsi le Seigneur miséricordieux s'accommode en cecy à la rudesse de nostre sens, que mesme par ces élémens terrestres il nous mène à soy, et nous fait contempler mesme en la chair comme en un miroir ses dons spirituels.* L'Eglise enseigne que les images, malgré cette fonction anagogique, n'ont aucune vertu propre, qu'elles ne sont que des signes, ce que Calvin reporte encore sur les sacrements qui n'ont pas *de leur nature telle qualité et vertu.*

Face aux arguments des Byzantins en faveur de l'image, les Carolingiens faisaient remarquer qu'elle ne nous apprend rien, que seule l'Ecriture enseigne la foi : «C'est dans les livres, non dans les images, que nous apprenons l'érudition de la doctrine spirituelle.»[96] En commentant le second commandement, Calvin ne dit pas autre chose : *Mais encore nous respondrons que ceste n'est pas la maniere d'enseigner le peuple Chrestien au temple, lequel Dieu a voulu estre instruit en bien autre doctrine, que de ces fatras [...] Finalement je leur demande qui sont ceux qu'ilz appellent idiotz ; desquelz la rudesse ne peut estre enseignée que par images*[97]. Mais, lorsqu'il parle des sacrements, il croit bon de réfuter l'argument qu'on ne peut apprendre d'eux ce qu'on n'a pas appris de la Parole, en comparant le sacrement à un sceau, destiné à authentifier l'Ecriture. Puis il justifie les sacrements en les comparant à des images : *Or les Sacremens nous apportent promesses tresclaires, et ont cela particulier oultre la Parolle, qu'ils nous les représentent au vif comme en peincture.* Il expose alors la transition des formes, dans une formulation digne d'un iconodule byzantin : *Car l'homme fidèle en voyant le Sacrement, ne s'arreste point à l'extériorité, mais d'une saincte considération s'eslève à contempler les hauts mystères qui y sont cachez, selon la*

---

[96] *Opus Caroli regis,* II, 30, p. 304.
[97] Calvin, *op. cit.*, I, 11, 7, t. 1, p. 128.

convenance de la figure charnelle avec la chose spirituelle.
Plus loin, Calvin use encore d'une autre comparaison, celle de la monnaie[98], pour revenir enfin à celle de l'image. Les sacrements ont pour but *de envoyer et conduire à Jesus Christ, ou plustost, comme images, de le présenter et donner à cognoistre*[99].

La différence entre catholicisme et calvinisme dans l'attitude face aux images nous paraît donc plutôt pratique que théorique. D'une part, le calvinisme renonce au luxe du décor ecclésiastique pour lui substituer un cérémonial sobre et remplace le symbolisme extrêmement suggestif de l'image médiévale par l'abstraction des espèces sacramentelles. D'autre part, il repousse l'identité du signe et de la chose, c'est-à-dire des espèces et de la chair du Christ, dans le domaine spirituel, ce qui exclut l'adoration du pain et du vin réellement distribués aux fidèles, au profit d'une attitude simplement respectueuse.

Chez Luther, au contraire, la présence réelle est affirmée aussi fortement que chez les catholiques, mais le sacrement cesse alors d'être un signe. Cette théorie mène également Luther à une attitude contradictoire face à l'image, lorsque le Réformateur attaque les sacramentaires dans le traité *De la Cène du Christ* et cherche à réfuter l'argument d'Œcolampade, pour qui *Hoc est corpus meum* est un trope[100]. Selon Œcolampade, le langage commun présenterait de tels tropes, ainsi : « Ceci est saint Pierre, ceci est saint Paul, ceci est le pape Jules II, ceci est Néron, etc., énoncés dans lesquels les mots : Pierre, Paul, Jules II et Néron, sont utilisés pour des images. » L'argument vient d'ailleurs de la théologie catholique et nous l'avons rencontré sous la plume de Denis le Chartreux, mais il s'applique alors à l'image et non au sacrement. Luther le rejette en considérant que, dans toutes les langues, le petit mot « est » parle de l'être de la chose et non de sa signification. Il est intéressant de constater que le rejet de « est » au sens de « signifie » caractérise la logique nomi-

---

[98] *Id.*, IV, 14, 18, t. 4, p. 308.
[99] *Id.*, IV, 14, 20, t. 4, p. 310.
[100] Luther, *Werke* (édition de Weimar), t. 26, p. 379 et ss.

naliste dont Luther est l'héritier, tandis que ses adversaires sacramentaires sont plus près du réalisme thomiste[101].

L'argument qui suit est encore plus ockhamiste, en ce sens qu'il reconnaît la validité de l'usage grammatical aux dépens des acrobaties de logiciens, mais il mène à des conséquences radicales qu'aucun logicien scolastique ne semble avoir osé tirer. Si je prends une rose de bois ou d'argent, dit Luther, et que je demande: «Qu'est-ce que cela?» on répond: «C'est une rose». Si l'on objecte: «Ce n'est pas une rose, mais du bois», je réponds: «Pourtant c'est une rose; même si ce n'est pas une rose naturelle, poussée dans le jardin, cependant c'est aussi essentiellement (*wesentlich*) une rose à sa manière». Conformément au langage naturel, Luther assigne donc une essence commune à la rose qui pousse dans le jardin et à la rose artificielle, au lieu de considérer la première comme substantiellement et la seconde comme accidentellement une rose: on retrouve donc à peu de choses près le platonisme du *De Trinitate* de Boèce.

Dès lors que la rose de bois est une rose selon son être, elle ne peut plus signifier une rose, en vertu du principe, commun à Luther et à Calvin, que le signe diffère de la chose signifiée. Lorsqu'on dit: «C'est une rose», on ne veut pas dire, selon Luther, que c'est l'image (*bild*) ou la figure (*gleichnis*) d'une rose. Par conséquent, le Christ ne peut pas dire par les mêmes paroles «Ceci est mon corps» et «Ceci est la figure de mon corps».

De même, on ne peut dire à la fois que ceci est et que ceci signifie saint Paul, dans le cas de son image. «Ceci est saint Paul» exprime l'être de l'image, à savoir un saint Paul de bois, d'argent ou peint. Dans l'eucharistie, il s'agit donc nécessairement du corps du Christ, qu'il soit de bois, d'argent, ou de ce qu'on voudra. En somme, pour que «rose» soit un trope, il faudrait qu'il y ait deux roses, l'une servant de signe, l'autre signifiée, et donc qu'il y ait deux corps du Christ dont l'un serait en bois, en argent ou en pain!

Pour affirmer la présence du Christ dans l'hostie, sans confondre le signe et la chose, Luther tourne entièrement le

---

[101] Cf. plus haut, p. 256 et s.

dos à la conception aristotélicienne de la substance et de l'accident. Comme il maintient par ailleurs que le pain reste du pain et qu'il n'est pas transsubstantié par le prêtre, il défend la théorie de la consubstantiation : le pain est en même temps pain et corps du Christ, ce qui démolit, outre la distinction entre substance et accident, le principe d'identité. Le problème est alors de savoir si cette logique-là ne vaut que pour l'eucharistie ou si elle s'étend au monde profane. Dans ce texte, Luther assimile l'essence de l'image à celle du modèle. Mais il dit ailleurs exactement le contraire : « Il manque aux images qu'elles n'ont pas et qu'elles ne sont pas l'être (*wesen*) ou la nature même de ce qui est représenté, mais une autre nature ou un autre être. »[102] Certes, le texte sur la Cène reconnaît une différence de nature entre l'image et le modèle, mais il leur donne le même être en affirmant une identité essentielle (*wesentlich*) qui exclut que l'une puisse signifier l'autre. Il y a en quelque sorte deux logiques chez Luther qui se sert soudain d'une logique sacrée où deux choses peuvent n'en former qu'une seule. On retrouve cette seconde logique à l'œuvre dans les discussions sur la justification où il confère une double nature au croyant, à la fois juste et pécheur[103]. Melanchthon essaie en vain de le convaincre que « juste » et » pécheur » doivent être pris comme des accidents inhérents à une même substance et non pas comme deux substances présentes dans le même individu.

Si l'on compare maintenant l'attitude de Luther à celle de Calvin, on s'aperçoit qu'elles sont toutes deux aussi éloignées du catholicisme, mais celle de Calvin reste compatible avec le système logique antérieur, tandis que celle de Luther le fait voler en éclats. Chez Calvin, la contradiction se situe au niveau des actes rituels, le fidèle affirmant et niant à la fois la substance du rite, à la manière de l'adorateur d'images qui fait « comme si » les images étaient des dieux, tout en affirmant que ce ne sont que des signes. Chez Luther, la contradiction ne concerne pas le rituel, puisque le respect affiché

---

[102] Luther, *op. cit.*, t. 50, p. 276 et ss.
[103] Luther, *Tischreden*, t. 6, n° 6727, p. 148-153.

envers le sacrement répond à l'affirmation de la présence réelle, mais l'essence des choses. D'une manière certes non systématique, Luther commence à penser la contradiction comme un processus à l'œuvre dans les choses, ouvrant ainsi la voie à une évolution intellectuelle qui ne s'est produite ni chez les catholiques, ni chez les calvinistes, à la naissance de la dialectique moderne[104].

7. CONCLUSION: L'IMAGE DANS LE SYSTÈME RELIGIEUX

Nous sommes partis de la fin du Moyen Age pour étudier l'équivoque qui affecte l'image dans le système religieux chrétien. Il était sans doute possible d'obtenir des résultats semblables en étudiant une époque différente et même, si l'on prend le mot «religieux» dans un sens large qui inclut le respect des institutions ou le culte de la personnalité, en étudiant notre propre civilisation. Néanmoins, la fin du Moyen Age présentait, outre l'avantage de nous être mieux connue, une situation artistique exceptionnelle qui renforçait l'équivoque entre les images et les choses représentées, de sorte que la réflexion sur le problème prit une acuité qu'on chercherait en vain au XXe siècle. Il est en effet probable que la stupéfiante qualité des œuvres d'art ait stimulé la réflexion des logiciens de l'époque. Guillaume d'Ockham, par exemple, en vint à se demander si l'image représente un individu particulier, contrairement à l'empreinte ou à la trace (*vestigium*) qui signale le passage d'un âne ou d'un bœuf sans qu'on puisse savoir lequel. Il conclut que non, parce qu'une image représente toujours, en même temps, un autre individu très semblable, s'il en existe un[105]. Cette réflexion aurait été impensable, si Guillaume n'avait vécu l'un des tournants essentiels de l'histoire de l'art, la naissance du portrait, et n'avait essayé de le comprendre.

---

[104] Wirth, *Luther,* p. 88.
[105] Guillaume d'Ockham, *In librum primum Sententiarum,* l. 1, dist. 3, q. 9, p. 346.

Dans le langage ordinaire, l'équivoque sur l'image se traduit par l'emploi de mots comme *götze,* signifiant à la fois l'image et la chose représentée, pour désigner l'objet de l'adoration. Il est apparu de manière évidente que cet usage troublant ne caractérisait ni un niveau inférieur de culture dans la civilisation de l'époque, ni une «mentalité» dont nous nous serions dégagés, ce qui nous a conduit à interroger la sémantique médiévale de l'image. Nous avons pu montrer que les penseurs médiévaux essayaient tout à la fois de maintenir entre l'image et son modèle les distinctions nécessaires et de rendre compte du fait psychologique de leur identification. Il est apparu que le problème de l'image mentale et, par conséquent, celui de la vérité comme adéquation des signes et des choses, déterminait leur conception du fonctionnement des images. De là, nous nous sommes aperçu que le système religieux s'y entendait à merveille, pour produire cette adéquation et même pour en théoriser la production.

Si, à la suite d'Austin, on considère que la réalité de l'état de chose implique la vérité de l'énoncé qui le représente et que la réussite de l'énoncé performatif implique la réalisation de l'état de chose correspondant, la vérité comme adéquation prend la forme d'une double implication, qu'il s'agisse des tautologies ou de ce que nous avons appelé la quasi-tautologie, un rapport entre les signes et les états de choses où la représentation s'accompagne d'une manipulation destinée à les mettre en adéquation. Si je dis: «le vase est cassé» en cassant le vase, je produis cette adéquation. Une institution produit des signes auto-vérifiants, par exemple, en rendant une monnaie obligatoire.

A partir de là, il était possible de reprendre la théorie médiévale des signes religieux et de montrer que leur caractère plus ou moins auto-vérifiant dépendait de la valeur très inégale que leur donnait l'institution. Le cas des images apparaissait proche de celui des sacramentaux, à demi cautionnés par l'Eglise et dotés d'une efficacité incertaine, à l'opposé des sacrements. L'Eglise demande de se servir des images comme si leur efficacité était réelle, mais en affirmant qu'elle ne l'est pas. Comme elle encourageait la manipulation des images par les fidèles, cautionner entièrement l'efficacité du rituel aurait permis à chacun de s'égaler au prêtre, la nier entièrement aurait créé un hiatus entre le sacrifice eucharistique et l'expérience des fidèles.

La hiérarchisation du signe par le système religieux est en effet la suivante :

1. Signes efficaces auto-vérifiants (sacrements).

2. Signes d'efficacité restreinte (sacramentaux, prières, images).

3. Signes sans efficacité (ceux que l'institution ecclésiastique ne cautionne pas).

En supprimant le second niveau hiérarchique, on enlèverait pratiquement au fidèle toute possibilité d'action rituelle autonome, ce qui devait être a peu près le cas à l'époque carolingienne[106]. Mais la distinction entre sacrements et sacramentaux était alors loin d'être faite, de sorte que – les sacrements s'apparentant davantage au second niveau – il n'y avait pas de hiatus. Du même coup, les images d'adoration qui auraient permis aux fidèles l'accès à ce second niveau était prohibées.

Les réformateurs durent à leur tour supprimer les images d'adoration sans faire sauter le système religieux. Pour cela, ils abolirent toute forme d'identité entre le signe et la chose signifiée, toute équivalence automatique entre l'un et l'autre. Calvin le fit en reléguant les sacrements qu'il conservait (l'eucharistie et le baptême) au second niveau, celui des signes d'efficacité restreinte. Cette efficacité dépendit dès lors de la volonté divine et non plus de l'acte rituel du prêtre, lequel se trouva dépossédé d'une partie de son pouvoir. Mais cette dévalorisation des prêtres était voulue par les réformateurs qui les obligèrent à se marier comme tout le monde et établirent le sacerdoce universel. Contrairement à Calvin et aux sacramentaires, Luther enleva tout caractère de signe aux sacrements, mais maintint leur efficacité intacte. Chez lui, l'adéquation du signe à la chose cesse d'être le moment de la contradiction, laquelle se situe désormais dans les

---

[106] Cf. J. Wirth, *L'image médiévale. Naissance et développements (VIe-XVe siècle)*, Paris, 1989, p. 111 et ss.

choses mêmes : le pain est en même temps le corps du Christ. De la sorte, l'image cesserait d'être un signe contradictoire, pour devenir une chose contradictoire.

En franchissant plusieurs fois la frontière entre le travail historique et la sémantique, nous nous sommes accordés une prérogative ordinairement refusée à l'historien et on nous accusera probablement de pervertir notre discipline en jouant au philosophe. A ceux qui attribuent les problèmes du passé à une «mentalité» différente de la leur, afin de ne pas voir qu'ils s'engluent dans les mêmes problèmes et pour sauver une notion complètement religieuse du progrès et de l'évolution, nous répondrons qu'ils ont donné à l'histoire la vertu dormitive de l'opium. Mais nous avouerons avoir fait fausse route, si l'on nous démontre qu'il était possible de situer l'image dans le système religieux à moindre frais, tout en analysant ce système au lieu de s'y soumettre.

INDEX DES NOMS DE PERSONNES ET DE LIEUX

ABÉLARD (Pierre), voir : PIERRE ABÉLARD
ABIGAËL, 39
ABRAHAM, 40, 43
ADAM WOODEHAM, 141
ADAM, 39, 264
ADRIEN VI (Adrien BOYERS), 252-258, 263, 266, 273
AGRICOLA (Johannes), 203, 239
AGRIPPA (Henri Cornelius), 12, 29, 37, 38, 39-45, 56, 64, 66, 78n, 84, 99, 152-153, 168-169
ALBERT LE GRAND, 139, 249-250
ALBRECHT DE BAVIÈRE, 109
ALBRECHT DE BRANDEBOURG, 188, 209, 215
ALEXANDRE DE HALÈS, 252, 254
ALFARABI, 139
Allemagne, 16, 79, 82, 137, 193-195, 199, 204-205, 219-221, 224-225
Alsace, 11, 70, 107-110, 191
AMAURY DE BÈNE, 28
Angleterre, 9, 34, 219
Annaberg, 73, 76, 80-81, 83, 94
ANNE (sainte), 9-11, 69-112
ANSELME (saint), 131
ANTÉCHRIST, 216, 229, 230
ANTOINE (saint), 90, 99

ARISTOTE, 39, 130, 139, 150, 186, 210, 245-246, 248, 250, 252, 255
ARNOLD (K.), 104n
ARNOLD DE BOSCH, 76, 101, 108
AUBIGNÉ (Agrippa d'), 161
AUBRIOT (Hugues), 57n
AUGUSTIN (saint), 120-121, 136, 241, 248
AUSTIN (J. L.), 262, 268-270, 283
AVICENNE, 138
Avignon, 57n

Babylone, 214
BACON (Roger), voir : ROGER BACON
BALANDIER (G.), 178-179
BALDUNG GRIEN (Hans), 7, 10, 45n, 69-112
Bâle, 32, 192
BARBE (sainte), 90
BARTEL (H.), 205
BARTHES (R.), 18
BASILE (saint), 247, 254
BASTIDE (R.), 179
BATT (Jacques), 91
BAUDOUIN DE CANTERBURY, 121
BEATUS RHENANUS, 108
BEDA (Noël), 80

BEHAM (Barthel), 7, 58, 65-66, 194
BEHAM (Hans Sebald), 7, 58, 65-66
BEINTLER (H.), 227
Benfeld, 58
BERNARD (saint), 133-135
Berne, 60, 197-198
BÉRULLE (Pierre de), 167
BETHSABÉE, 39, 41
BÉTISAC, 57n
Beuron, 30
BEVAN (E.), 243
BÈZE (Théodore de), 27
Béziers, 57n
BIZER (E.), 213
BLICKLE (P.), 192, 219
BOCHENSKI (J. M.), 132
BODIN (Jean), 35, 150, 164, 166, 167, 174
BOÈCE, 128, 132, 134, 138, 245-247, 260-261, 280
Bohême, 225
BOILEAU (Etienne), voir : ETIENNE BOILEAU
BONAVENTURE (saint), 254
Bornéo, 114
BORSELEN (Anne de), 91-93
BOSSUET (Jacques Bénigne), 171
BOTZHEIM (Johannes), 93
BOYERS (Adrien), voir : ADRIEN VI
BRADY (T. A.), 192
BRANT (Sebastian), 30, 108-109, 235
BRANTÔME (Pierre de BOURDEILLE, seigneur de), 34
BRECHT (M.), 200, 206-208, 213, 214, 218
BREDEKAMP (H.), 243
BRENDLER (G.), 199, 200, 203, 207, 208, 215, 219-223, 225, 226

BRENTANO (Clemens), 82
Bretagne, 82
BRUNFELS (Otto), 12, 31-33, 38, 45-60, 64, 66
BRUNO (Giordano), 34, 36, 152
BRUSH (C. B.), 9, 165
Bruxelles, 224
BUCER (Martin), 32-33, 59-62, 188, 190, 194, 223, 241
BULLINGER (Hans), 62
BURCHARD DE WORMS, 157
BURI (Claus), 193
BURIDAN (Jean), voir : JEAN BURIDAN
BUSAEUS (J.), 106
BUSSON (H.), 25-27, 32-33, 66
Byzance, 240, 243

CAÏN, 39
CAJETAN (Thomas), 202
CALVIN (Jean), 8, 27-38, 41-43, 45, 49, 56, 58, 59, 62, 63, 154-155, 158-159, 164, 168, 204, 242, 257, 276-282, 284
Cambrai, 58n
CAMPANELLA (Tommaso), 152
CANTIMORI (D.), 31
CAPITON (Wolfgang), 32, 188
CAPREOLUS (Jean), voir : JEAN CAPREOLUS
CARDAN (Jérôme), 206
CARION (Johannes), 230
CASTELBERGER (Andreas), 191
CATHERINE D'ALEXANDRIE (sainte), 90, 237
CELLINI (Benvenuto), 206
CÉSAIRE DE HEISTERBACH, 58n
CHAMPIER (Symphorien), 84
CHARBONNEL (R.), 27, 66
CHARLAND (P. V.), 74, 91

CHARLEMAGNE, 243
CHARRON (Pierre), 35
CHASTEL (A.), 7
CHAUCER (Geoffrey), 118
CHAUNU (P.), 15, 179-181, 186-188
CHRESTIEN (Nicolas), 238
CHRISTOPHE (saint), 96
CHRISTOPHE Ier DE BADE, 112
CLÉOPHAS, 78
CLICHTOVE (Josse), 79
CLISORIUS, 74n
COCHRANE (E.), 16
COLETTE (sainte), 75, 79
Colmar, 108
Cologne, 111
COMMYNES (Philippe de), 150
CONECTE (Thomas), 15, 182-184
CONFUCIUS, 100
CONRAD DE MARBURG, 137
Constance, 197; (concile de) 210
CORLITZ (Johannes), 71, 96-98
CORNEILLE (Pierre), 162, 164-165, 167
COSME (saint), 239
CRANACH (Lucas) le Vieux, 7
CREMONINI (Cesare), 35
CROTUS RUBEANUS, 208
Cyrène, 30-31

DANTISCUS D'ERMELAND, 215
DAVID, 39
DE GAULLE (Ch.), 206
DE RIJK (L. M.), 133n
DELCOURT (M.), 92
DELUMEAU (J.), 15, 179-180, 196
DENCK (Hans), 58, 59, 65-66
DENIFLE (H.), 201, 205, 206, 211, 227

DENIS (M.), 250
DENIS LE CHARTREUX, 257-258, 279
DENONAIN (J. J.), 34
DENYS L'ARÉOPAGITE, 249, 277
DES PÉRIERS (Bonaventure), 9, 29, 34
DESCARTES (René), 151, 259
DIETRICH (Veit), 94
DILHON (Lazare), 32
DOBIACHE-ROJDESVENSKY (O.), 30
DOLET (Etienne), 37
DOLLINGER (P.), 109
DORLAND (Pierre), 74, 84-89
DOROTHÉE (sainte), 90
DORP (Jean), 258
DUHEM (E.), 140n
DUNS SCOT (Jean), voir : JEAN DUNS SCOT
DUPRONT (A.), 179
DURAND DE SAINT-POURÇAIN, 251-252, 255-261
Düren, 108
DÜRER (Albrecht), 7, 69

ECO (U.), 18, 258n
EDLIBACH (Georg), 236, 241
EDWARDS (M. U.), 200, 218, 227-229
EMÉRENTIENNE (sainte), 77
EMMERICK (Katharina), 82
ENGELBRECHT (Albrecht), 57, 59-61, 63
ENGLHARDT (G.), 128, 142, 157
EPICURE, 151
ERASME (Desiderius), 34, 38, 41, 48, 51, 90-93, 95, 153-154, 188, 212, 243
Erfurt, 93-95, 208, 210
ERIKSON (E. H.), 95

ESAÜ, 39
Espagne, 82, 151
ESTHER, 39
ESTIENNE (Henri), 89-90
ETIENNE BOILEAU, 266
ETIENNE DE BOURBON, 137n
EVE, 39, 42-43, 264
EZÉCHIEL, 45

FALK (F.), 74
FANON (F.), 178
FAREL (Guillaume), 29, 50n
FEBVRE (L.), 7, 9, 13, 21, 25-35, 38, 40, 59, 67
FEUERBACH (L.), 227
FICIN (Marsile), 152
FLACIUS ILLYRICUS (Mathias), 30
Flandres, 28, 182-183
Florence, 184, 240-241, 273
FODOR (J.), 261
FOUCAULT (M.), 7
FRAENKEL (P.), 32
France, 9, 82, 137, 150-151, 196, 225
FRANCK (Sebastian), 51, 66
FRANÇOIS DE MEYRONNES, 255
Frankenhausen, 187
FRANKFURTER (Philipp), 271-274
FREDERICQ (P.), 185-186
FREUD (Sigmund), 90
FREY (Claus), 43
Fribourg-en-Brisgau, 70
FRIES (Lorenz), 55n
FUMÉE (Antoine), 37, 50n, 56, 63

GABRIEL BIEL, 141
GALIEN, 55
GALILÉE (Galileo GALILEI), 140, 269

GANDILLAC (M. de), 34, 38, 42-43
GEARY (P.), 266
GEILER DE KAYSERSBERG (Johannes), 108-109
GENGENBACH (Pamphilus), 236
GEORGES (saint), 237
GEORGES DE SAXE, 81
GERSON (Jean), 78, 101, 143-147, 156, 158, 163, 210
GILLES DE ROME, 251
GILSON (E.), 139n, 140n, 260
GINZBURG (C.), 31-33, 52, 53
GIULIO ROMANO, voir : JULES ROMAIN
GLUCKMANN (M.), 178
GOETZE (G. H.), 73, 80-81
GOMBRICH (E. H.), 250, 252
GOODMAN (N.), 18-19, 258n
GOUVÉAN (Antoine), 29
GRÉGOIRE (saint), 45, 123, 254
GRISAR (H.), 201, 227
GUARNIERI (R.), 63
GUERREAU (A.), 123, 196
GUILLAUME D'AUVERGNE, 157-158
GUILLAUME D'AUXERRE, 140
GUILLAUME D'OCKHAM, 141-142, 251, 259, 282
GUILLAUME DE SAINT-THIERRY, 133-134
GUILLAUME DE SHYRESWOOD, 139
GUILLAUME DE WARE, 255

Haguenau, 109
HANSEN (J.), 104n, 109
HARENT (S.), 171
HÄTZER (Ludwig), 190
HEDION (Gaspar), 59
HEEMSKERCK (Martin van), 89n

INDEX

HEGEL (G. W. F.), 151
Heilbronn (programme de), 220
HENRI DE BRUNSWICK-WOLFENBÜTTEL, 227-228
HENRI DE GAND, 255
HENRI DE SAXE, 81
HENRY (D. P.), 17, 256n, 261n
HERMINJARD (A.-L.), 37
HERSKOVITS (M. J.), 178
HITLER (A.), 216
HOFFMANN-KRAYER (E.), 160n
HOFMANN (W.), 200, 204
HÖGGLAND (B.), 227
HOLBEIN (Hans) le Jeune, 7
HOLCOT (Robert), voir : ROBERT HOLCOT
HOLL (K.), 201
HOLOFERNE, 41
Höngg, 192, 193, 194
HUBERT (H.), 114n
HUBMAIER (Balthazar), 188
HUGUES DE SAINT-VICTOR, 122, 124, 126-127, 263
HUIZINGA (J.), 10, 57, 233, 241
HUME (David), 114
HUS (Jan), 113, 143, 210
HUTTEN (Ulrich von), 90n, 91, 96-98

INSTITORIS (HEINRICH), 87, 101n, 103-107, 109
ISERLOH (E.), 201
ISIDORE DE SÉVILLE, 122, 157
Italie, 66, 91

JACQUES (saint), 89
JACQUES DE VORAGINE, 266-267
JAËL, 39
JANSSEN (J.), 74
JEAN BAPTISTE (saint), 108
JEAN BURIDAN, 258
JEAN CAPREOLUS, 255
JEAN DAMASCÈNE (saint), 248
JEAN DE BRÜNN, 62
JEAN DE DÜRBHEIM, 58
JEAN DE WESEL, 210
JEAN DUNS SCOT, 141
JEAN L'EVANGÉLISTE (saint), 186
JEANNE (papesse), 40, 43-44
JEANNE D'ARC, 40, 141
JÉRÉMIE, 47
Jérusalem, 84
JEZLER (P.), 197-198
JOACHIM (saint), 76, 78, 91, 108
JOACHIM DE BRANDEBOURG, 103
JOB, 39, 88, 89n, 107
JODELLE (Etienne), 34
JOHANN FRIEDRICH DE SAXE, 228
JOSEPH (saint), 69, 73, 78, 108
JUD (Leo), 62, 189, 193
JUDITH, 39, 41, 49n
JULES II, 97
JULES ROMAIN, 72
JULIEN l'Apostat, 45
JUNGHANS (H.), 200, 205, 227

Kalenberg, 271-274, 275
KANT (E.), 115, 131, 151, 172
KANTOROWICZ (E.), 263
KARLSTADT (Andreas BODENSTEIN dit), 58, 187-189, 204, 222, 226, 257
KENNELBACH (Uli), 275
KISTLER (Bartholomäus), 111
KLEIN (R.), 62
KLEINBRÖTLI, 193
KLEINSCHMIDT (B.), 71n, 72, 74, 78, 79n, 91, 107
KLUGE (F.), 237-238

Koch (C.), 69-70
Kochersberg, 235
Köstlin (J.), 201
Koyré (A.), 66
Kristeller (P. O.), 35
Küsnacht, 193

La Barre (Jean-François Lefebvre, chevalier de), 10
Lea (H. C.), 109
Lefèvre d'Etaples (Jacques), 38, 74, 78n, 79, 99, 153
Lefranc (A.), 25
Leśniewski (S.), 261
Lévy-Bruhl (L.), 116, 177
Lichtenberg (G. C.), 115
Lichtenberger (Johannes), 229
Lienhard (M.), 199, 201, 207, 209, 211, 214, 219
Lindemann (Margarethe), 202
Linton (R.), 178
Lochau, 229
Loth, 39, 41
Lotter (Melchior), 75, 88
Louis XI, 150
Louis XIII, 82
Louvain, 210, 252
Lucerne, 190, 194
Luther (Martin), 11-13, 16-17, 45, 73, 80-81, 83n, 89, 90n, 91, 93-96, 98, 100, 113, 137, 141, 143, 147, 149-150, 153-155, 187-189, 199-231, 236-239, 242, 275-277, 279-282, 284
Lyon (concile de), 266

Machiavel, 36, 103n, 148-150, 165, 194
Mahomet, 34
Maître DS, 72

Maldonat (Jean), 34, 264, 276-277
Mâle (E.), 77
Marcion, 47, 50-51
Margolin (J.-C.), 34
Marguerite (sainte), 82, 90
Marguerite d'Autriche, 39
Marguerite de Navarre, 35, 63-64
Marguerite Porete, 62-63, 141, 143
Marie (Vierge), 39, 42-44, 69-72, 76-80, 83, 85, 86, 89, 91-95, 101, 146, 217-218, 240, 267
Maron (G.), 205, 219
Mars, 237
Matsys (Quentin), 184
Mauss (M.), 177
Maximilien Ier, 102, 112
Meckenem (Israel van), 184
Meissen, 73
Melanchthon (Philipp), 118, 154-155, 188, 225, 226, 230, 281
Melswyn, 63
Mercure, 142
Metz, 99
Mexique, 242
Michelet (J.), 206
Mill (J. S.), 118-119
Modalski (O.), 227, 229
Moeller (B.), 205, 219
Moïse, 34
Molinet (Jean), 57n
Molitor (Ulrich), 102n
Molnár (A.), 210
Monstrelet (Enguerrand de), 15, 182-184
Montaigne (Michel de), 9, 151n, 152-153, 159-161, 165-170, 173

MOODY (E. A.), 139
MOSELLANUS (Petrus), 215
MUCHEMBLED (R.), 15, 179-186
Münster, 62
MÜNTZER (Thomas), 187, 188, 219, 222, 229
MURNER (Thomas), 210, 211, 235
MYCONIUS (Friedrich), 81

NARDI (Mazio da), 34
NATHIN (Johannes), 208
Nazareth, 41
NEADHAM (R.), 114-117, 119, 174
NEUFVILLE (Simon de), 29
Nicaragua, 17, 218
NICCOLI (O.), 229
Nicée (2^E concile de), 247, 254
Nicklashausen, 184
NICOLAS (saint), 239, 267
NICOLAS DE CUSE, 153
NICOLAS DE LYRE, 213
NICOLE ORESME, 162
NIERMEYER (J. F.), 121-122
Normandie, 82
Nuremberg, 58, 59, 65, 195, 234
NURSE (P. H.), 34-35

OBERMAN (H. A.), 199, 202, 212, 214, 215-216, 228
ŒCOLAMPADE (Johannes), 275, 279
ORIGÈNE, 51, 147

Palatinat, 224
PANNACIO (C.), 261n
PARACELSE, 151
Paris, 30, 37, 57n
PASCAL (Blaise), 170-172, 173

PATIN (GUY), 166
PAUL (saint), 39, 47, 89, 107, 123, 154, 212
PAULUS (N.), 74, 102n
Pavie, 193
Pays-Bas, 183-186
PENCZ (Georg), 7, 58, 65
PESCH (O. H.), 17, 200, 201-202, 213, 214, 217-219
PÉTRARQUE, 211
PETRUS MAMORIS, 87
PEUTINGER (Conrad), 188
PFLEGER (L.), 108
PHILIPPE (saint), 41
PHILIPPE IV LE BEL, 137
PHILIPPE LE CHANCELIER, 249
PIERRE (saint), 39, 42-44, 239
PIERRE ABÉLARD, 133-135, 138
PIERRE CHRYSOLOGUE, 157
PIERRE D'AILLY, 141
PIERRE D'ESPAGNE, 139
PIERRE DE LA PALUDE, 107
PIERRE LOMBARD, 128, 263-264
PIRCKHEIMER (Willibald), 188
PLATON, 50n
PLUTARQUE, 18, 240, 243
POCQUES, 36, 56, 63-64
Pologne, 17, 218, 242
POLYBE, 151
POMPONAZZI (Pietro), 35, 36, 53, 66, 169
POPKIN (R. H.), 8-9
PORETE (Marguerite), voir: MARGUERITE PORETE
PORPHYRE, 45, 130, 245-246
POSTEL (Guillaume), 34, 43, 57n, 64
Prague, 75
PRIERAS (Sylvester), 202
PUPPER VON GOCH (Johann), 212

QUANDT (S.), 200, 204
QUINTIN, 36, 56, 63-64

RABELAIS (François), 7, 25-26, 29, 34, 37, 147-148, 161
RACHEL, 39
RAHEB, 39
RAPHAËL (Raffaello SANZIO), 98
RÉBECCA, 39
RECANATI (F.), 263-264
REDFIELD (R.), 178
RELIGIEUX DE SAINT DENIS, 57n
RENAN (E.), 35
Rhin, 28, 187
RICCA (P.), 214
ROBERT HOLCOT, 141-142, 227, 255
ROGER BACON, 259
ROIST (Marx), 193
Rome, 71-72, 186, 214, 240
ROSIER (I.), 270
ROSSO FIORENTINO (Giovanni Battista), 72
ROUSSEAU (J.-J.), 207
RUSSELL (B.), 114, 261

SADE (Donatien Alphonse François, marquis de), 10, 67
Saint-Gall, 194
Saint-Jacques de Compostelle, 89
SALOMÉ, 78
SALOMON, 39
SAMSON, 39
SANSOVINO (Andrea), 71-72, 76, 96-98
SAPIDUS (Johannes), 48, 49n, 57, 59, 61, 62, 66, 191
SARAH, 39

SAULNIER (V. L.), 34
SAVONAROLE, 183, 184
Saxe, 12, 187, 225
SCHAUMKELL (E.), 74
SCHEDEL (Hartmann), 234
SCHEURL (Christoph), 188
SCHILLING (H.), 223n
SCHMID (Conrad), 193
SCHMIDT (A.-M.), 29
Schmiedeberg, 83-84
Schneeberg, 81
SCHNEIDER (G.), 27-35, 65
SCHOTT (Johannes), 45, 47
SCHWENKFELD (Hans), 62
SCREECH (M.), 9
Sélestat, 48, 66, 108, 191
SELIGMANN (S.), 72n
SERVET (Michel), 29, 34, 50, 57n
SIMON DE TOURNAI, 123-126, 130
SIXTE IV, 79
SMITH (W. C.), 117-119, 128
SOCRATE, 50n
SONNENTALLER (pseudonyme de Johannes SAPIDUS), 48
SPALATIN (Georg), 202
SPIEGEL (Jacob), 93
SPRENGER (JACOB), 87, 101n, 103-107, 109
STAUPITZ (Johannes), 94, 213
STEINBERG (L.), 110-112
STIEFEL (Michael), 229
STIRM (M.), 204
STÖBER (A.), 109
STOCK (U.), 200, 226
Strasbourg, 32-33, 54, 56-66, 70, 108-109, 111-112, 188, 190-193
STURM (Johannes), 59
Suisse, 191

INDEX

SUZANNE, 41

TACHAU (K. H.), 259n
TENENTI (A.), 35, 66
TERTULLIEN, 47, 50-51, 147
TETZEL (Johannes), 94
THAMAR, 39, 41
THÉODORE STOUDITE (saint), 247-249
THOMAS (K.), 114n
THOMAS A S. CYRILLE, 74n
THOMAS Apôtre (saint), 123
THOMAS D'AQUIN (saint), 19, 21, 106, 118-119, 127, 131, 139, 141, 171, 201, 217, 249-252, 254-255, 259, 261
TOBIE, 88
Toggenburg, 189
Trente (concile de), 81, 153
TREXLER (R.), 240-242, 273
TRITHÈME (Johannes), 72n, 73, 75, 76, 79, 99-107
TURNER (V. ET E.), 242

Ulm, 276
ULRICH DE RIBEAUPIERRE, 48n
Utznach, 275

VADIAN (Joachim), 62
VALDÉS (Juan de), 34
VALLA (Lorenzo), 66
VEERE (Adolphe de), 93
VÉNUS, 237
VIERHAUS (R.), 204
VINCENT DE BEAUVAIS, 83n
VIRET (Pierre), 27, 29, 31, 34, 65

VOLTAIRE (François Marie AROUET dit), 26
VON DER OSTEN (G.), 112
VOSTRE (Simon), 77
VUILLEMIN (J.), 17

Wartburg, 187, 189
WEBER (M.), 28
WELTI (M. E.), 32
WICLIF (John), 143, 209
WIER (Johannes), 99, 162-164, 168-169
WIMPFELING (Jacob), 75, 80, 108, 112
Wipkingen, 192
WIRT (Wiegand), 79
Wittenberg, 12, 188-189, 195, 225, 228
WITTGENSTEIN (L.), 13, 114-117, 132
WOODEHAM (Adam), voir : ADAM WOODEHAM

ZAMBELLI (P.), 66
ZELL (Mattheus), 108
ZIEGELER (W.), 99n
ZIEGLER (Clemens), 63, 66, 190, 191, 235n
ZIEGLER (Jacob), 60, 62
ZUIDEMA (R. T.), 13, 114n
Zurich, 187-194, 197-198, 225, 226, 236, 237
ZWILLING (Gabriel), 189
ZWINGLI (Ulrich), 187-190, 193, 194, 204, 226, 237, 242, 257, 275-276

TABLE DES MATIÈRES

Introduction	7
I. «Libertins» et «épicuriens»: aspects de l'irréligion en France au XVIᵉ siècle	25
1. Etat sommaire de la question	25
2. Le langage libertin	35
3. Libertinage populaire et savant	56
II. Sainte Anne est une sorcière	69
1. Curiosités iconographiques	69
2. Une dévotion discutée	73
3. Portrait de sainte Anne	82
4. Trois dévots de sainte Anne	90
5. Trithème promoteur du culte de sainte Anne	99
6. Le double rejet	107
Post-scriptum (2002)	110
III. La naissance du concept de croyance (XIIᵉ-XVIIᵉ siècles)	113
1. La *fides* médiévale	120
2. La destruction de la *fides* médiévale	135
3. L'humanisme, la Réforme et la redéfinition de la foi	147
4. Le vocabulaire de la tolérance	155
5. Conclusion	172
IV. Contre la thèse de l'acculturation	177
Post-scriptum (2002)	197
V. Quelques publications récentes sur Luther	199
1. Les lois du genre	201
2. Le jeune Luther	205
3. La naissance du protestantisme	217

VI. Théorie et pratique de l'image sainte à la veille
de la Réforme 233
 1. Le mot *götze* 234
 2. L'équivoque sur le nom de Dieu 240
 3. La sémantique de l'image 245
 4. La pragmatique sacramentelle 261
 5. Une aventure du curé de Kalenberg 271
 6. Une religion sans images ? 274
 7. Conclusion : l'image dans le système
    religieux 282

TITRE COURANT

1. Marc FUMAROLI (de l'Académie française), *Héros et orateurs. Rhétorique et dramaturgie cornéliennes*
   1996, 536 p., ISBN: 2-600-00501-3

2. Jean CÉARD, *La Nature et les prodiges. L'insolite au XVIe siècle en France*. 1996, 560 p., ISBN: 2-600-00502-1

3. Georges FORESTIER, *Le Théâtre dans le théâtre sur la scène française du XVIIe siècle*. 1996, 392 p., ISBN: 2-600-00503-X

4. Matei CAZACU, *L'Histoire du prince Dracula en Europe centrale et orientale (XVe siècle)*. Présentation, édition critique, traduction et commentaire. 1996, 240 p., ISBN: 2-600-00504-8

5. André CHASTEL, *Marsile Ficin et l'art*. Deuxième édition revue et augmentée d'un appendice bibliographique. Préface de Jean Wirth. 1996, 232 p., ISBN: 2-600-00505-6

6. François RIGOLOT, *Les Langages de Rabelais* (Etudes rabelaisiennes X). 1996, 208 p., ISBN: 2-600-00506-4

7. Guy de TERVARENT, *Attributs et symboles de l'art profane Dictionnaire d'un langage perdu (1450-1600)*
   1998, 534 p., 92 ill., ISBN: 2-600-00507-2

8. Gilbert GADOFFRE, *La Révolution culturelle dans la France des Humanistes. Guillaume Budé et François Ier*. Préface de Jean Céard. 1998, 352 p., ISBN: 2-600-00508-0

9. Augustin RENAUDET, *Erasme et l'Italie*. Nouvelle édition corrigée avec une préface de Silvana Seidel Menchi
   1998, XVIII-454 p., ISBN: 2-600-00509-9

10. Marcel BATAILLON, *Erasme et l'Espagne. Recherches sur l'histoire spirituelle du XVIe siècle*. Préface de Jean-Claude Margolin. Nouvelle édition. 1998, XXII-viii-904 p., 18 ill.
    ISBN: 2-600-00510-2

11. Jean EHRARD, *L'Esprit des mots. Montesquieu en lui-même et parmi les siens*. 1998, 336 p., ISBN: 2-600-00511-0

12. Philippe HAMON, *Le Personnel du roman Le système des personnages dans les* Rougon-Macquart *d'Emile Zola* 1998, 336 p., ISBN: 2-600-00512-9

13. Philippe CHARDIN, *Le Roman de la conscience malheureuse. Svevo, Gorki, Proust, Mann, Musil, Martin du Gard, Broch, Roth, Aragon*. 1998, 344 p., ISBN: 2-600-00513-7

14. Henri-Jean MARTIN, *Livre, pouvoirs et société à Paris au XVIIe siècle (1598-1701)*. Tome I. Préface de Roger Chartier 1999, 554 p., ISBN: 2-600-00514-5

15. Henri-Jean MARTIN, *Livre, pouvoirs et société à Paris au XVIIe siècle (1598-1701)*. Tome II. Préface de Roger Chartier 1999, XXII-544 à 1092 p., ISBN: 2-600-00515-3

16. Victor I. STOICHITA, *L'Instauration du tableau. Métapeinture à l'aube des temps modernes*. 1999, 472 p., ISBN: 2-600-00516-1

17. *Une Education pour la démocratie*. Textes et projets de l'époque révolutionnaire édités par Bronislaw Baczko 2000, 530 p., ISBN: 2-600-00517-X

18. Victor I. STOICHITA, *Brève histoire de l'ombre* 2000, 304 p., ISBN: 2-600-00518-8

19. Raymond TROUSSON, *Le Thème de Prométhée dans la littérature européenne*. Troisième édition, 2001, 688 p., ISBN: 2-600-00519-6

20. Jean-François JEANDILLOU, *Supercheries littéraires La vie et l'œuvre des auteurs supposés*. Nouvelle édition revue et augmentée Préface de Michel Arrivé 2001, 542 p., ISBN: 2-600-00520-X

21. Daniel DROIXHE, *L'Etymon des dieux. Mythologie gauloise, archéologie et linguistique à l'âge classique* 2002, 320 p., ISBN: 2-600-00521-8

22. Chakè MATOSSIAN, *Saturne et le Sphinx. Proudhon, Courbet et l'art justicier*. 2002, 232 p., ISBN: 2-600-00522-6

23. Ann MOSS, *Les Recueils de lieux communs. Méthode pour apprendre à penser à la Renaissance*. Traduit de l'anglais sous la direction de Patricia Eichel-Lojkine 2002, 552 p., ISBN: 2-600-00523-4

24. Marc FUMAROLI (de l'Académie française), *L'Age de l'éloquence. Rhétorique et «res literaria» de la Renaissance au seuil de l'époque classique*. 2002, XXVI-890 p.
ISBN: 2-600-00524-2

25. René DÉMORIS, *Le Roman à la première personne. Du Classicisme aux Lumières*. Seconde édition revue 2002, 512 p., ISBN: 2-600-00525-0